DIE BRÜCKENBAUERIN

INHALTSVERZEICHNIS

ANFÄNGE

–

Die Kinder von Monte Azul

Erst am Du wird der Mensch zum Ich

Martin Buber

Eines Tages stand er einfach in der Tür zu ihrem Haus. Mit Rotz verschmiert von oben bis unten, ein altes Männerhemd über die Schultern gehängt, das hinter ihm auf dem Boden schleifte, seinen kleinen Bruder Dirceu fest an der Hand. Er verkündete: „*Vou morar na casa da tía.*" – „Tante, ich werde jetzt hier wohnen." Es war eine Feststellung, keine Frage, und so war es dann auch. Sandro hatte sein Schicksal selbst in die Hand genommen. Es war zu Beginn des Winters, und er war fünf Jahre alt.

Ute ist sich unsicher mit den beiden. Sie überlegt hin und her, ob es richtig ist, diese kleinen Kinder bei sich wohnen zu lassen. Sie kennt die Jungen und weiß, dass sie sich viel auf der Straße herumtreiben, weil sie sich zu Hause nicht wohl fühlen. Ihr Haus quillt bereits über vor kleinen Menschen – seit Mitte der 70er Jahre hat sie mehr und mehr Kinder von

Freunden vom Land bei sich aufgenommen. Und doch: Diese beiden Jungen stehen mit einem Wunsch vor ihrer Tür – soll sie ihnen den abschlagen? Ute bittet Sandro und Dirceu herein und beschließt im Stillen, sich gleich am nächsten Tag auf den Weg zu Iracema, der Mutter der beiden, zu machen. Am Abend schreibt sie in ihr Tagebuch: „Was will sich da entwickeln in diesen Kindern, woher kommt dieser unbeugsame Wille? Wie entschlossen Sandro war! Widerspruch zwecklos. Aber was soll ich mit so kleinen Kindern anfangen? Ich kann viel besser mit den Größeren, und ich habe auch gar keine Zeit und keine Kraft übrig. Wir sind ja schon zu sechzehnt hier – auf 40 Quadratmetern!“

Am unteren Ende der fast senkrecht ansteigenden Straße, die zu Utes Haus führt, liegt ein von Maispflanzen umgebenes Fleckchen Grün. Hier picken die Hühner von Mauricio nach Essbarem, und hier beginnt der Trampelpfad, der in die Favela Monte Azul hinabführt. Bruchbuden, Hütten, Baracken in Braun und Grau drängen sich an den steilen Hang, als suchten sie aneinander den Halt, den das abschüssige Gelände ihnen nicht gewährt. Wo immer noch Platz dafür ist, flattert Wäsche. Unten im Talkessel liegt ein Bachbett; Bananenstauden und Eukalyptusbäume erinnern daran, dass hier vor zwanzig Jahren noch *mato* war – Dickicht und Gestrüpp. Es nieselt, wie so oft in São Paulo. Der Weg hinunter in die Favela ist steil und heute noch rutschiger als sonst. In ihren Sandalen rutscht Ute auf einer klebrigen roten Lehmschicht bergab, die Erde färbt die Socken rot. Das Abwasser rinnt in trüben, übelriechenden Fäden um die Hütten herum. Wie gut doch anderswo der Regen riecht!

Iracemas Hütte ist so groß wie Utes kleine Küche. Hier lebt sie mit ihren sieben Kindern und ihrem Mann. Momentan sind es nur fünf; die beiden ältesten Jungen sind wieder einmal in der Jugendstrafanstalt. Der Winter ist kalt in São Paulo. Iracemas Hütte ist schwarz vom Ruß der Feuerstelle, ihr Gesicht fahl und ausdruckslos. Geistesabwesend rührt sie in einem verkohlten Aluminiumtopf über dem Feuer; es gibt *feijão*, Reis und Bohnen, wie jeden Tag. Der Reis ist heute viermal so teuer wie noch vor einem Jahr. Die neunjährige Cida, ein schwarzer Krauslockenkopf mit viel zu erwachsenem Gesicht, wuchtet sich einen Sack mit Wäsche auf die Hüfte und macht sich auf den Weg zur Wasserstelle, schwankend unter ihrer Last. Unter der Woche ist sie es, die für ihre vier kleinen Geschwister kocht. Iracema sieht ihre Kinder nur sonntags. An den anderen Tagen geht sie um fünf aus dem Haus; bis spätabends putzt sie in einer Fabrik, um ihre Familie durchzubringen und nach und nach die ärmliche Hütte aufzubessern. Als sie letzte Woche von der Arbeit nach Hause kam, sah sie Sandro auf dem Trotttoirpflaster neben der vielbefahrenen Hauptstraße liegen; verschmiert und verdreckt schlief er auf einem Stück Zeitungspapier. Sie wollte ihn wecken, wusste aber plötzlich seinen Namen nicht mehr und stieß ihn nur schweigend mit dem Fuß an. Gesprochen hat sie nie besonders viel. Als Dona Ute an ihre Hütte klopft und ihr erzählt, dass Sandro und Dirceu bei ihr wohnen möchten, zeigt Iracemas Gesicht keine Regung. Sie sagt, was sie immer sagt: „*Tudo bem!*" – „Alles in Ordnung!"

Für Ute, diese drahtige blonde Frau mit dem blassen Gesicht, ist noch nichts in Ordnung. Sie fragt. Alles will sie wissen, und sie rollt das R dabei irgendwie anders als die Leute aus São Paulo: Wo kommst du her, wie war es da? Wache, blaugraue Augen schauen sich in der Hütte um und Iracema aufmerksam an. Warum bist du damals nach São Paulo gekommen? Iracema stutzt – es ist neu für sie, dass jemand sich für ihr Leben interessiert. Sie beginnt zu erzählen, erst stockend, dann immer flüssiger. Auch für sie selbst ist es das erste Mal, dass sich aus den Ereignissen ihres Lebens eine Geschichte formt:

„Meine Familie ist aus Minas Gerais, im Landesinneren von Brasilien. Ich habe zehn Geschwister. Meine Mutter schlug sich immer mit dem Kochlöffel auf den Bauch, als sie mit mir schwanger war. Sie wollte nicht noch ein Kind. Mein Vater war Tagelöhner, er arbeitete für einen reichen Landbesitzer. Er arbeitete so hart, dass er krank wurde, aber das Geld reichte trotzdem nie. Hinter unserer Hütte hatten wir einen Garten; wir bauten Maniok und schwarze Bohnen an, aber es regnete einfach nie, und so konnte nichts wachsen. Mein Vater wurde immer kränker; wir machten ihm Kuren aus Blättern, Schalen und Wurzeln, aber nichts half. Einen Arzt gab es nicht.

Als ich sieben Jahre alt war, ging meine Mutter nach São Paulo, um Geld zu verdienen. Einer meiner Brüder kam zur Oma, ein anderer zu seiner Patentante; und noch ein anderer lief so lange in der Welt herum, bis er starb. Ich durfte dann nicht mehr in die Schule gehen und musste zu Hause bleiben, um die Wäsche zu waschen und Essen zu kochen. Einmal schickte meine Mutter Geld, und nach drei Jahren kam sie zurück, um uns zu holen. Wir fuhren alle zusammen nach São Paulo, mit dem Zug. Das dauerte eine ganze Woche. Als wir in São Paulo ankamen, war die Hütte meiner Mutter verschwunden – die Stadtverwaltung hatte die Favela geräumt und alles abgerissen. Meine Mutter arbeitete als Köchin. Sie kannte jemanden in Monte Azul, und so kamen wir hierher und bauten eine neue Hütte. Mein Vater fand Arbeit im Hafen, er ist dann aber bald gestorben. Meine Brüder und ich sammelten Alteisen. Als ich dreizehn war, wollte ich unbedingt zur Schule und begann mit einem Alphabetisierungskurs der Regierung. Aber meine Mutter ließ mich bald nicht mehr hingehen, weil sie Angst hatte, dass ich mich mit Männern einlassen würde. Mit 14 Jahren verliebte ich mich in Nêgo. Als ich 15 wurde, kam Cristiano zur Welt. Wenig später war ich wieder schwanger, aber Carlito starb bei der Geburt. Der nächste, Deiton, starb mit fünf Monaten – woran, weiß ich nicht. Emilio blieb am Leben. Dann kamen Cleiton, Cida und Sandro. Als Cida zwei Jahre alt war, wollte ich von meinem Mann weg und baute uns eine neue Hütte. Aber schon bald tauchte er auf und drohte mir: ‚Wenn ich dich mit einem anderen Mann erwische, bring ich dich um!‘ Es gab einen schlimmen Grund dafür, dass ich weggelaufen war: Er hatte versucht, Cida zu vergewaltigen. Lieber wollte ich alleine klarkommen als bei ihm bleiben. Ich sammelte Altmaterial und bettelte. Irgendwann fand ich die Stelle in der Fabrik, wo ich heute immer noch putze. Nêgo tauchte immer wieder in unserer Hütte auf und wollte mich umbringen. Mein Bruder kam in die Favela und verteidigte mich; ich zog dann mit den Kindern in eine andere Hütte. Ich glaube, ich habe schon zehn Hütten gebaut, immer dann, wenn ich wieder flüchten musste. Ich hatte praktisch nichts mehr; es war bitter kalt, und Sandro bekam Lungenentzündung und Durchfall. Nêgo wurde dann vor zwei Jahren bei einem Streit erschossen. Danach wurde es besser: Es kam noch Dirceu, und jetzt lebe ich mit Ilidio. Er ist viel respektvoller als Nêgo. Aber er ist schwer krank und liegt im Bett. Ich wurde noch einmal schwanger, mit Diquinha.“

Wie Iracema machen sich jedes Jahr Tausende auf den Weg nach São Paulo. Seit den 40er Jahren kommen sie in die Stadt geströmt, aus den Staaten des Nordostens und aus dem Inneren dieses Landes, das einen halben Kontinent bedeckt: aus Pernambuco, Bahia, Maranhão, Minas Gerais. Es ist die nackte Not, die diese Menschen in die wirtschaftlichen und industriellen Zentren des Südens treibt, nach Rio de Janeiro und São Paulo. Die Hoffnung auf ein besseres Leben speist sich meist aus Postkarten und Telenovelas, die den Glanz der Städte in die Hütten des Nordostens tragen. In den späten 70er Jahren kommen jedes Jahr weit über 100.000 Menschen in São Paulo an. Sie kommen um zu bleiben – um in der Stadt zu arbeiten und zu leben. Letztlich sind sie es, die den industriellen Boom ermöglichen: Die Arbeit ihrer ungelernten Hände lässt jeden Tag neue Wolkenkratzer und Straßenzüge entstehen. Die Männer bauen die Banken, die großen Geschäftsgebäude, die Paläste aus Glas und Stahl, die die Skyline der Megacity in den Himmel zeichnen. Die Frauen putzen und arbeiten im Haushalt der wohlhabenden Familien im Zentrum.

Für die Öffentlichkeit bleiben diese Migranten unsichtbar. Ihr Leben spielt sich in der *periferia* ab, am sogenannten „Stadtrand“ – in einem Gebiet, das um 1970 längst ein Drittel der urbanen Fläche ausmacht, von der Mittel- und Oberschicht jedoch als nicht zur Stadt gehörig betrachtet wird. Sie sammeln herumliegendes Material und errichten ihre provisorischen Hütten auf als unbebaubar deklariertem Gelände. Dort wuchern die Häuschen und Buden aus Brettern, Pappe und Plastikplanen die Hänge empor, wie die brasilianische Kletterpflanze, die mit ihrem Namen für die Favelas Pate steht.

São Paulo – Stadt der Migranten

Gut 20 Millionen Menschen leben heute in der Metropolregion São Paulo, auf einer Fläche doppelt so groß wie das Saarland. São Paulo ist die größte Stadt der Südhalbkugel und das wirtschaftliche und finanzielle Zentrum Lateinamerikas.

Die 1554 von Jesuiten gegründete Siedlung blieb lange relativ unbedeutend. Erst mit Beginn des Kaffeebooms im Jahr 1850 offenbarte sich die strategisch günstige Lage der Stadt: zwischen Kaffeeplantagen und dem Hafen Santos. Menschen und Kapitalströme flossen von nun an nach und durch São Paulo. Nach Abschaffung der Sklaverei im Jahr 1888 und nach Ausrufung der brasilianischen Republik 1889 lockte die Stadt gezielt Immigranten an. Sie wurden als Arbeitskräfte in der Kaffeeproduktion und in den entstehenden neuen Industrien gebraucht. Die erste große Einwanderungswelle spülte Italiener, Portugiesen, Spanier, Syrer, Libanesen und Japaner in die Stadt. Um die Jahrhundertwende hatte São Paulo 250.000 Einwohner, davon über 150.000 Ausländer – größtenteils Europäer. Schon damals lebte die kapitalkräftige Elite im Zentrum der Stadt, die Arbeiter in den Randgebieten.

1934 hatte São Paulo bereits eine Million Einwohner, bis 1950 wuchs die Stadt auf zwei Millionen an. Ab den 50er Jahren lockte die Industrialisierung eine neue Welle von Immigranten an. Nun kamen vor allem Brasilianer, auf der Flucht vor dem Hunger in den Dürregebieten im Nordosten des Landes. Diese sogenannten *nordestinos* ließen sich auf der Suche nach bezahlbarem Wohnraum in der Peripherie nieder, auf noch unbebautem Gebiet – die Favelas entstanden.

Bis heute leben 20 Prozent der Bevölkerung von São Paulo in Favelas, auf engstem Raum und unter oft prekären Verhältnissen. Der Übergang von der Industriestadt zur Dienstleistungsmetropole seit den 80er Jahren hat die extremen sozialen Unterschiede innerhalb der Stadt noch verschärft. Die Zeiten, in denen Millionen ungelernter Arbeiter ihren Lebensunterhalt auf dem Bau verdienen konnten, sind heute vorbei. São Paulos Wohnungsproblem bleibt ungelöst: Noch immer verzeichnen die Peripherien das größte Bevölkerungswachstum, während in den zentralen Stadtteilen anteilig immer weniger Menschen leben.

Eine Frage und ihre Antwort

„*Isso é meu!*" – „Das ist meins!" Seit die beiden Kleinkinder eingezogen sind, wird Ute von Dirceus Empörungsschreien aus dem Schlaf gerissen. „*Eu primeiro!*"– „Ich zuerst!" Zum Spielen kommen die Neuankömmlinge kaum, so sehr sind die beiden Brüder damit beschäftigt, ihr Spielzeug an sich zu reißen und festzuhalten. Das Frühstück wird um die Wette in den Mund gestopft, bis die Wangen schier platzen. Ist das Fassungsvermögen der Hamsterbacken ausgereizt, wird gehortet: Beim Putzen entdeckt Ute trockenes Brot im Kamin, eine Banane unterm Bett. Gleich am ersten Tag taucht in Sandros Tasche der 50-Cruzeiro-Schein auf, der in ihrem Geldbeutel fehlt. Dirceu ist unbändig wütend. Wenn man ihm etwas verbietet, wirft er mit Steinen; aus Wut über das Verbot, Utes Tasche zu öffnen, pinkelt er ihr auf die Schuhe.

Die beiden Brüder sind wie Kugelblitze, völlig unberechenbar. Lässt man sie einen Moment aus den Augen, sind sie schon aufs Dach geklettert. Wie die Äffchen hangeln sie sich in die Höhe und strahlen vor Glück, wenn die Erwachsenen unten auf der Erde sorgenvoll zu ihnen aufblicken und versuchen, sie zum Absteigen zu bewegen. Utes sonst eher leise Stimme kann in solchen Momenten zum kräftigen Organ anschwellen, das hat sie eigens geübt. Insgeheim freut sie sich an der Energie der beiden Jungen – endlich ein Ausdruck auf den Gesichtern! In einem Brief an ihre Schwester in Hamburg schreibt sie: „Ich entwickle mich rückwärts. Normale Mütter haben Kinder, die immer größer werden ... Ich habe mit Jugendlichen angefangen, dann kamen die Schulkinder, und jetzt, mit 37, Kleinkinder. Mal sehen, ob ich es noch bis zum Baby bringe! Ich bin so auf Trab gehalten von den beiden, dass ich kaum noch Zeit für die anderen habe."

Ute Craemer verdient ihren Lebensunterhalt seit Anfang der 70er Jahre als Lehrerin an der Waldorfschule von São Paulo. Ihr Weg zur Arbeit führt die viel befahrene Avenida Santo Amaro entlang. Eines Morgens, als sie von der Busstation zur Schule hastet, kommt sie an einem kleinen Mädchen vorbei, das sich auf einer am Straßenrand liegenden Pappe eingerollt hat und schläft. Betroffen bleibt sie stehen und überlegt, das Kind anzusprechen. In diesem Moment eilt eine gut gekleidete Frau mit einem kleinen Kind an der Hand an ihr vorbei. „Da schläft sie wohl lieber als in ihrem Bett", hört Ute die Senhora sagen, bevor diese ihr Kind schnell weiterzieht. Die Szene wirkt in ihr nach.

Im Oktober 1975 hatte es angefangen. Über Wochen hinweg spielte sich vor Utes Haus jeden Nachmittag die gleiche Szene ab:

Während sie drinnen für den nächsten Tag vorkochte oder damit beschäftigt war, mit den Kindern Hausaufgaben zu machen, hörte sie es draußen vor der Tür klatschen. Vor dem Tor stand jedes Mal eine Traube Kinder aus der Favela Monte Azul. „*Você tem uma coisa para dar?*" – „Hast du uns etwas zu geben?", riefen sie im Chor. Das Klatschen ist eine Sitte vom Land, wo es keine Klingeln gibt. Auf diese Art und Weise klapperten die Kinder die wohlsituierten Häuser oberhalb der Favela ab und bettelten um Essen.

Auch diese Kinder gehen der jungen Lehrerin nicht aus dem Kopf. Das Gefühl der Demütigung, mit knurrendem Magen vor fremden Türen zu stehen und abgewiesen zu werden, kennt sie aus eigener Erfahrung. In den Nachkriegsjahren war sie selbst mit ihrer Familie auf Hamsterfahrt im Grazer Hinterland unterwegs gewesen. In ihrem Tagebuch notiert sie: „Ich habe ihnen jetzt jeden Tag Vollkornbrot gegeben – diese Blicke! So etwas haben sie noch nie gesehen. Aber ist Brot wirklich das, was diese Kinder brauchen?" Und so kommt es, dass Ute die Kinder von Monte Azul zu sich nach Hause zum Spielen einlädt.

Ein paar Wochen später, an einem sonnigen Nachmittag, ist in Utes Wohnzimmer kein Zentimeter Fußboden mehr zu sehen. Schaumstoffflocken haben die Herrschaft übernommen, sie leuchten im Sonnenlicht wie Staubsterne, schweben durch die Luft und vollführen Schrauben und Schleifen in der Brise, die durch das kleine Fenster weht. Die zwölfjährige Maristela schüttelt sich vor Genuss, sie pustet in das gelbrosa gemaserte Wunder und strahlt über das ganze Gesicht. Eigentlich strahlt sie am ganzen Körper. Tonilda neben ihr stöhnt auf: „*Deixa!*" – „Hör auf damit!" Die Jüngere will sich konzentrieren – die

Kissen sollen doch bis zum Weihnachtsbasar fertig werden! Die Bezüge sind bereits genäht und liebevoll bestickt, mit Blumen und Bergen und Segenssprüchen. Jetzt wollen die Inlets gesteppt und befüllt werden. Maristela lässt sich von Tonilda nicht stören; mit Hilfe der zur Zugluft angewachsenen Brise verteilt sie die leuchtenden Flocken im ganzen Haus. Im kleinen Zimmer nebenan sitzen zehn Kinder gemeinsam mit Ute an ihren Schulaufgaben: Hauptstädte Europas. Aus der Küche dringt Geschirrklappern, Cido bringt den Kleinen Kochen bei. Der Geruch von gekochtem Kürbis zieht verheißungsvoll in Richtung Wohnzimmer. Aus dem Garten tönt Gejohle: Der Schaukelwettbewerb ist in vollem Gange.

Ute und Cido sind gute Freunde und ein eingespieltes Team, seit sie in den 60er Jahren das erste Mal nach Brasilien kam und seine Familie kennenlernte. „Ohne Cido wäre ich völlig aufgeschmissen gewesen", sagt Ute heute. Er ist ein wahres Multitalent, und hat als fünfter in einer Reihe von neun Geschwistern ein Händchen für Kinder. Zum Teil sind es seine Geschwister, die bei Ute nicht nur spielen sondern auch wohnen. Noch zehn Tage bis zum Weihnachtsbasar an der Waldorfschule! Tonilda zieht einen neuen Faden durchs Nadelöhr, eine braune Ringellocke wegpustend, die ihr die Sicht versperrt. Dieses Kissen wird noch schöner als die anderen!

Im Dezember 1975 schreibt Ute an ihre Familie:

„Liebe Luitgard, liebe Mama,

hier geht es weiter wie immer – Witzeleien, Ärger, Feiern, Kampf mit Kakerlaken und überquellendem Wäschekorb. Und immer mehr Menschen, die hier wohnen, lernen, arbeiten.

Ihr wolltet eine Liste von den Mitbewohnern, hier ist sie:

Walter aus Bolivien, 29 Jahre, lernt Kellner
Renato aus Chile, 26 Jahre, lernt Koch
Mario, ukrainischer Herkunft, 23 Jahre, lernt Kellner
Cido aus Paraná, 23 Jahre, lernt Koch
Zéca aus Paraná, 21 Jahre, lernt Kellner
Odair aus Paraná, 20 Jahre, lernt Koch
Maria Jose aus Paraná, 19 Jahre, lernt Krankenschwester
João aus Pernambuco, 19 Jahre, lernt Kellner
Eliza aus Paraná, 14 Jahre, lernt Nähen
Elizete aus Paraná, 12 Jahre, Waldorfschule
Maristela, 12 Jahre, Waldorfschule
Sandro, 5 Jahre, lernt lächeln
Dirceu, 4 Jahre, lernt spielen

Nachmittags kommen dann noch einmal etwa vierzig dazu, zum Basteln und Spielen. Da frage mich noch mal jemand, ob ich denn keine Kinder hätte ..."

Inzwischen ist der große Tag gekommen, dem die umfangreichen Vorbereitungen galten. Papageien kreischen in haushohen Gummibäumen, polierte Autos fahren auf Kopfsteinpflaster vor und entlassen Kinder im Sonntagsstaat aus ihren Türen. Die Waldorfschule, an der Ute unterrichtet, liegt im Stadtteil Alto da Boa Vista, 15 Autominuten von der Favela Monte Azul entfernt. Eines ist neu in diesem Jahr: Ute hat die Kinder aus der Favela zur Weihnachtsfeier eingeladen. Anderthalb Stunden hat die Gruppe von Monte Azul bis hierher gebraucht – der Verkehr hat sich, wie so oft in São Paulo, selbst lahmgelegt. Eine amorphe, flüchtige Masse von über vierzig Kindern in zwei Omnibusse zu scheuchen ist eine echte Aufgabe. „Aussteigen *Borba Gato!*“, hatte Ute ihnen eingeschärft, „Und wartet da auf mich!“ Die Kleinsten sind unter dem Drehkreuz hinterm Fahrer hindurchgeschlüpft – wer diese Verrenkung auf sich nimmt, wird von São Paulos Omnibussen mitgenommen, ohne zu bezahlen. In den überfüllten Fahrzeugen hängen die Menschen in Trauben aus den Fenstern und Türen; die Körper kleben aneinander in der Hitze, und Atmen lohnt sich kaum, so wenig Sauerstoff dringt in den Bus. Dennoch: Maristelas Haare wollen noch gebändigt, Dinas Schuhe gebunden werden; die Großen putzen den Kleinen die Nasen. Um Himmels willen nicht die Säcke mit den Sachen für den Basar im Bus liegen lassen! Den Weg den Hügel hinauf zur Waldorfschule marschieren die Kinder ordentlich in Reih und Glied – Dona Ute hat klargestellt, welches Benehmen sie von ihnen erwartet. Wie schön die Häuser, wie groß die Gärten sind! Auf den Mauern um die Grundstücke glitzern Glasscherben und Stacheldraht. Keines der Kinder war je in diesem Stadtteil. Die Häuser, die sie bestaunen, gleichen denen, in denen ihre Mütter mit Putzen ihr Geld verdienen.

In ordentlichem Gänsemarsch betreten die Kinder das Auditorium. Andächtig schauen sie sich um. Das Holzparkett ist frisch gebohnert und rutschig; Rubens zieht seine eigens für diesen Anlass ausgeliehenen Schuhe aus und stellt sie fein säuberlich vor die Eingangstür.

Irritierte Blicke von Eltern, Lehrern und Kindern. Einigen steht die Entrüstung ins Gesicht geschrieben. „Was machen die denn hier?“ Andere Erwachsene sind deutlich gerührt ob dieser Schar Favelakinder, die so offensichtlich nicht hierher gehört. Ute lotst die Gruppe in die erste Reihe.

Das Licht geht aus, es wird still im Saal. Eine Stecknadel könnte man fallen hören. Der Vorhang öffnet sich, und eine leuchtend weiße Gestalt in weitem Gewand schwebt herein. „Ein Engel!“, schreit Dirceu aus vollem Hals und schnellt von seinem Sitz in die Höhe.

Nach dem Theaterstück beginnt der Basar. Mit heiligem Ernst schiebt Tonilda ihr mit roten Blumen besticktes Kissen über den Verkaufstisch und nimmt dafür fünf Cruzeiros entgegen. Dona Alice, die Elternvertreterin von Utes Klasse, schaut sich das Treiben von „Utes Kindern“ mit Interesse an. Schon lange stört sie, dass ihre eigenen Kinder keinen Bezug zu der Welt haben, aus der die *empregada,* das Hausmädchen der Familie, jeden Morgen angereist kommt. Sie beginnt, die Lehrerin ihres Sohnes auszufragen. „Sie hatte so etwas Gerades, Aufrechtes“, erinnert sie sich heute. „Man konnte gar nicht anders als Vertrauen zu ihr haben.“ Alice Reiprich wird in den kommenden Jahren zu einer treuen Unterstützerin von Utes Arbeit.

Diese schreibt am Abend in ihr Tagebuch: „All das Basteln, Nähen, Stricken und Malen, all das Horten von Täschchen, Zwergen, Beuteln und Kissen in meinem kleinen Schlafzimmerchen – es hat sich gelohnt! All die Müdigkeit und die Platzangst, die mich manchmal in meinen eigenen vier Wänden befällt. Was waren diese Kinder selig, ihre Sachen zu verkaufen nach dem Theaterstück! Der Basar war ein voller Erfolg. Wie erstaunt waren die feinen Damen, dass diese Kinder etwas können: ‚*Qué bonitinho!*‘ –‚Wie hübsch!‘ Welches Strahlen auf Tonildas Gesicht, als sie ihr Kissen verkauft für fünf Cruzeiros. Fast wäre sie an die Decke geschwebt vor

Stolz. Für die meisten ist es das erste Mal im Leben, dass sie auf etwas stolz sein können, was sie selbst geschaffen haben. Dass sie etwas von Wert in die Welt setzen und diesen Wert beginnen in sich selbst zu spüren. Jetzt kann Weihnachten kommen! Und vielleicht sogar ein Ausflug an den Strand: Doktor Gudrun von der Tobiasklinik hat uns in ihr Haus nach Guarujá eingeladen!“

Zum ersten Mal am Meer

Es gluckert und sprudelt, schäumt und strömt. Es ist köstlich kühl am ganzen Körper; zärtlich weich umströmt das Wasser Arme, Beine und Bauch, und unter den Füßen beginnt der weiche Sand, eine Kuhle zu bilden und sich dann zu entziehen. Sandro taucht noch einmal unter, so lange, bis das Wasser den Weg durch das dichte Haar bis zur Kopfhaut findet und sie liebkost. Das Salz brennt in den Augen, und die Haut ist schon ganz weiß und schrumpelig. Er wird nie, nie wieder aus dem Meer steigen, so viel steht fest! Höchstens vielleicht zum Essen. Vorhin lagen reife Mangos auf dem Küchentisch!

Ute sitzt am Abend auf der Veranda, das Gesicht noch glühend von der Sonne, blickt aufs Meer und schreibt einen Brief an ihre Schwester in Hamburg: „14 Kinder das erste Mal am Meer! Die ganze Woche ist ein voller Erfolg: Wasser, Sonne, Platz zum Spielen im Übermaß, Felsen zum Klettern, Sand, um Burgen zu bauen. Endlich sind sie einmal immer sauber, immer satt und immer nur wie Kinder beschäftigt. Ich habe einen Sonnenbrand, den ganzen Tag stand ich am Strand und fühlte mich wie ein Habicht – mit lang gerecktem Hals nach den Köpfen im Wasser starrend und wieder und wieder bis 14 zählend. Niemand außer mir kann hier schwimmen!"

Ein paar Wochen später in der Waldorfschule: Von Utes Klassenzimmer aus ist das *Ordem e Progreso* auf dem blauen Kreis kaum zu erkennen; die brasilianische Flagge flattert dem Februarhimmel über Alto da Boa Vista entgegen. „Ordnung und Fortschritt" steht auf dem gelbgrünen Nationalbanner, das auf dem Schulhof von einem Mann in Uniform dem Himmel entgegengezogen wird, Selbstbeschwörung eines Landes voller Gegensätze. „Was könnt ihr für Brasilien tun?", beginnt der Beamte seine allmorgendliche Leier, ohne eine Antwort abzuwarten. Eine Menge aus 200 Schülern und Lehrern lässt die Rede über sich ergehen und erwacht erst zum Leben, als die Nationalhymne angestimmt wird. Ute schaut aus dem zweiten Stock auf diese Szene herunter – sie hält lieber ihren Unterricht, als an den Versammlungen teilzunehmen, die die Militärdiktatur seit ein paar Monaten auch allen privaten Schulen verordnet hat. Die Zeremonie unten auf dem Hof erinnert sie zu sehr an Braunhemdenrituale in Deutschland. „Wir können auch etwas für Brasilien tun", wendet sie sich dann an ihre Klasse, mit einer Idee, die sie nun schon seit Monaten mit sich herumträgt. „Aber ganz konkret!" 35 neugierige Augenpaare richten sich auf die Lehrerin. „Ihr habt doch die Kinder gesehen, die ich zur Weihnachtsfeier mitgebracht habe? Die wohnen ganz in meiner Nähe, in einer Favela ..."

Mit dem Wort „Favela" können die Schüler etwas anfangen. Ute hat ihnen bereits von ihrer Zeit als Entwicklungshelferin in Londrina, im Bundestaat Paraná, erzählt, und die Kinder haben Bilder dazu gemalt. „Wisst ihr, das ist so", erzählt Ute weiter, lehnt sich gegen das Pult und streicht ihr blaues Kleid glatt. „Da kommen regelmäßig Kinder aus der Favela zu mir und bitten um Brot oder um Schuhe. Eine Weile lang habe ich ihnen immer wieder Sachen geschenkt – aber eigentlich glaube ich: Viel lieber würden sie lernen wie man malt und strickt und Bücher liest. Ihr lernt das ja schließlich auch! Ich habe den Kindern gesagt, dass es am Samstag bei mir zu Hause Kuchen gibt, und etwas zu lernen. Habt ihr nicht auch Lust zu kommen und ihnen etwas beizubringen?" Die Schüler sind sofort Feuer und Flamme. Manfred, der damals elf Jahre alt war, erinnert sich noch heute gut an diesen Augenblick. „Ich werde das nie vergessen! Sie machte uns zu Mitstreitern in einer wichtigen Sache. Wir fühlten uns so geehrt, als sie uns zu sich nach Hause einlud!"

Bereits am nächsten Tag hat Ute auf dem Nachhauseweg mehr Kinder im Schlepptau als gewöhnlich: Antonia, Gisela, Rebekka, Monica und Manfred. Als sie zu Hause ankommen, stehen die Kinder aus der Favela schon Schlange vor der Schaukel im Garten – dabei sollten sie doch erst um 14 Uhr kommen! Manuel vollführt wilde Kunststücke, die er jäh unterbricht, als die blonden Kinder durchs Gartentor treten. Was machen die denn hier? Ungewohnte, betretene Stille. Es dauert jedoch nicht lange, bis Leben in die Gesellschaft kommt. „Wer möchte Taschen nähen lernen?", fragt Gisela vorsichtig, holt ihre Utensilien hervor, und sofort schart sich eine Handvoll neugieriger Kinder um sie. Ute muss gar nichts weiter tun, nur ein bisschen Platz schaffen. Manfred unterrichtet im Wohnzimmer bereits mit Wonne das ABC, und Rebekka lehrt Mathematik. „Im Nachhinein finde ich das ziemlich erstaunlich", erinnert sich Rebekka heute amüsiert. Noch heute erinnert sie sich an jedes Detail, so hellwach war sie angesichts dieser aufregenden Situation.

„Was für ein Kontrast – meine Waldorfschüler und die Favelakinder!“, wird Ute am Ende dieses Tages in ihr Tagebuch schreiben. „Die einen mit ihren schönen Kleidern und weichen Händen, die anderen mit Schrunden überall und Würmern im Bauch. Es war so viel einfacher, als ich dachte! Giselas Täschchen werden bezaubernd, sie kann das viel besser als ich. Für sie freue ich mich fast am meisten. Es tut ihr richtig gut, mal etwas für andere zu tun und zu merken, dass sie ganz viel kann! Mir ist so wichtig, dass sie verstehen: Diese Kinder sind wie wir.“

Einziger Wermutstropfen des Tages: Während alle so glücklich vor sich hin werkeln, kann man im Hausflur Dirceu murmeln hören: *„A tía é minha!“* – „Die Tante gehört mir!“ Mit der ihm eigenen Präzision schafft er es tatsächlich, in alle Schuhe zu pinkeln.

Rebekka wird ein treuer Gast in Utes Haus. Seit dem ersten Besuch kommt sie, wann immer sie kann, jahrelang, bis zu dreimal die Woche. „Ich habe das so geliebt, bei Dona Ute zu sein“, erinnert sie sich heute, „ich glaube, weil die anderen Kinder sich immer so gefreut haben. Das hat auf mich abgefärbt.“ Die stundenlange Busfahrt nimmt sie gerne in Kauf – die aus der Schweiz eingewanderte Familie wohnt jenseits des Stausees Guarapiranga, in einem schönen großen Haus am Seeufer. Immer wieder begleitet sie nun Dona „Utschi“, wie die Brasilianer den Vornamen ihrer Lehrerin aussprechen, auf ihren Gängen durch die Favela. Hier bekommt die damals Zwölfjährige Dinge und Menschen zu sehen, die bislang in ihrem Leben nicht vorgekommen sind. Etwa die kleine Diquinha, Iracemas Jüngste, die vor der Hütte auf einer Holzstufe sitzt und in die Luft starrt. Gekrabbelt ist sie nie, dafür ist in der Hütte kein Platz. Als Ute und Rebekka sie grüßen, erwidert sie nichts; sprechen kann die Zweijährige noch nicht. Mit glasigen Augen schaut das Mädchen durch ihr Gegenüber hindurch. Auf der kleinen Stirn prangt eine Eiterbeule. In der Hütte nebenan klappert es – Iracemas Nachbarin Eva setzt Wasser für einen *cafézinho* auf, einen „kleinen Kaffee". Die *cafézinhos* in der Favela hat Rebekka noch in lebhafter Erinnerung – ständig war sie in Sorge, sich davon Würmer zu holen. Kinder wie Diquinha zu sehen ist für sie ein Schock.

Wenn Ute Craemer in die Favela geht, um Besuche zu machen, ist das oft ein Anlass zu Geselligkeit. Eva tritt mit dampfendem Kaffee für alle vor die Hütte und setzt sich zu den anderen. Sie erzählt von den schweren Regenfällen, die die Favela Monte Azul immer wieder heimsuchen und die steilen Hänge ins Rutschen bringen. „Das kann furchtbar gefährlich werden. Die Hütten werden unter dem Schlamm begraben. Letztes Mal wurden sogar Kinder verschüttet. Es gibt ja niemanden, der auf die Kleinen aufpasst, wenn wir zur Arbeit müssen, deshalb bleibt einem manchmal gar nichts anderes übrig, als sie tagsüber in der Hütte einzusperren."

Die Eindrücke und Geschichten aus der Favela, der Kontakt mit dieser so nahen und doch so fremden Welt haben in Rebekka tiefe Spuren hinterlassen. „Es hat mir wehgetan zu sehen, wie die leben", sagt sie, „diese Ungerechtigkeit, das konnte ich kaum fassen. Aber es war auch sehr spannend, mit Dona Ute in der Favela zu sein. Wir saßen im Matsch, und es roch nach Abwasser – aber ich habe mich da wohlgefühlt! Es war toll, all diese Geschichten zu hören." Heute, fast vierzig Jahre später, ist ihr sehr bewusst, wie stark die Begegnungen mit den Kindern aus der Favela sie geprägt haben: „Ich kannte ja nur unser Haus am See, die schöne Schule, wunderbare

Reisen – ich dachte, das sei die Welt. Eine Favela habe ich zwar gegenüber von unserem Haus jeden Tag gesehen, aber von innen kennengelernt habe ich diese Welt erst durch Dona Ute. Da erst habe ich verstanden: Viele, viele Menschen in diesem Land leben so! Damals bin ich aufgewacht dafür, was Brasilien eigentlich ist. Es ist ein riesengroßer Unterschied, ob man das nur weiß, oder ob man es erfährt und spürt."

Brasilien – eine gespaltene Gesellschaft

Auf der OECD-Liste der sozialen Ungleichheit liegt Brasilien gleich hinter Ländern wie Südafrika, Namibia, Haiti oder Kolumbien. Diese ungleiche Verteilung von Wohlstand ist ein Erbe aus der Kolonialzeit. Die brasilianische Oberschicht ist nie von ihrem Besitz getrennt worden; keine Landreform hat je das durch die Kolonialisierung entstandene Ungleichgewicht grundlegend verändert. Nach wie vor ist der politische Einfluss der Großgrundbesitzer gewaltig: Im Jahr 2000 besaßen circa drei Prozent der Bevölkerung fast 60 Prozent des Landes.

Geteilt ist das Land auch im Hinblick auf das Entwicklungsgefälle. Die Einkommensunterschiede zählen zu den größten weltweit. Wohlstand sammelt sich in den Städten, an den Küsten und im Süden des Landes, während das Hinterland und der Norden mit ihren unendlichen dürregeplagten Weiten noch heute das Armenhaus des Landes darstellen. Etwa fünf Millionen Familien leben hier bis heute als Landlose. Auch diese Trennung besteht seit der Kolonialzeit: Die Portugiesen siedelten sich an den Küsten an und investierten in die Erschließung des Landes nur so viel, wie nötig war, um die Reichtümer des Subkontinents zu erschließen und aus den Häfen abzutransportieren.

Die rasante Arbeitsmigration seit den 1950er Jahren hat die brasilianische Gesellschaft radikal verändert. 1950 lebten noch über 60 Prozent aller Brasilianer auf dem Land. Heute leben 80 Prozent der Bevölkerung in Städten. Die vor allem aus dem Nordosten stammenden Arbeitsmigranten bringen ihre ländlichen Kulturformen mit in die Stadt; von den eingesessenen Städtern werden sie dafür als hinterwäldlerisch verachtet. Die traditionelle Grenze zwischen Stadt und Land verschiebt sich so ins Innere des urbanen Raums. Sie ist die gleiche wie die zwischen Arm und Reich. Krasse soziale Gegensätze auf engstem Raum sind in Städten wie Rio de Janeiro oder São Paulo heute die Regel.

Der UN Habitat-Bericht von 2013 sieht in der extremen sozialen Ungleichheit des Landes eine Bedrohung für die nationale Sicherheit. Längst ist bewiesen, dass Gewalt nicht allein auf Armut, sondern auch auf soziale Ungleichheit zurückzuführen ist. In São Paulo hat die Angst vor dieser Gewalt dazu geführt, dass die Stadt unter Soziologen als „City of Walls" Berühmtheit erlangt hat. Immer mehr Menschen der Mittel- und Oberschicht setzen den öffentlichen Raum mit Kriminalität und Gefahr gleich und schotten sich ab. Getrennt wird, was von jeher getrennt war: Bewohner von Favelas sind meist Nachkommen von Sklaven und Landbewohnern; sie betreten die Häuser ihrer reichen Nachbarn nur unter strengsten Sicherheitsvorkehrungen – als Hausangestellte, Gärtner oder Wachpersonal.

Über Ostern tut Ute für ein paar Tage das, was sie sich oft sehnlichst wünscht und niemandem sagt: einfach verschwinden. Sie fährt nach Botocatú, auf eine Demeter-Farm außerhalb von São Paulo. Die Abwesenheit von Smog und Lärm lassen sie aufatmen, und endlich hat sie einmal Zeit zum Spazierengehen, Kraftschöpfen, Gedankensortieren – für sie immer auch gleichbedeutend mit Schreiben: „Frei sein, trampen, Natur, Sonne, Wind wie in der Studentenzeit, Strand, Wellen, Wasser, Musik, Tanzen will ich! Einen Menschen, der einem zuhört, wenn man versucht, die Probleme anderer zu tragen. Wo ist die Begeisterung für das, was ich tue? Stattdessen das Gefühl, dass ich nicht mehr das gebe in der Schule und zu Hause, was die Kinder verlangen und brauchen. Mein Unterricht ist trocken, ohne Feuer. Ich habe mich zu stark gebunden, entgegen meinem Unabhängigkeitsbedürfnis. Und doch ist mir klar: Wer immer nur unabhängig und ‚frei' ist, wird irgendwann zum Tramp. Alles hat irgendwie seine Stunde: Es gibt die Stunde des freien, ungebundenen Umherschnüffelns in der Welt, und es gibt die Stunde, wo man sich festlegen muss, um etwas zu schaffen. Und da muss man sich gleichzeitig etwas beschränken und auf bestimmte Dinge verzichten. Das ist in Ordnung, mit 37. Da hilft alles nichts: Man muss sich den Kindern ganz geben, besonders diesen Kindern, nicht immer nur halb. So als wären es wirklich unsere eigenen."

Bei Utes Rückkehr platzt das Haus aus allen Nähten. Seit dem letzten Sturm ist das Gartenhäuschen, wo die größeren Jungen wohnen, undicht. Cido kommt mit den Reparaturen gar nicht mehr nach. Es ist Regenzeit: Mauern und Betten werden feucht und klamm, Wäsche trocknet nicht mehr. Bis zu vierzig

Kinder tragen an den Nachmittagen jede Menge Matsch ins Haus; „Das war zum Verrücktwerden“, erinnert sich Ute – „so viel Land in diesem riesigen Brasilien, aber kein Stückchen davon für uns!“ In „freien“ Stunden schreibt sie unzählige Briefe nach Deutschland, um Spender zu finden und Geld aufzutreiben. Mit einer Materialliste in der Hand klopft sie an die Haustüren der Umgebung und bittet um Unterstützung; meist wird sie unverrichteter Dinge wieder weggeschickt. Aber Aufgeben kommt nicht in Frage. In der Schule organisiert sie eine Tombola und verkauft Lose – Hauptgewinn ist die antike Brosche ihrer Tante Anny. Das eingenommene Geld reicht für ein bisschen Baumaterial für die *Escolinha,* die „kleine Schule“, die sie hoffentlich bald irgendwo bauen kann. In ihr Tagebuch schreibt sie im Winter 1976: „Wohin mit den drei Hafersäcken, mit den zwei Säcken Bruchkeks, wohin die gebrauchten Kleider, die 15 Paar Tennisschuhe, die 30 Pyjamas für die Ausflüge, die fünf Türen, drei Gitter, zwei Klos, das Bidet, und wohin die Lastwagenladung Holz?“ Bis jetzt lagert alles in Utes Haus – einzig ihr kleines Schlafzimmerchen ist tabu.

An einem Samstag im Mai 1977 – wieder einmal hat es seit Tagen nicht aufgehört zu regnen – hat Dona Ute ein paar Frauen aus der Favela zu sich eingeladen. Sie möchte, dass die Mütter mit eigenen Augen sehen, was die Kinder bei ihr machen. In der Favela kursieren Gerüchte über die deutsche Frau, die vielen nicht geheuer ist. „Mein Vater hatte richtig Angst um uns“, erzählt Tonilda, die mit sieben ihrer Geschwister damals täglich zu Ute kam. „Er hatte Angst, dass das so ein Ausländer-Trick ist, dass sie uns entführen will. Ute kam zu uns nach Hause und hat mit meinen Eltern geredet … aber beruhigt war er erst, nachdem meine Mutter bei ihr war und sich die Sache angeschaut hat.“ Regen ist nicht das richtige Wort für das, was an diesem Tag vom Himmel kommt. Es ist eher eine Wand aus Wasser, ein endloser Wolkenbruch, der die Wege in der Favela in Rutschbahnen aus Schlamm und die geteerten Straßen in der unmittelbaren Nachbarschaft in reißende Flüsse verwandelt. Es ist gut, bei Dona Ute im Trockenen zu sitzen. Heißer Tee steht auf dem Tisch, und für jede Frau eine Schüssel mit Haferflocken. Die sind etwas gewöhnungsbedürftig, aber gesund. Ute erzählt von ihrer Arbeit mit den Kindern, von der Einladung auf ein Landgut von Bekannten, wo sie gern mit ihren Schützlingen hinfahren würde. Ihre Stimme ist leiser als die der meisten Brasilianer, legt sich nicht ganz so lustvoll in die Vokale. Die aus Deutschland Eingewanderte hat ihr Portugiesisch von Favelabewohnern in Londrina gelernt. Für die *Paulistas* – die Einwohner von São Paulo – klingt ihr dort erworbener Singsang ein wenig rustikal, in etwa wie ein Dialekt aus dem Schwarzwald für einen Hannoveraner. Die Frauen aus der Favela sind selbst Fremde in der Stadt; sie stören sich nicht an einem ungewohnten Tonfall. Ohnehin fragt Ute lieber als selbst zu reden, und hört aufmerksam zu. Wie geht es euch?

„Das Schlimmste ist“, erzählt Miraní, die Mutter von Evinho, „dass hier alles so dicht aufeinanderhockt und die Kinder alles sehen und mitbekommen. Die Jugendlichen, die auf den Treppen sitzen und Marihuana rauchen, den Streit der Erwachsenen, und auch wenn sie sich wieder versöhnen und Liebe machen – alles! Neulich wurden hier vier Mörder verhaftet. Ich stand mit anderen Frauen und ein paar Kindern an der Wasserstelle und wusch Wäsche. Die Polizisten schlugen auf die Männer ein und brüllten uns zu: ‚Ja, guckt ihr nur! Diese Männer haben heute Nacht 14 Menschen mit Rasierklingen umgebracht und ausgeraubt!‘ So etwas hallt dann durch die ganze Favela.“

Ute ist ganz Ohr. Der Gedanke „Wo ist eigentlich Dirceu?“ huscht ihr nur flüchtig durch den Sinn. Seit dem Morgen hat sie ihn nicht mehr gesehen. Weiter beunruhigt ist sie nicht – immer wieder machen die beiden kleinen Brüder unangekündigte Ausflüge, gehen ihre Mutter in der Favela besuchen oder stromern durch die Gegend. Bis jetzt hat Ute keinen Weg gefunden, ihnen diese Unruhe zu nehmen.

Zwei Tage später. Ute Craemer sitzt gerade mit den freiwilligen Helfern, die sie unterstützen, in einer wöchentlichen Besprechung, als eine Handvoll Kinder unter lautem Geschrei in den Garten stürmt: „Die Polizei ist da, sie haben Dirceu gefunden!“ Utes Erleichterung ist grenzenlos – und ihr Entsetzen auch. Sandro hilft, das Geschehene zu rekonstruieren. Dirceu sei wieder einmal wütend gewesen, und so seien sie gemeinsam hinunter in die Favela zu ihrer Familie gerannt. Die großen Brüder hätten die beiden Kleinen „arbeiten“ geschickt, zum Supermarkt, um die *senhoras* anzubetteln. Der Regen hatte die Straßen zu reißenden Flüssen anschwellen lassen, und Sandro hatte mitansehen müssen, wie Dirceu, als er die Straße überqueren wollte, einfach in einen offenstehenden Gullideckel hineingespült wurde. Der Kleine muss sich auf einen Vorsprung im Kanalisationsschacht gerettet und dort auch die Nacht verbracht haben. Erst am nächsten Morgen hörten Passanten sein Rufen und wurden auf ein Kinderärmchen aufmerksam, das sich durch das Gulligitter emporreckte. Eine vorbeifahrende Polizeistreife konnte Dirceu endlich befreien. „Eine ganze Armee von Schutzengeln war angestellt für dieses Kind", sagt Ute heute. „Wir dachten alle, er sei tot. Er hat nie selbst davon erzählt, was er da erlebt hat."

Ein neues Gesicht

Eines Tages, als Ute mit den Kindern aus der Schule kommt, steht Antônio an der Wasserpumpe im Garten. Keiner kennt ihn, er ist einfach da und wäscht seine Hose, als ob nichts sei. Ute geht auf ihn zu: „Magst du nicht was essen? Komm doch mit rein!" Schlaksig und stumm sitzt er am Tisch und schlingt Mangold mit Süßkartoffeln hinunter. Bis zum späten Abend macht Antônio keine Anstalten, nach Hause zu gehen –offensichtlich will er bleiben und Ute lässt ihn. Mit der Schüchternheit des ersten Abends ist es schon nach wenigen Tagen vorbei: Er pupst und rülpst mit Wonne und hält bei Tisch Vorträge über die Haare, die ihm an diversen Körperteilen sprießen. Seine eingefallenen Wangen runden sich bereits nach wenigen Tagen; das von Cido liebevoll bereitete Essen verschlingt er wie ein Scheunendrescher, ohne Rücksicht auf die anderen. Beschwert sich Maristela über sein Benehmen, erklärt er, nur so könne man überleben, und schiebt ein paar saftige *Giria*-Ausdrücke hinterher – Wörter einer Ganovensprache, die außer ihm keiner im Haus versteht. Ute lässt ihn ein Wörterbuch anlegen, in dem er täglich alle Ausdrücke aufschreiben und erklären muss, die er benutzt. Sehr bald werden es weniger. Auch die Toilette lernt er schnell zu benutzen, ohne übelriechende Überschwemmungen zu veranstalten.

Einige Wochen später sitzt die ungewöhnliche Wohngemeinschaft wie jeden Abend zusammen und bespricht den nächsten Tag. Maristela hat Tee gemacht; ihr Gesicht ist noch rot vor Anstrengung – Cido hat seine Tanzstundenschüler ordentlich gefordert vor dem Essen. Sie schenkt jedem einen Becher ein. Ute hat sich für Antônio um eine Ausbildungsstelle bemüht, auf die er sich nun bewerben kann. Dazu muss er zunächst auch auf dem Papier in die Zivilisation überführt werden: Er braucht Dokumente. Das bedeutet einen Ausflug aufs Amt, in Begleitung von zwei volljährigen Zeugen.

„Wie heißt du denn mit Nachnamen?“ – „Keine Ahnung. Da Silva klingt schön.“

„Und wie alt wärst du gern?“ – „Hmm ... 16 wäre gut.“ – „Lass uns mal 14 nehmen, das macht sich besser in der Bewerbung für die Ausbildung. Und wann hast du Geburtstag?“ – „Weiß ich nicht.“– „Dann nimm meinen: 20. Januar, der ist gut.“

Seinen Namen flüssig zu schreiben hat Antônio schon geübt. So sollte es morgen klappen.

Die zuständige Behörde liegt im benachbarten Stadtteil Santo Amaro, und doch nimmt die Anfahrt anderthalb Stunden in Anspruch: Mehrere Buswechsel und Fußmärsche wollen bewältigt und das Amt gefunden werden. In den 70er Jahren wächst und verändert sich São Paulo so rasant, dass ganze Straßenzüge wie über Nacht nicht wiederzuerkennen sind. Gebäude verschwinden und tauchen anderswo wieder auf; Stadtpläne verlieren ihren Sinn. Ute und Antônio warten auf den Bus – eine gute Gelegenheit, sich einmal in Ruhe zu unterhalten. Der Junge beginnt zu erzählen: „An meine Mutter erinnere ich mich nicht mehr. Von meinem Vater weiß ich nur noch, dass er getrunken und mich oft geschlagen hat. Er hat mich dann an eine Familie auf dem Land verkauft, als ich acht Jahre alt war. Dort sollte ich Ochsen schlachten, aber das wollte ich nicht, und da bin ich weggelaufen. Bei der nächsten

Familie musste ich auf einem Baum schlafen – aber das darfst du den anderen nicht erzählen!“ Der Bus fährt unter dröhnendem Gepolter heran und kommt mit ohrenbetäubendem Quietschen zum Stehen. Beim Einsteigen erspäht Antônio auf dem Trittbrett ein angelutschtes Bonbon und steckt es sich blitzschnell in den Mund.

Die gute Nachricht lässt nicht lange auf sich warten: Antônio darf die heißersehnte Ausbildung bei Volkswagen machen. Alice Reiprich hat ihre Kontakte aktiviert und sich bei VW für den Jungen eingesetzt. Im August soll es losgehen. Die Chance ist groß, denn eigentlich ist die Ausbildung nur für Werksangehörige und deren Familien vorgesehen. Wenn Antônio seine Sache gut macht, dürfen sich auch Cido und João bewerben. Alle hoffen, dass er mit der ungewohnten Regelmäßigkeit zurechtkommt, die nun von ihm verlangt wird. Ute glaubt an ihn: Vor ein paar Tagen beim Abendessen hat er erzählt, dass er dem Nachbarn von gegenüber Lesen beibringen will.

Die Kinder stehen gerade im Hof um Bottiche voller Farbe und batiken gespendete T-Shirts, die sie auf dem nächsten Basar verkaufen wollen, als Ute durchs Tor gestürmt kommt. Tonilda erinnert sich noch gut an diesen Moment: „Sie rannte richtig, sie strahlte übers ganze Gesicht, und dann rief sie: ‚Kinder, wir haben Land! Wir haben endlich ein Gelände, wo wir unsere *Escolinha* bauen können!‘ Und wir sind alle rumgesprungen wie verrückt, haben gejohlt und geschrien und uns wahnsinnig gefreut.“ Nach langer Odysee ist Ute endlich fündig geworden: Mit der überzeugend niedlichen Maristela an der Hand hat sie den größten Grundstücksbesitzer der Gegend in seinem Büro aufgesucht und ihm ihr Anliegen unterbreitet.

Gleich am nächsten Tag zieht eine begeisterte Kinderschar gemeinsam mit Dona Ute zum Bauplatz. Der ist zunächst kaum als solcher zu erkennen: Auf dem Gelände, für dessen Nutzung der Großgrundbesitzer sein Einverständnis gegeben hat, steht eine alte, halbverfallene Hütte, unter Dickicht und Lianen kaum noch zu erkennen. Die Kinder sind schwere Arbeit gewohnt, und voller Schwung machen sie sich ans Aufräumen: Gestrüpp wird kleingehackt, Müll wird fortgeschafft, Nägel werden aus Holzbalken gezogen. Tonildas Vater ist mit Sachverstand dabei. Er ist Schreiner und hat sofort zugesagt, beim Bau der *Escolinha* zu helfen.

Im Januar 1978, als der Bauplatz endlich soweit ist, dass er diesen Namen verdient, geschieht etwas, womit niemand gerechnet hat: „Es war gerade alles sauber und aufgeräumt", erinnert sich Tonilda, „und das Holz zum Bauen lag schon auf dem Platz, da kam ein Mann und brüllte: ‚Stopp, hört auf! Dieses Gelände gehört mir!' Es war der Besitzer, der einfach sein Versprechen zurückgezogen hat. Er hat uns bedroht, und wir hatten keine andere Wahl als uns das Holz zu schnappen und uns zu verziehen. Ute hat dann ein anderes Gelände besorgt." Dieser letzte Satz macht eine lange Geschichte kurz.

Ute steckt den schweren Schlag ein, ohne sich aus der Bahn werfen zu lassen. Erneut verbringt sie Stunde um Stunde ihrer knappen Zeit auf Ämtern, immer auf der Suche nach bebaubarem Gelände. Sie lernt viel in dieser Zeit. „Indem ich lauter Dinge falsch machte!", sagt sie heute. Sie sitzt brav in unklimatisierten Wartezimmern und weigert sich, den *despachante* zu schmieren, der in Brasilien dabei hilft, bürokratische Abläufe zu beschleunigen; sie geht davon aus, dass ihre Briefe und Anfragen auch so beantwortet werden, bis die Zeit sie eines besseren belehrt. „Manchmal war mir in diesem Saunawetter wirklich mehr nach einer kühlenden Dusche zumute als nach Sozialarbeit!“

Als Ute Craemer Mitte Februar, nach den brasilianischen Sommerferien, am ersten Schultag wieder in die Schule kommt, schaut die Sekretärin sie konsterniert an. Ob sie denn nicht Bescheid wisse? Ute hat ein halbes Freijahr hinter sich und ist erschienen, um ihre Stelle wieder anzutreten. „Ich wurde ins Büro bestellt“, erzählt sie heute, „und dort sagte man mir, ich bräuchte nicht wiederzukommen. Keine Erklärung – nur noch eine Unterschrift wollten sie von mir. Und ich habe ihnen die auch noch gegeben ... Ich war sprachlos. Eigentlich bin ich das immer noch – die haben mich wirklich einfach so entlassen!“ Es ist nicht das erste Mal, dass Utes Leben sich von einem auf den anderen Tag grundlegend ändert.

WURZELN

–

Eine Jugend auf drei Kontinenten

Einfach ist weggehen nie.
Aber besser.

Friederike Roth

Ute ist zwei Jahre alt, als ihre Familie das erste Mal die Koffer packt. Die Craemers ziehen Ende 1940 von Weimar nach Graz. Herrmann Craemer, Utes Vater, ist Bauingenieur; in Graz tritt er einen Lehrstuhl für Massivbau an der Technischen Hochschule an. In der Stadt, die seit dem „Anschluss" Österreichs im Jahr 1938 zum Deutschen Reich gehört, herrscht Wohnungsnot, und so haust die Familie zunächst über Monate hinweg in Räumen der Universität, direkt neben einem Hörsaal. Als Ute drei Jahre alt ist, kommt ihre Schwester Luitgard zur Welt. Der Zweite Weltkrieg ist voll ausgebrochen, und Graz ist als Hauptstadt der Steiermark die meistbombardierte Stadt auf österreichischem Gebiet. In Utes früher Kindheit spielt daher der Luftschutzbunker eine große Rolle: „Da mussten wir ständig hin." Utes Mutter, Gudrun Craemer, hatte für die Mädchen Schlafsackdecken genäht – mit Löchern zum Laufen. So konnten die Kinder, wenn nachts Alarm geschlagen wurde, einfach mitsamt ihren Decken direkt aus dem Bett in Richtung Luftzschutzbunker rennen. An den Bunker hat Ute vor allem fröhliche Erinnerungen: Man kennt sich, der riesige mit hunderten von Stockbetten gefüllte Raum ist immer voller Studenten – junge Leute aus aller Herren Länder, die mit den beiden kleinen Mädchen schäkern und spielen. Die Universitätsstadt Graz ist geprägt von ausländischen Studierenden, denn die jungen Einheimischen sind im Krieg. Schrecklich an den Nächten im Bunker sind für Ute nur die Gasmasken. Diese zu benutzen müssen die Kinder in den langen Stunden des Wartens üben. Noch heute hat Ute den Gestank nach Gummi in der Nase, wenn sie daran denkt – und bis heute hasst sie Schnorchel und ähnliches Gerät, weil sie ihr das Gefühl geben, ersticken zu müssen.

Sie erinnert sich nicht daran, Angst gehabt zu haben, während die Bomben fielen, „obwohl meine Eltern da ja ganz schön gebibbert haben müssen." Gudrun und Hermann Craemer schaffen es, in all diese unangenehmen Prozeduren eine Ruhe und Selbstverständlichkeit hineinzubringen, die es den Kindern ermöglicht, sich sicher und geborgen zu fühlen. „Das war wichtig", sagt sie. „Als Kind hängt man ja völlig von den Gefühlen der Eltern ab."

Doch auch den besonnenen Craemers wird der Grazer Boden im Sommer 1944 zu heiß. Gudrun Craemer und ihre beiden Töchter verbringen ein paar Monate auf einem Bauernhof von Verwandten in Schlesien, in der Nähe von Breslau. Dort wird Ute auch eingeschult. Der Aufbruch zurück nach Graz geht sehr plötzlich vonstatten. Die allgemeine Panik, die den Satz „Die Russen kommen!" begleitete, hat sie noch deutlich in Erinnerung. Die Familie nimmt den Nachtzug zurück und entkommt dem berüchtigten Einfall der roten Armee. Im Winter 44/45 wird Hermann Craemer mit dem sogenannten „Volkssturm" eingezogen – Professur, Kurzsichtigkeit und schmächtige Statur sind zu diesem Zeitpunkt keine Ausmusterungsgründe mehr; selbst Minderjährige werden nun als Kanonenfutter an die Front geschickt.

Als im Mai 1945 der Krieg zu Ende geht, haben die Craemers Glück gehabt: Alle sind heil durch den Krieg gekommen, und auch die Grazer Wohnung ist unbeschadet geblieben. Allerdings wird es nach Kriegsende deutlich schwieriger für die Familie: Reichsdeutsche haben nun kein Recht auf Lebensmittelmarken mehr. Im Frühjahr 1946 wird Hermann Craemer, wie alle reichsdeutschen Beamten, vom in der Zwischenzeit wieder österreichischen Staat fristlos entlassen. Seinen Ausweisungsbefehl ignoriert er vorerst und unterrichtet weiter – allerdings nicht mehr an der Uni, sondern auf eigene Faust, im Wohnzimmer der Familie. Die Studenten revanchieren sich mit Lebensmitteln. Diese Versorgung reicht jedoch nicht zum Leben, und so müssen die Craemers, wie so viele in dieser Zeit, hamstern gehen. Das ist verboten, denn die wenigen landwirtschaftlichen Produkte, die das Land hat, sollen planvoll verteilt werden. Mit der Straßenbahn überwindet die Familie die Hamstersperre um die Stadt und fährt raus ins Grazer Umland, wo die Craemers von einem Bauernhof zum anderen wandern. Eier, Milch, Zwetschgen wechseln den Besitzer; die Familie bietet ihre Wertgegenstände zum Tausch an: Bilder, Haushaltsgegenstände, Utes Taufsilberlöffel. Doch nicht immer kommt es zum Geschäft; viele Österreicher wollen mit hamsternden „Piefkes" nichts zu tun haben. Ute erinnert sich noch gut daran, wie die Familie vor einem Bauernhaus steht und abgewiesen wird: „Ihr seid Reichsdeutsche, schert euch weg!“ Die Erfahrung der Demütigung, das Gefühl der Scham sind ihr bis heute präsent geblieben.

Mit dem Kriegsende wird Graz von den Sowjets besetzt, kurz danach kommen die Briten. Allein in der Steiermark werden nach offiziellen Zahlen 10.000 Frauen von der roten Armee vergewaltigt. Entsprechend groß ist die Angst der Bevölkerung vor „den Russen“. Nicht so Hermann Craemer: Sein „Ostfimmel“ ist in der Familie ein geflügeltes Wort, er liebt die russische Literatur und Kultur. An Sonntagen nimmt er an jede Hand ein Kind und geht „die Besatzer besuchen“. Er ist ein echter Humanist, der seine Spiritualität jedoch durch Taten, nicht durch Worte vermittelt. Abends singt er mit den Mädchen russische Lieder und erzählt ihnen Märchen. „Schneeweißchen und Rosenrot“ ist Ute das Liebste: Das Gold, das unter dem Pelz des Bären hervorschimmert, beeindruckt sie tief. Dass auch die eigene Armbanduhr der sprichwörtlichen Uhrenliebe des Zarenvolkes zum Opfer fällt, tut der Sympathie des Vaters keinen Abbruch. Ute selbst hat die Sowjets als sehr kinderlieb in Erinnerung. In ihr ist in dieser Zeit ein tiefer Respekt vor anderen Kulturen gewachsen.

Trotz Kriegsende, Stunde Null und Nachkriegszeit beschreibt Ute ihre Kindheit in Graz als „ganz normal und behütet“. An Geburtstagen und zu Weihnachten werden Kasperltheater und Hirtenspiele aufgeführt – die Drehbücher dazu schreibt Hermann Craemer selbst. Selbstgemalte Einladungen und Menükarten verleihen den Ereignissen einen Glanz, an den die Schwestern sich noch heute gern erinnern. Bei Craemers geht es strukturiert zu: Jeden Tag um halb eins wird zu Mittag gegessen, Abendessen gibt es um halb sieben, danach wird eine Geschichte erzählt, und dann geht es ins Bett. Auf diesen Ablauf ist Verlass: Die Familie wird ihn auch in den kommenden Jahren in drei weiteren Ländern auf zwei weiteren Kontinenten strikt einhalten. „Wie wichtig das mit dem Rhythmus ist, das habe ich erst Jahre später während meiner Ausbildung zur Waldorflehrerin begriffen", reflektiert Ute heute. Ihre eigene gute Gesundheit und starke Willenskraft führt sie auf diese stabilen Strukturen in ihrem Elternhaus zurück.

Utes Entdecker- und Forschergeist macht sich früh bemerkbar. Schon als blondbezopfte Sechsjährige schleppt sie die ein Jahr jüngere Freundin Marta und ihre kleine Schwester Lütti auf Eroberungszüge mit. Die Kinder sollen eigentlich im weitläufigen, aber sicheren Hochschulgarten spielen. Ute hat schon damals ein Talent, andere zu großen Taten anzustiften, und so erweitert das kleine Trio seine Kreise stetig. Die fast vier Jahre jüngere Lütti hat diese anstrengenden Ausflüge in schlechter Erinnerung. Der Schlossberg lockt, auf einer Brücke lässt sich die Mur überqueren und zu einem halb verfallenen Schloss vordringen. „Nach vorne ging es immer", erzählt Ute vergnügt. Erst der Rückweg wird kompliziert – da sieht alles so anders aus. Die praktisch veranlagte Mutter hängt Klein-Ute ein Holzschild um den Hals, das die Rückkehr der Mädchen gewährleisten soll: „Craemer, Kreuzbachgasse 1".

Ihre ersten Fundraisingerfahrungen macht Ute im Alter von sieben Jahren. Gemeinsam mit Marta stellt sie sich in kratzigen Wollstrümpfen an die Straße und verlangt Wegzoll von Passanten: „Halt, zehn Pfennig her!" Was die beiden ergattern, legen sie in der nahegelegenen Konditorei in Süßigkeiten an – „schon damals für einen guten Zweck."

Das Grazer Leben der Craemers geht 1948 zu Ende, als der Vater eine Stelle an der Universität Belgrad angeboten bekommt.

Tito, Ministerpräsident der frisch gegründeten Volksrepublik Jugoslawien, wirbt damals strategisch die gut ausgebildeten deutschen Wissenschaftler und Fachkräfte an. Hermann Craemer wird zwei Jahre lang als wissenschaftlicher Berater für das Belgrader Bauministerium arbeiten und entgeht durch diese Anstellung einer Zwangsausweisung aus Österreich, die für die ganze Familie Aufenthalte in Flüchtlingslagern bedeutet hätte. Auch an Belgrad hat Ute gute Erinnerungen: Die mystische Stimmung in der russisch-orthodoxen Kirche, die die Familie sonntags besucht, mag sie sehr. Serbisch ist schnell gelernt, in der Parade zum 1. Mai marschiert Ute als kleine Pionierin mit – und endlich gibt es wieder genug zu essen.

Ende 1949 verlassen die Craemers Jugoslawien, um nach Ägypten zu ziehen. Hermann Craemer hat dort eine Professur an der Université Faruk von Alexandria angeboten bekommen. Wieder einmal werden alle Möbel eingepackt und verladen. „Die reisten ja immer mit", erinnert sich Ute, „wir vier und die Möbel, das war die kleine Einheit, die sich durch die Welt bewegte." Die Familie reist per Flugzeug von Venedig aus nach Ägypten. In der Stadt der tausend Brücken geht die Elfjährige einen ganzen Tag lang verloren. „Und das nur, weil ich so schüchtern war", weiß Ute noch sehr genau. Gemeinsam mit der Schwester soll sie beim Bäcker Brot holen gehen. Nach getätigtem Kauf können sich die beiden nicht mehr an den Rückweg zum Hotel erinnern. Ute, in einem Anflug von Scheu, schickt die Jüngere vor, um einen fremden Mann, der gerade den Laden verlässt, nach dem Weg zu fragen. Sie selbst verbirgt sich hinter einer Hausecke. Der hilfsbereite Fremde nimmt prompt die kleine Luitgard an die Hand, um sie zum

Hotel zurückzubringen – und noch ehe Ute sich versieht, ist die Schwester verschwunden und sie ganz allein, in einer unbekannten Stadt voller Brücken und Kanäle, ohne ein Wort Italienisch zu sprechen. Anders als in Graz muss sie ohne ein Schild um den Hals zurückfinden, was ihr nach einem langen schrecklichen Tag auch gelingt. Unmöglich ist schon damals für sie nichts.

Alexandria – eine brave Pubertät

Alexandria, die größte Stadt am Mittelmeer, hat in den 40er Jahren noch etwas von ihrem seit der Antike gerühmten kosmopolitischen Flair. Ute und Luitgard besuchen das französische Lycée. Sie sind die einzigen deutschen Schülerinnen; bis zu zwölf Nationalitäten finden sich in einer Klasse. Grundkenntnisse in Französisch haben die Schwestern sich in den großen Ferien mit dem Vater erpaukt. Nun heißt es weiterbüffeln, denn die Leistung der Schüler wird ständig kontrolliert: „Es gab diese Carnets für die Noten, und jeden Tag musste man beweisen, dass man etwas gelernt hatte", erinnert sich Ute. Schon damals ist sie ausdauernd und hartnäckig, auch in der Schule. Mit ihrem blonden Zopf im Timoschenko-Stil und dem ernsten Blick wirkt sie sehr angepasst. „Ute war früher so was von brav, das kann sich heute keiner mehr vorstellen", erzählt ihre Schwester Luitgard. „Eine echte Musterschülerin. Sie sorgte immer dafür, dass wir nicht zu spät kamen. Raffte meine Schultasche unter den Arm, und ab ging's im Galopp." Ute ist ehrgeizig, heimst einen Ehrenpreis nach dem anderen ein und legt großen Wert auf gute Noten. So sehr, dass der Vater ihr vorschlägt, doch einfach mal zu Hause zu bleiben, als sie aus Sorge, im Test des Tages eine schlechte Note zu kassieren, Krankheit vorschützt. Ein Gutes hat das überstrenge System der Franzosen aber doch, findet Ute im Nachhinein: „Ich habe da gelernt, mich für andere einzusetzen." Um den schwächeren Schülern zu helfen, entwickelt Ute ein ausgefuchstes Schummelsystem, in dem Schuhe, Rocksäume und genauestens abgesprochene Sitzpositionen eine Rolle spielen.

Mit der ägyptischen Kultur kommen die jungen Mädchen in dieser Zeit kaum in Kontakt. Ihr Leben spielt sich in der europäischen Oberschicht ab; ihre Spielkameraden und Freundinnen kommen aus Italien, Frankreich, England. Einmal geht die Familie die arabische Hausangestellte besuchen – die ärmlichen Verhältnisse, in denen sie lebt, prägen sich Ute tief ein. Was es heißt, anders zu sein und deshalb abgelehnt zu werden, erlebt sie auf einem Familienausflug: Ägyptische Kinder rufen ihr „English, English" hinterher. „Das war eindeutig nicht nett gemeint", erinnert sie sich. Mit der verhassten englischen Protektoratsmacht in einen Topf geworfen zu werden, gefällt ihr gar nicht – „nur weil man aussieht, wie man aussieht."

Pakistan – gestrandet in der Provinz

Im Jahr 1952 putscht das ägyptische Militär gegen König Faruk I. Politische Unruhen und gewaltsame Angriffe gegen europäische Institutionen veranlassen viele Europäer in Alexandria, zum Teil seit Generationen hier ansässig, das Land zu verlassen. So auch die Craemers. Die Lust der Eltern, ins vom Krieg zerstörte Deutschland zurückzukehren, hält sich in Grenzen. Und so nimmt Hermann Craemer 1953 einen

Lehrauftrag in Pakistan an, am College of Engineering in Lahore.

Wieder einmal besteigen die Craemers ein Flugzeug, das sie noch weiter in Richtung Osten trägt. Die Ankunft in der Hafenstadt Karachi ist für Ute ein Schock. Fünf Jahre nach der Unabhängigkeit und Teilung der ehemaligen britischen Kolonie sind die Flüchtlingsströme noch immer nicht abgeebbt – die Straßen sind voll von Vertriebenen: Hindus auf dem Weg von Pakistan nach Indien, Muslime auf dem Weg von Indien nach Pakistan. Hermann Craemer, ein großer Gandhi-Anhänger, hat in den Mädchen schon vor der Reise große Sympathie für die indische Unabhängigkeit geweckt. Doch das Elend, das auf den Straßen herrscht, ist unbeschreiblich; Ute schüttelt sich heute noch, wenn sie sich daran erinnert: „Das war ein anderes Elend als das, was wir in Ägypten gesehen hatten. Das war auch schlimmer als alles, was ich später in den Favelas kennengelernt habe. Da waren tausende von Flüchtlingen auf den Straßen. Alles war voll, die Menschen schliefen auf den Straßen. Hygienisch war das natürlich eine Katastrophe, die Leute hatten kein Wasser, und es stank zum Himmel." Jahre später, als Ute in Deutschland studiert und Zeit hat, die Erlebnisse ihrer Jugend zu verdauen, reift in ihr der Entschluss: „So eine Welt will ich nicht."

Einmal in Lahore angekommen, spielt sich das Leben der Craemers in der geschützten Welt des College Compound ab. Lahore ist die zweitgrößte Stadt Pakistans und eines der Zentren der islamischen Welt. Familie Craemer, die das kosmopolitische Flair Alexandrias gewohnt ist, empfindet Lahore jedoch als kulturelles Brachland. Die Ausländer der Stadt, vor allem Briten und Deutsche, tun sich zusammen, um der Langeweile zu entgehen. Die Craemers leben auf dem Collegegelände und haben einen großen Garten, wo sie gerne Gäste empfangen. Hier genießt das internationale Publikum den guten Apfelkuchen von Gudrun Craemer und spielt Badminton. Die fünfzehnjährige Ute findet es immer unnatürlicher, dass die Familie zur pakistanischen Bevölkerung so gar keinen Kontakt hat.

Das ändert sich, als sie sich in Mansur verliebt. Mansur ist Pakistani und Student der Ingenieurswissenschaften bei Utes Vater. Er wohnt gegenüber; die beiden Schwestern schauen ihm und anderen Jungen an langen Nachmittagen bei Tennismatches zu. Sie plaudern gerne und viel miteinander, und eines Tages zeigt Mansur Ute seine Briefmarkensammlung – im wahrsten Sinne des Wortes. Sie bewundert ihn für seine aufrechte, erwachsene Art. Mansur wird ihr erster Freund. Mit ihm bekommt sie endlich ein bisschen echtes Pakistan zu sehen. Die frühmorgendlichen Fahrradausflüge durch Lahore gemeinsam mit Mansur gehören zu Utes schönsten Erinnerungen an dieses Land: Wie die Stadt am Ufer des Flusses nach und nach erwacht, wie Geräusche und Bewegungen in die Welt finden, in sanftes Morgenlicht getaucht. Leider führt die Freundschaft mit dem jungen Muslim nicht dazu, dass Ute Einblick in das Leben seiner Familie erhält. Zwar geht Mansur bei den Craemers ein und aus, aber sein Elternhaus bleibt für die Deutsche tabu. „Die Mutter war unterm Schleier, die durfte nicht raus, und man sah sie nie“, erinnert sie sich.

Die Craemer-Mädchen besuchen in Lahore das „Jesus and Mary College“. Unterrichtssprache ist Englisch – abgesehen von der Sprache hält sich der Wissenszuwachs der Schwestern in Pakistan sehr in Grenzen. „Das Einzige, was ich da gelernt habe, war, eine Christrose zu zeichnen. Das haben wir jeden Tag geübt, weil das in der Abschlussprüfung drankommen sollte. Für alles andere war es einfach zu heiß, 40 Grad waren noch kühl!“ Damit die Töchter intellektuell nicht verkümmern, gibt Hermann Craemer ihnen Aufgaben: Er lässt sie Aufsätze schreiben über das Leben in Pakistan und die dortige Kultur. In dieser Zeit fängt Ute an, Tagebuch zu schreiben – ein Mittel der Konzentration und Reflexion, das zeitlebens wichtig für sie bleiben wird.

1955, nach nur anderthalb Jahren in Pakistan, schließt sie das College ab. Inzwischen ist beschlossene Sache, dass die Craemers nach Deutschland zurückkehren werden. Vor allem der Vater leidet unter der Hitze. Er ist mittlerweile über sechzig und bei schlechter Gesundheit, das tropische Klima setzt ihm zu, und er plant die Rückkehr der Familie in die Heimat. Die Mädchen sollen dort Abitur machen, um anschließend studieren zu können.

Der Abschied von Mansur ist tränenreich. „Zum ersten Mal in meinem Leben war ich traurig darüber, von einem Ort wegzugehen“, erzählt Ute. Die Eltern sind erleichtert, glaubt sie, obwohl sie Mansur gern hatten – sie hatten wohl gefürchtet, dass er der Tochter einen Antrag machen würde. Mansur wird Ingenieur und wandert später nach Kanada aus. Noch jahrzehntelang wird er den Craemers jedes Jahr eine Weihnachtskarte schreiben.

Ute und ihr Vater steigen für die Reise nach Deutschland in ein kleines Propellerflugzeug, das auf seinem Flug über Persien und die Arabische Halbinsel mehrfach zwischenlanden muss. Zeit, die die junge Reisende gut gebrauchen kann, um sich auf das neue Leben in einer unbekannten Heimat vorzubereiten.

Zurück in Deutschland

Ute hat romantische Bilder im Kopf und hofft auf Burgen und blühende Kirschbäume. Wohnen soll sie vorerst bei Tante Anny, einer entfernten Verwandten. Die Tante ist alleinstehend und hat sich bereit erklärt, das junge Mädchen aufzunehmen. Hermann Craemer fährt nach erledigten Formalitäten zurück nach Lahore; sein Vertrag an der Universität geht noch ein Jahr, dann will die Familie nachkommen.

Utes deutsche Jugend beginnt im Jahr 1955, und die erste Zeit in Deutschland ist keine einfache. Unmengen an Stoff sind in der Schule nachzuholen, um den Abituranforderungen zu genügen: Physik, Chemie und Latein in nur einem Jahr – das ist selbst für die büffelerprobte Ute eine Herausforderung. Tante Anny ist ihr fremd, und das kleine Bückeburg in der niedersächsischen Provinz ein scharfer Kontrast zu dem Leben, das die junge Globetrotterin in den letzten Jahren geführt hat.

Tante Anny ist eine alleinstehende Dame Ende fünfzig. Die Flucht aus Schlesien hatte sie nach Bückeburg verschlagen, wo sie für die britische Besatzung arbeitete, die damals gerade sechs Jahre her ist. Die Tante ist vom Krieg gezeichnet, geprägt von Flucht und Entbehrung, was sich darin äußert, dass sie ihr Mündel ohne Unterlass mit Haferbrei füttert. „Immer musste ich essen. Und dementsprechend sah ich auch aus!“, erinnert sich Ute. Es ist wohl die einzige Zeit in ihrem Leben, in der sie Fett ansetzt. Die Achtzehnjährige ist alles andere als glücklich.

Ute vergräbt sich ins Lernen und Lesen. Wann immer sie kann, fährt sie zu Onkel Otto nach Frankfurt, einem Bruder ihrer Mutter. Er hat die Wohnung voller Bücher und pflegt einen Studienkreis. Die weitgereiste Ute empfindet das Nachkriegsdeutschland als enttäuschend kleingeistig und eng. Sie hat Dinge erlebt, mit denen ihre Klassenkameradinnen nichts anfangen können und ist froh, in der Gesellschaft von Onkel Otto und seinen Bekannten anregende Gesprächspartner zu finden. Der Tante missfällt das – sie findet, die Nichte müsse junge Männer kennenlernen. Nicht nur Utes Schlaksigkeit, auch die so gar nicht zurechtgemachten glatten Haare sind für sie ein Makel, der behoben werden muss. Und so bekommt der Backfisch eine Dauerwelle verpasst. „Als ich am nächsten Morgen aufwachte, sah ich aus wie Black Power“, erinnert Ute sich heute amüsiert, aus der sicheren Distanz von fast sechzig Jahren. Auch die Tanzbälle, für die Tante Anny sie fein herausputzt, sind ihr ein Graus. Sie fühlt sich einsam und unattraktiv. „Das war furchtbar. Die Leute fanden mich hässlich – und ich war auch hässlich, das war einfach alles ganz unmöglich.“ Als die Familie nach einem Jahr nachgereist kommt, fährt Ute zum Flughafen, um sie abzuholen. Es geht die Legende, Gudrun Craemer habe ihre Tochter im ersten Moment gar nicht erkannt. In jedem Fall erinnert sich Luitgard noch sehr deutlich: „Ute sah schrecklich aus. So unförmig, und dann diese Haare!“

Bald nach der Ankunft zieht die wieder vereinte Familie nach Fischerhude, eine kleine Künstlerkolonie im Bremer Umland. Dort kann die Dauerwelle rauswachsen, und Ute hat endlich wieder ein richtiges Zuhause. In ihrer Bremer Abiturklasse fühlt sie sich wohl. Die Gemeinschaft ist klein und eng, bis heute ist sie mit Mitschülern von damals in Kontakt.

Die Neunzehnjährige genießt die neue Freiheit und trägt das Haar offen. Im korrekten und ordentlichen Deutschland der späten 50er Jahre ist allein das bereits eine Provokation.

„Für die Leute hatte das richtig was Schmuddeliges", erzählt Ute heute. „Einmal stand ich mit offenen Haaren an der Bushaltestelle. Da kam eine ältere Frau und wollte mir Geld geben, damit ich zum Frisör gehen kann. Die hat das richtig nett gemeint – sie fand das furchtbar, wie ich rumlief."

Mit den Schulfreundinnen liest die Oberprimanerin die zum Zottelhaar passende Literatur: Sartre und Camus. „Das war modern, alle waren so ein bisschen depressiv." Viel kann sie mit den Existenzialisten nicht anfangen – „Dieses ‚Nichts' hat mich nicht angesprochen, damit habe ich mich nicht identifiziert." Ute beschäftigt eher das Viele, das sie zu verarbeiten hat: Als sie 1958 Abitur macht, hat sie zehn Schulen in sechs Ländern besucht. Sie will die verschiedenen Welten verstehen, in denen sie gelebt hat, beschäftigt sich mit Geografie und Geschichte der „unterentwickelten" Länder und beginnt, das Erlebte für sich einzuordnen. Ein Verarbeitungsprozess setzt ein, der Jahre dauern wird.

Hinaus in die Welt

Nach dem Abitur verschafft Ute sich ein halbes Jahr Auszeit. Nach all dem Büffeln und Nachholen kann sie sich nicht vorstellen, sich fürs Studium sofort wieder über Bücher zu beugen. Sie hat das dringende Bedürfnis, noch mehr von der Welt zu sehen.

Die Hartnäckigkeit ihres russlandversessenen Vaters kommt ihr in diesem Moment zupass: Hermann Craemer will unbedingt Russland sehen, das seit Kriegsende unerreichbar hinter dem Eisernen Vorhang liegt. Er schreibt einen persönlichen Brief an Kliment Woroschilow, den damaligen Staatspräsidenten der Sowjetunion, und tut seinen Wunsch kund. Und tatsächlich steht einige Monate später ein sowjetischer Kulturattaché vor dem Haus der Craemers in Fischerhude: Ute und ihr Vater dürfen als Teil einer eigens zusammengestellten Delegation aus Malern, Künstlern und Intellektuellen auf Staatskosten nach Russland fahren. Die Gruppe reist in Gesellschaft eines Übersetzers, der alles und alle genauestens beobachtet. „Den haben wir aber bald abgehängt", freut sich Ute heute noch. Einen Monat lang ist die Gruppe unterwegs, von Moskau bis Tiflis – an wunderschöne Kirchen, Ikonen und malerische alte Dörfer erinnert sich Ute bis heute gerne.

Zurück in Fischerhude meldet sie sich beim Internationalen Friedensdienst. Nach einer angepassten Pubertät will sie nun vor allem eines: von zu Hause weg.

Der Friedensdienst führt sie in ein „Arbeitslager" in Berlin, wo Jugendliche aus unterschiedlichen Ländern gemeinsam ein Altersheim renovieren. Tagsüber werden Räume von Dreck befreit und Wände gestrichen; abends sitzt man zusammen und führt engagierte politische Diskussionen.

Der Einsatz wird von Christien Corre geleitet, einem Priester aus der französischen Arbeiterpfarrerbewegung. Diese *prêtres ouvriers* wollten den damals oft kommunistisch geprägten Arbeitern den Glauben nahebringen und begaben sich zu diesem Zweck tief in deren Realität: Sie malochten mit ihnen gemeinsam in den Fabriken und machten es sich zur Aufgabe, das Bewusstsein des Proletariats auch religiös zu erweitern. Ihr Selbstverständnis war explizit auch ein Politisches – die Frage „Was bringt der Kommunismus wirklich?" stand offen im Raum. In diesem Sinne organisiert Christien Corre für die Gruppe vom Internationalen Friedensdienst

Fahrten nach Ostberlin, wo er Diskussionsrunden mit Parteileuten und Arbeitern einfädelt. Ute, die durch die Jahre am Lycée Française in Alexandria fließend Französisch spricht, übersetzt für ihn und wird seine rechte Hand.

Aus dem Arbeitsverhältnis wird eine enge Freundschaft. Für die Zwanzigjährige, die mittlerweile Parka trägt und sich mit politischen Zusammenhängen auseinandersetzt, ist die Begegnung mit dem zehn Jahre älteren Christien ein politisches Erweckungserlebnis. Sie liest Zeitung, beginnt sich für Politik als gesellschaftsgestaltende Kraft zu interessieren und sich selbst als handelndes Subjekt zu verstehen. Corres Beispiel macht ihr deutlich, „dass man Gesellschaft aktiv mitgestalten und dafür auch Risiken auf sich nehmen“ kann. Ein Erlebnis mit dem Arbeiterpfarrer beschreibt sie als besonders einschneidend: Eines Tages lässt Christien in einem Nebensatz die Bemerkung fallen: „*Tu es bourgoise*“ – „Du bist bürgerlich.“ Ute ist davon sehr unangenehm berührt: „Plötzlich wurde ich da so klassifiziert. Das war mir vorher überhaupt nicht bewusst.“ Ihr Unbehagen geht jedoch darüber hinaus, dass der Begriff „bourgeois“ im Diskurs der Arbeiterbewegung nicht sehr positiv besetzt ist. In Schubladen gesteckt zu werden ist etwas, das Ute bis ins Mark trifft. Sie fühlt sich ihrer Identität beraubt. Das „English, English“ der ägyptischen Kinder in Alexandria sitzt ihr noch in den Knochen.

Auch die Frage nach der Selbstverwirklichung wird in dieser Zeit ein Thema, das Ute beschäftigt. Mit den Freundinnen liest sie Herrmann Hesse. Gemeinsam sind sie auf der Suche nach der Richtung, die sie ihren Leben geben wollen. In einem Punkt sind die Mädchen sich einig: In jedem Menschen schlummert ein Potential, das verwirklicht werden will. „Was das nun konkret war, war uns leider nicht so klar“, erinnert sich Ute. Christien Corre hat sein Leben vollkommen der Sozialarbeit und Arbeitermission verschrieben, und in Ute entsteht der Eindruck, sich entscheiden zu müssen: „Ich dachte, dass man entweder sich selbst verwirklicht, oder etwas für andere tut. Damals habe ich das als Gegensatz empfunden."

Erst Jahre später in Londrina, und noch deutlicher dann in Monte Azul, wächst in Ute durch die tägliche Praxis eine klare Überzeugung, die bis heute eine der Grundpfeiler ihrer Arbeit ist: „Man wird sich nie selbst verwirklichen, wenn man nichts in die Welt setzt. Da kann man in seiner Seele wühlen, so lange man will."

Ein halbes Jahr später lässt die Sache mit dem Studium sich nicht länger aufschieben. Ute fällt es schwer, sich festzulegen. „Ich wusste nur, dass man irgendetwas lernen und arbeiten muss, was dem entspricht, was man in sich hat." Ute will „die Welt besser machen! Das war mir klar." Aber wie? Das Thema Völkerverständigung ist im Schwange – vielleicht später einmal bei den Vereinten Nationen arbeiten? Die Entscheidung, Russisch und Französisch zu studieren und Übersetzerin zu werden, trifft sie weniger aus Leidenschaft denn aus Verlegenheit. „Das lag nahe. Sprachen lernen war ja normal für mich."

Ute studiert zunächst in Marburg und Heidelberg, dann in Germersheim. Bis auf die abenteuerlichen Touren gemeinsam mit Luitgard, auf denen die Schwestern durch ganz Europa trampen und die Kulturen des Kontinents kennenlernen, hat sie nicht viele gute Erinnerungen an ihre Studienzeit. Immerhin: In Germersheim lernt sie 1962 Harald kennen, der ebenfalls Sprachen studiert. Die beiden werden ein Paar und bleiben es auch, als Ute ihren ersten Job in Köln annimmt. Für eine deutsch-französische Austauschgesellschaft verfasst sie Texte, organisiert Sprachkurse und Jugendreisen. Die Verständigung zwischen den traditionellen Erbfeinden fängt im Kleinen an: Durch den Jugendaustausch will man Frankreich und Deutschland einander näherbringen. Es ist der Beginn der deutsch-französischen Beziehungsarbeit. Wirklich erfüllend ist diese Arbeit für Ute nicht, und so kündigt sie 1965, um noch einmal an einem Arbeitseinsatz des Internationalen Friedensdienstes teilzunehmen – dieses Mal in Russland. Die russische Sprache hat sie zwar studiert, kann sie bis jetzt aber nirgends anwenden, da sie dazu auf der falschen Seite des Eisernen Vorhangs lebt.

Der Russlandplan geht nicht auf, und Ute ist plötzlich arbeitslos. Sie muss feststellen, dass sie ihre Studienjahre in eine Qualifikation gesteckt hat, die auf dem Arbeitsmarkt nicht gefragt ist. Schließlich findet sie einen Job bei Ford. In der Firma wird gerade auf elektrische Schreibmaschine umgestellt: Ute verfasst Werbetexte, tippt Briefe und verschickt Vordrucke an Kunden. In dem riesigen Unternehmen macht sie eine Erfahrung, die sich später als wertvoll erweisen wird: Sie erlebt, was es bedeutet, „entfremdete Arbeit“ zu verrichten. Sie ist Nummer G 268754 und hat zu funktionieren, als kleines Rädchen im Getriebe einer riesigen Maschine. Im Nachhinein sieht sie den Wert dieser unangenehmen Erfahrung: „Man darf nicht vergessen: Die meisten Menschen auf der Welt müssen so arbeiten!“

Brasilianische Lehrjahre

Es wird immer dringlicher: Utes Gefühl, etwas tun zu wollen gegen die Ungerechtigkeit in der Welt, die sie in Ägypten und Pakistan kennengelernt und über die sie in den letzten Jahren viel gelesen hat. Nach abgeschlossenem Studium schreibt sie zahllose Entwicklungshilfeorganisationen an, wird jedoch von allen abgelehnt. „Die wussten alle nicht, was sie mit mir anfangen sollten – ich hatte ja diesen unglücklichen Beruf.“ Im Jahr 1965 wird der Deutsche Entwicklungsdienst (DED) gegründet. Die 27-Jährige bewirbt sich umgehend.

Der DED bietet Ute schließlich an, nach Brasilien zu gehen. An die Idee, in Richtung Westen zu ziehen, muss sie sich erst einmal gewöhnen. „Zu Brasilien und Lateinamerika hatte ich überhaupt keinen Bezug, das stand nicht auf meiner Liste. Aber ich wollte ja nun unbedingt weg und die Welt verbessern.“

Im Nachhinein sieht sie in diesem Moment ein typisches Beispiel für eine biografische Wegscheide. „Es gibt einen Punkt im Leben, da entscheidet man sich zwischen etwas, das aus der Vergangenheit kommt, und etwas, das aus der Zukunft auf einen zukommt.“ In Richtung Osten zu ziehen wäre für Ute eine logische Fortsetzung des Bekannten gewesen, es hätte sich organisch in ihre Familiengeschichte eingefügt. Die Entscheidung für Brasilien kam, wie sie sagt, „aus der Zukunft“ auf sie zu, und war damit eine völlig eigene.

Sie unterschreibt einen Zweijahres-Vertrag. Die Beziehung zu Harald ist in der Zwischenzeit eng und schön geworden, und vor Utes Abfahrt verlobt sich das Paar. Beiden ist klar, dass die Entfernung ihre Beziehung auf eine harte Probe stellen wird: Telefon gibt es in Londrina nicht. Stattdessen werden die beiden einander „tonnenweise Briefe“ schreiben.

Eine 24-tägige Atlantiküberfahrt später setzt Ute das erste Mal Fuß auf brasilianischen Boden. Es ist der 7. September 1965, der Unabhängigkeitstag Brasiliens. Gemeinsam mit vier anderen deutschen DED-lern geht es vom Hafen Rio de Janeiro aus weiter in die wirtschaftlich bedeutende Kleinstadt Londrina, im Hinterland des Bundesstaates Paraná. Dieser drittsüdlichste Bundesstaat Brasiliens grenzt im Osten an Paraguay und im Norden an den Bundesstaat São Paulo. In Londrina soll unter der Leitung von Frei Nereu, einem Franziskanermönch, „Slumsanierung“ gemacht werden. Noch bis in die 50er Jahre war die Stadt ein verschlafenes Nest gewesen. Mit dem Kaffeeboom kamen Scharen von Hungerflüchtlingen und Arbeitsmigranten aus dem Nordosten in die Stadt, die sich von ihren kargen Löhnen meist keine ordentlichen Wohnungen leisten konnten. So entstanden mehr und mehr illegale Siedlungen am Stadtrand – Favelas. Eine davon, die *Vila Fraternidade,* das „Dorf der Brüderlichkeit“, soll von Utes Entwicklungshelferteam nun „saniert“ werden.

Der Empfang in Londrina ist warm und herzlich: Kaum hat die Gruppe ihr Quartier in einer heruntergekommenen Villa bezogen, findet Ute sich inmitten einer tanzenden Kinderschar auf einer brasilianischen Hochzeit wieder. Die Herzlichkeit und Wärme, mit der sie von Unbekannten aufgenommen wird, das Empfangenwerden mit offenen Armen, stillt eine tiefe Sehnsucht in ihr. Diese Ankunft in Brasilien ist richtungsweisend: Über die Jahre wird Ute sich eng mit der Familie der Braut, den da Silvas verbinden. Cido, einer von neun Geschwistern, wird ihr ein treuer Weggefährte und später ein Pionier der Sozialarbeit in der Favela Monte Azul. Das deutsche Entwicklungshelfergrüppchen richtet sich im ehemaligen Herrenhaus einer Kaffeeplantage ein. Geld haben die jungen Leute kaum, sie arbeiten gegen Kost und Logis und werden gegen Ende ihres Einsatzes ein Überbrückungsgeld bekommen, um in Deutschland wieder Fuß fassen zu können. Die Gruppe besteht aus einem Klempner, einem Maurer, einem Tischler und einer Krankenschwester. Und dann ist da noch Ute, die Übersetzerin – auf der Suche nach ihrer Aufgabe. Für den projektleitenden Franziskaner ist alles klar: Ute soll die „richtigen" Entwicklungshelfer verpflegen und ihnen den Haushalt machen. Diese protestiert: „Ich koche doch nicht für deutsche Jungs!" Dafür ist sie bestimmt nicht aus Deutschland nach Brasilien gekommen. Aber wofür dann?

Fürs Erste kümmert sie sich um das Essensgeld für die Gruppe, das beim örtlichen Bischof abzuholen ist – die Inflation galoppiert, und jeden Monat trägt Ute einen größeren Sack labberiger Scheine nach Hause. Gekocht wird dann gemeinsam. An die Familie zu Hause schreibt sie sachliche Briefe, in denen sie die Lage vor Ort und ihre Gedanken dazu schildert. „Persönliche Worte hat sie kaum je geschrieben", erzählt Luitgard, die darin eine Eigenheit ihrer Schwester sieht: „Gefühle blockt die Ute eher ab." Auch über die frisch errichtete Militärdiktatur in Brasilien verliert sie kaum ein Wort. „Wir haben davon eigentlich kaum etwas mitbekommen", sagt sie heute. „Problematisch war das für die Akademiker, die demonstrierenden Studenten in den großen Städten. Die kamen wirklich in Konflikt mit der Regierung. Die armen Leute haben die eigentlich ziemlich in Ruhe gelassen."

Militärdiktatur in Brasilien

Im Jahr 2014 jährt sich zum 50. Mal der Staatsstreich, der Brasilien in eine über zwanzigjährige Diktatur führte. Am 1. April 1964 stürzte das Militär den Präsidenten João Goulart. Sein linksliberaler Reformkurs, der auch Pläne zu einer Landreform beinhaltete, missfiel den Großgrundbesitzern des Landes. Bis heute gehört ihnen der Löwenanteil der nutzbaren Landflächen Brasiliens. Unterstützt wurden sie von den USA: Diese sahen zu Zeiten des Kalten Krieges Lateinamerika als ihren Hinterhof an, in dem sie keine kommunistischen Einflüsse duldeten. Massive Einflussnahme und Schwächung linker demokratischer Bewegungen waren die Regel; rechte Regierungen und Militärs wurden in ihren Interessen unterstützt. Als das brasilianische Militär gegen die Regierung Goulart putschte, hatte es also nicht nur Rückendeckung durch die Großgrundbesitzer des Landes, sondern auch durch die Vereinigten Staaten. Eine verdeckte Operation des CIA half dabei, am 11. April 1964 Humberto Castelo Branco zum ersten Präsidenten der Militärdiktatur zu machen. Sie sollte 21 Jahre lang die Geschicke Brasiliens bestimmen.

Repression, Einschränkung der Presse- und Meinungsfreiheit, Folter und Verschwindenlassen von Oppositionellen und anderen Verdächtigen waren nun an der Tagesordnung. Unter den circa 50.000 internierten Oppositionellen waren vor allem Studenten, Befreiungstheologen und Kommunisten. Die Zeit der Diktatur fiel mit der schnellen Industrialisierung und Urbanisierung des Landes zusammen: 1970 wohnten erstmals mehr Brasilianer in den Städten als auf dem Land. Die industriefreundliche Militärregierung investierte wenig in Sozialpolitik und viel in prestigeträchtige Großbauten und Autobahnen. Städtische Armut, Kriminalität und Drogenhandel stiegen seit den siebziger Jahren kontinuierlich an.

Die Ölkrise der 70er, die Wirtschaftskrise zu Beginn der 80er Jahre und fallende Rohstoffpreise führten weltweit zu einem massiven Anstieg der Auslandsverschuldung von Entwicklungs- und Schwellenländern. Auch Brasilien traf es hart. Der politische Druck wuchs, worauf die Militärs strategisch geschickt reagierten: Den Übergang zur Demokratie leiteten sie selbst ein. Sie lockerten Gesetze und verabschiedeten bereits 1979 eine Generalamnestie. Fünf Jahre später konnte die Bevölkerung durch Massenkundgebungen direkte Wahlen erzwingen; im Jahr 1988 wurde die bis heute gültige demokratische Verfassung verabschiedet. Funktionäre der Diktatur besetzten allerdings weiterhin Schlüsselpositionen in Wirtschaft und Militär – die Generalamnestie schützte die Verantwortlichen.

Hunderte von Ermordungen sind bis heute nicht aufgeklärt. Im Gegensatz zu Argentinien oder Chile hat in Brasilien die Aufarbeitung der Verbrechen unter der Militärdiktatur gerade erst begonnen. Dilma Rousseff, Staatspräsidentin seit 2011 (*Partido dos Trabalhadores*, Arbeiterpartei) war selbst als Oppositionelle Opfer von Folter und Verfolgung. Im Jahr 2012 rief sie die *commisão da verdade* („Nationale Wahrheitskommission") ins Leben. Deutschland kommt Brasilien dabei mit einem ungewöhnlichen Exportartikel zu Hilfe: seiner weltweit anerkannten Expertise in Sachen Aufarbeitung und Bewältigung von Diktaturen.

Der Bericht der nationalen Wahrheitskommission wird im Jahr 2014 erwartet. Das Amnestiegesetz besteht weiterhin.

Die männlichen Entwicklungshelfer lassen sich von den Favelabewohnern erst einmal zeigen, wie man in Brasilien Häuser baut. Ute taucht derweil in die neue Welt ein, mit allen Sinnen. Theoretisches Politisieren ist ihre Sache nicht, sie will den Dingen auf den Grund gehen und setzt sich bewusst der Lebenswelt der Menschen vor Ort aus. So liest sie zum Beispiel probeweise 60 Kilo Kaffeebohnen aus und erfährt am eigenen Leib, wie unendlich ermüdend diese Arbeit ist, für die Frauen und Kinder umgerechnet zwei Mark am Tag erhalten. In alten Jeans und T-Shirt ist sie in der Favela unterwegs und lernt im Gespräch mit den Menschen aus der Vila Fraternidade immer besser Portugiesisch. Für das Team nützlich macht sie sich, indem sie die Unterkunft des Helferteams auf Vordermann bringt. Es dauert nicht lange, bis neugierige kleine Köpfe sich durch Fenster und Türen strecken und wissen wollen, was sich in der halbvergammelten Villa Neues tut. Die in Brasilien damals wie heute allgegenwärtige Schar von dunkelhaarigen, kulleräugigen Kindern rückt näher an Ute heran.

Sie überlegt, was sie mit diesen Kindern tun könnte, die offensichtlich keinen Ort zum Spielen haben. Naheliegend ist das, was sie selbst von zu Hause kennt. Und so fängt sie an, die Kinder ins Haus einzuladen und mit ihnen die Schätze ihrer eigenen Kindheit zu heben: Puppen zu machen und Theater zu spielen. Nun profitiert sie von allem, was die handwerklich begabte Mutter ihr beigebracht hat. 17 Jahre jünger und sehr viel praktischer veranlagt als ihr Mann, war Gudrun Craemer in der Familie diejenige, die Nägel in die Wand schlug und Möbel zusammenbaute. Nähen, Sticken und Stricken mit den Töchtern gehörte genauso zum Familienleben wie der Spaß daran, aus begrenzten Ressourcen Gebrauchsgegenstände herzustellen: So wurden zum Beispiel technische Zeichnungen des Vaters zu Lampenschirmen verarbeitet. „Das Ausdauernde und Fleißige, das habe ich von meiner Mutter“, ist Ute überzeugt. In Londrina wird ihr bewusst, dass sie ein reiches Repertoire an Spielen und kreativen Techniken zur Verfügung hat, das nun den Kindern der Favela zugutekommt. Die sind begeistert. Noch vierzig Jahre später erinnern sie sich gern an diese Zeit. Cido sagt heute: „Ohne Ute wäre ich nicht der geworden, der ich heute bin. Dass ich nicht die Bar meines Vater übernommen habe, verdanke ich ihr. Theater spielen, Tanzen, Malen – das kannten wir alles gar nicht, bevor Ute kam.“

Der verantwortliche Franziskaner ist bald von der Relevanz dieses Treibens überzeugt, und schon bald wird Ute ein eigener Raum zur Verfügung gestellt – die erste *Escolinha*. „Kaum war der Raum fertig, kamen die Kinder angerannt“, erinnert sie sich. Der damals zwölfjährige Cido ist einer der ersten, der den Kopf zur Tür hereinstreckt und seine wachen Augen in den Raum leuchten lässt. „Ab da war er immer dabei.“ In welchem Maße die lebenslange Freundschaft zwischen den beiden jedem einzelnen Türen in neue Welten eröffnen sollte, ahnt zu diesem Zeitpunkt noch niemand. Zunächst ist es für Ute einfach wunderbar, dass Cido dabei ist. Geschult durch einen ganzen Haufen kleiner Geschwister ist er Experte im Umgang mit Kindern. „Der hatte viel mehr Ahnung als ich“, sagt sie voller Anerkennung.

Für Ute ist das Arbeiten mit Kindern völlig neu. „Familie waren ja immer nur wir vier und die Möbel.“ Ganz anders in Londrina, wo das brasilianische Leben brodelt und braust. Für die Endzwanzigerin eine Entdeckung: „Diese riesigen

Familien, diese Tafeln, diese Hunderte von Leuten, mit denen man verwandt sein kann. Das fand ich toll." In ihr Tagebuch schreibt sie in dieser Zeit: „Man ist hier so nahe am Leben wie nie in Europa. Geburt, Tod, Hochzeit, Krankheit, Verkrüppelung, Idiotie – man ist mittendrin." In Brasilien genießt Ute zum ersten Mal ihr Fremdsein – weil es hier nicht dazu führt, dass sie ausgeschlossen wird. Sie freut sich über die Komplimente, die sie als Europäerin bekommt: „Die fanden meine Beine schön", erinnert sie sich grinsend und knetet ihre muskulösen Waden. „Sowas kann in Brasilien nicht jeder aufweisen!"

Über diese Etappe in ihrem Leben sagt sie selbst: „Das war ein Wendepunkt. Ohne die Erfahrung in Londrina wäre ich nicht Lehrerin geworden." Nach und nach wird ihr klar, wie wichtig es für die Kinder ist, zu spielen. Wie sehr sie das brauchen, sich auszudrücken und kreativ sein zu dürfen. Eine staatliche Schule gibt es zwar, aber dort steht vor allem Stillsitzen und Auswendiglernen im Lehrplan.

Noch ahnt Ute nicht, dass sie später, als bereits ausgebildete Waldorfpädagogin, in Monte Azul ganz ähnliche Dinge sehr viel bewusster tun und damit Großes bewirken wird. Einige Samen, die später in Monte Azul aufgehen, werden in Londrina gesät.

So wird Ute zum Beispiel für vier Wochen zur Kindernothilfe nach Rio Grande do Sul, in die südlichste Provinz Brasiliens, geschickt. Dort soll sie im Schnellverfahren lernen, wie man Kinder erzieht. Deutsche Basteleien und „Alle meine Entchen" auf Portugiesisch – noch heute schüttelt Ute sich, wenn sie von damals erzählt. „Das war alles so schrecklich deutsch, und ich wollte doch Brasilien kennenlernen. Was war ich froh, als ich wieder in meiner Favela war!"

Vor allem aber wächst in Ute eine Einsicht, die für ihr weiteres Leben und Wirken prägend sein wird: „Wenn man die anderen entwickelt, entwickelt man sich selbst auch.“ Durch das Zusammenleben mit den Bewohnern der Favela, mit Cido und seiner Familie – also den Menschen, denen sie ihrer Stellenbeschreibung nach helfen soll – fühlt Ute sich derart bereichert, dass ihre Auffassung von Entwicklungshilfe sich radikal wandelt. Für sie steht fest: Es gibt keine Trennung zwischen dem „Helfer“ und demjenigen, dem geholfen wird. Diese Idee wird später einer der Kerngedanken der Arbeit in Monte Azul.

Ute will in Brasilien leben, das wird ihr während des zweiten Jahres in Londrina immer klarer. „Ich werde oft gefragt, ob das eine bewusste Entscheidung war, mein Leben im Ausland zu verbringen“, sagt sie. Und setzt hinzu: „Ich hatte ja mein ganzes bisheriges Leben im Ausland verbracht. Ich war immer Ausländerin gewesen, sogar in Deutschland.“ Nach einer Kindheit, in der ihr Deutschsein sie zur Fremden gemacht hatte, machte Ute in ihrer Schulzeit in Fischerhude die Erfahrung, selbst auf einer deutschen Schule die „Ausländerin“ zu sein. Die Lehrer reagierten mit Unverständnis, wenn die neue Schülerin bestimmte Dinge nicht wusste, und überhaupt war es in den 50er Jahren nicht üblich, so viel herumzureisen. Schon in Ägypten und besonders in Pakistan war Ute das rigorose Denken in sozialen Schichten unangenehm aufgestoßen: Wer Ausländer war, gehörte automatisch einer bestimmten Schicht an: den „Expats“ mit viel Geld. Mit der Wirklichkeit des Landes hatte das nichts zu tun.

In Londrina, erzählt Ute heute, erlebt sie zum ersten Mal das Gegenteil. „Da war man sofort drin. Wenn man da mitgemacht und sich interessiert hat und mit den Leuten *cafézinho* getrunken hat, dann war man aufgenommen und gehörte einfach dazu. Da gab es keine Schubladen, und ich war nicht die Ausländerin. Ich war einfach Teil des Lebens."

Von Cidos Familie wird die junge Deutsche sofort adoptiert. Die Abende in Londrina verbringt sie vor dem Haus sitzend; Kinder spielen um sie herum, immer ist irgendetwas los. Ute lässt sich ganz ein auf diese Wirklichkeit, sie liebt das „Bad in der Favela", wie sie es nennt.

„In Londrina habe ich etwas Wesentliches gelernt", schreibt sie, als sie im Jahr 1967 wieder in Deutschland ist und die nötige Distanz findet, das Erlebte zu reflektieren und aufzuschreiben. „Das Elend der Welt spiegelt sich im Leben jedes einzelnen Menschen, jeder einzelnen Seele. Es handelt sich nicht nur um die Tatsache, dass Millionen im Elend leben, sondern darum, dass jeder Einzelne seine mitgebrachten Gaben nicht verwirklichen kann. Dadurch wird ein individuelles und menschheitliches Kapital vergeudet. Das Elend der Welt hat Namen: Maria, José, Antonio."

Eine Entwicklungshelferin entdeckt die Waldorfpädagogik

1967 kehrt Ute nach Deutschland zurück. Zwei Jahre sind vergangen, und sie ist eine andere geworden. Die Beziehung mit Harald geht in die Brüche. In Londrina hat die Entwicklungshelferin sich im Schnelltempo weiterentwickelt. Ihr Verlobter hingegen hat sein Leben einfach weitergeführt. „Er schien sich überhaupt nicht verändert zu haben." Die beiden sind einander fremd geworden. Schon beim ersten Wiedersehen ist Ute klar, dass diese Liebe keine Zukunft hat, bei aller Sympathie – Harald hat kein Interesse daran, nach Brasilien zu gehen. Ute aber weiß: Die Zeit in Deutschland wird ein Übergang sein. Sie will zurück nach Brasilien.

Zunächst kehrt sie in ihr Elternhaus in Fischerhude zurück. Nach der Erfahrung in Londrina ist ihr nun klar, was sie mit ihrem Leben anstellen will: mit Kindern arbeiten. Sie sucht nach einer Gelegenheit, in den Lehrerberuf einzusteigen. An der Waldorfschule im nahegelegenen Bremen wird eine dreimonatige Schwangerschaftsvertretung für Französisch gesucht – eine ideale Gelegenheit, sich in dieser Rolle auszuprobieren. Ute vertritt in der berüchtigten neunten Klasse, vor der sie alle Lehrer im Kollegium warnen. Mit den wilden Jungs macht sie einen Fahrradausflug nach Fischerhude, „und dann war das Verhältnis gut. Ich fand das ganz toll." Den Ansatz, in den Schülern eigene Impulse zu wecken, sie etwas erleben zu lassen statt ihnen etwas vorzusetzen, bringt sie aus ihren Erfahrungen in Londrina mit. Das Konzept der Waldorfpädagogik, dem sie in Bremen zum ersten Mal begegnet, gefällt ihr sehr: die Einstellung der Lehrer, die Ernsthaftigkeit, mit der auf den wöchentlichen Donnerstagskonferenzen über die Kinder und ihre Probleme gesprochen wird.

Ute hat nun ein klares Ziel: Als Waldorflehrerin nach Brasilien zurückzukehren. Um sich für diese Aufgabe zu rüsten, schreibt sie sich auf der Stuttgarter Uhlandshöhe am Waldorflehrerseminar ein. Es ist eine Zeit des intensiven Lernens und der ernsthaften Auseinandersetzung mit dem von Rudolf Steiner entwickelten Curriculum. Die angehende Lehrerin verbringt viel Zeit in der Bibliothek und genießt es, wieder einmal selbst lernen zu dürfen. Zum ersten Mal fühlt sie sich von einem Lernstoff wirklich persönlich angesprochen: „Alles machte Sinn, alles stand in Zusammenhang, das hat mich sehr beeindruckt. Endlich mal nicht nur irgendwelche Fakten, die man aneinanderreiht und auswendig lernt." In gewisser Weise verbindet sie sich über die Auseinandersetzung mit der Anthroposophie noch einmal neu mit ihren Wurzeln. Utes Großvater, der Studienrat Hermann Craemer, war ein engagierter Anthroposoph in Düsseldorf und bereits in den 1910er Jahren davon überzeugt, dass die Bewegung sich mehr für das Soziale einsetzen müsse. Auch ihr Vater war anthroposophisch orientiert und in Weimar Mitglied der Christengemeinde gewesen, bis diese von den Nazis verboten wurde.

Ein Jahr später hat Ute ihren Abschluss in der Tasche. Als Französischlehrerin ist sie nun heiß begehrt. „Vorher wollte mich immer keiner haben, und plötzlich haben die sich richtig um mich gerissen", erinnert sie sich belustigt. Die frischgebackene Lehrerin schaut sich mehrere Schulen an, aber keine sagt ihr wirklich zu. Sie will doch nach Brasilien! Sie hat die Wahl – und sagt erst zu, als ein Angebot aus Paris kommt. Frankreich liegt immerhin in der richtigen Himmelsrichtung.

Die Pariser Waldorfschule besteht aus zwei kleinen Privathäusern im Zentrum der Stadt. Ute soll Deutsch und Englisch unterrichten. Das Leben zeigt sich von seiner rätselhaften Seite, als am ersten Schultag an der Pariser Schule völlig unerwartet eine Lehrerin aus São Paulo vor der Tür steht: Ob Ute nicht Interesse hätte, dort zu arbeiten? Die Schule habe gerade beschlossen, neben dem deutschen auch einen brasilianischen Zweig anzubieten und suche deshalb nach einer Deutschlehrerin. Ute ist perplex – so spontan kann sie diesem Ruf nicht folgen. Und doch weiß sie so noch vor der ersten Unterrichtsstunde: Paris wird eine Passage sein.

Ute zieht in eine einfache kleine Mansarde auf dem Montmartre, mit Postkartenblick über die Dächer von Paris und Katzensilhouetten auf den Dachfirsten. Sie unterrichtet ihre Fächer in verschiedenen Klassen, sammelt erste Erfahrungen als Lehrerin – und träumt von Brasilien.

Bereits nach ein paar Monaten taucht Caspar auf, ein Freund aus der deutschen Truppe in Londrina. Dort hatten die beiden viel Zeit miteinander verbracht. Der Zimmermann soll demnächst als Entwicklungshelfer in den Senegal ausreisen und will vorher in Paris Französisch lernen. Er schlüpft bei Ute unter, und die beiden verlieben sich. Sie haben ähnliche Ziele und Vorstellungen vom Leben und beginnen, gemeinsam Pläne zu schmieden. Doch Ute will zurück nach Brasilien – „da war nichts zu machen." Im November 1969 ist es endlich soweit: Ute besteigt wieder ein Schiff in die neue Welt. Caspar will nach seinem Einsatz im Senegal nachkommen. Als er Jahre später unverhofft in Monte Azul auftaucht um Ute zu besuchen, hat sie keine Zeit mehr für ihn.

Erste Schritte in São Paulo

Utes zweite Altlantiküberquerung ist tatsächlich eine Reise ins Land ihrer Sehnsucht. Bevor sie im Januar 1971 an der Escola Rudolf Steiner zu arbeiten beginnt, macht sie noch einen Abstecher in den Senegal, um Caspar zu besuchen. In São Paulo bezieht sie ein kleines Zimmerchen auf dem Waldorfschulgelände im Stadtteil Alto da Boa Vista und übernimmt eine dritte Klasse, die sie nun als Klassenlehrerin bis zur Achten begleiten soll. Ihre Schüler stammen vor allem aus der Mittel- und Oberschicht. Die Zurückgekehrte gerät in einen inneren Zwiespalt: Was sie in São Paulo tut, wie sie lebt und arbeitet, ist so ganz anders als all das, was sie aus Londrina kennt. Auf dem Alto da Boa Vista lebt sie in einer elitären Welt, gepflegt und wohlhabend – und getrennt vom Rest der Stadt durch Stacheldraht und Wachpersonal. Ute aber hat die Menschen aus der Favela in Londrina im Kopf und im Herzen. „Für die wollte ich doch etwas tun!" Die gleichgültige Haltung angesichts der Militärdiktatur und die abfälligen Bemerkungen ihrer Kollegen über die einfachen Menschen vom Land sind für sie schwer zu ertragen. Die Welt der oberen Mittelschicht ist eher mitteleuropäisch geprägt, Ute vermisst die Wärme und das pulsierende Leben, das sie aus Londrina kennt und liebt. „Ich wohnte auf einem reichen Hügel und unterrichtete deutsche Kinder. Das war nicht das Brasilien, nach dem ich mich so gesehnt hatte." Und um den Hügel herum braust das riesige São Paulo.

In den Weihnachtsferien ergreift Ute die erstbeste Gelegenheit, um aufs Land zu fahren und Cido und seine Familie zu besuchen. Cidos Vater, Seu Pedro, ist ein rastloser Mensch. Die Familie hat eine wahre Odyssee kreuz und quer durch Brasilien hinter sich gebracht: Von Londrina nach São Paulo, von São Paulo nach Pernambuco, von dort zurück nach Londrina und nun auf ein Stück Land am Ende der Welt: Marumbi in Paraná. Dort leben die da Silvas ein einfaches Landleben wie Millionen Brasilianer: Eine Hütte aus Lehm, Feldarbeit. Die Wiedersehensfreude ist groß. Die Besucherin aus der großen Stadt hat kofferweise Geschenke dabei, und die Familie nimmt sie auf wie eine Tochter. Ute stürzt sich ins Landleben und packt mit an: Gemeinsam mit Cido und Zéca befreit sie unter sengender Sonne ein Reisfeld von Unkraut und Gestrüpp, sie flieht mit der Familie vor einer

Ameiseninvasion, holt drei Kilometer weit entfernt die Milch für die Familie und bringt den Kindern Kopfrechnen bei, schläft mit den Mädchen unter einer Decke. Hier hat sie, wie sie in ihr Tagebuch schreibt, endlich einmal wieder, wonach sie sich die ganze Zeit gesehnt hat: „Mit den schwarzbraunen, kräuselhaarigen Kindern etwas unternehmen!"

Ute bietet Cido und Zéca an, mit ihr nach São Paulo zu kommen, damit sie die Schule besuchen und etwas lernen können. Der jüngere Zéca macht den Anfang: Im Februar 1972 nimmt Ute ihn mit in die Stadt, und er zieht in ihrem Zimmerchen auf dem Schulgelände ein. Tagsüber arbeitet der Sechzehnjährige auf dem Bau, abends holt er in der Abendschule das Gymnasium nach.

Etwa ein halbes Jahr nach Zécas Ankunft braucht die Waldorfschule das Wohngebäude für Unterrichtszwecke, und Ute muss ausziehen. Sie macht sich auf die Suche nach einer bezahlbaren Bleibe in der Nähe – damals wie heute keine leichte Aufgabe in São Paulo. Fündig wird sie schließlich im weiter südlich gelegenen Stadtteil Vila das Belezas. Hier leben vor allem Menschen aus der unteren Mittelschicht, mit Vorfahren aus aller Welt. Die Favela Monte Azul ist nicht weit, und es dauert nicht lang, bis die Kinder aus der Favela vor Utes Tür auftauchen.

Ihr Lebenswerk wird hier seinen Anfang nehmen.

Als Lehrerin ist Ute eine Autorität; bei ihren Schülern hat sie bleibenden Eindruck hinterlassen. Rebecca, Schülerin ihrer damaligen dritten Klasse, erinnert sich, wie Dona Ute das erste Mal den Klassenraum betrat: „Sie hatte eine starke, ernsthafte Präsenz. Sie hatte kurze Haare und wirkte sehr frisch, aufrecht und stark."

Die neue Lehrerin verlangt viel von ihren Schülern. Aber sie gibt auch viel. Von Anfang an stellt sie die Kinder vor Herausforderungen. So fährt sie zum Beispiel mit der vierten Klasse für ein Wochenende in die *Serra do Mar,* einen Gebirgszug parallel zur Küste. Die gemeinsame Fußwanderung, elf Kilometer einen steilen bewaldeten Berghang hinauf, hat sich Rebecca tief eingeprägt. Auch Manfred hat die Nacht im Schlamm und das Lagerfeuer oben auf dem Berg noch deutlich in Erinnerung. „Bei Ute hieß es immer: Raus aus der Bequemlichkeit. Und trotzdem war es gemütlich mit ihr. Immer gab es Tee und Kekse, und am Lagerfeuer wurde gesungen." Cido und Zéca sind bei solchen Aktionen selbstverständlich mit dabei und unterstützen, wo sie nur können. Für die Waldorfschüler aus der Mittel- und Oberschicht sind die beiden eine Entdeckung. „Wir waren es nicht gewöhnt", erzählt Manfred, „mit ganz einfachen Leuten aus dem Volk einen so engen Kontakt zu haben."

Im dritten Schuljahr präsentiert Dona Ute ihren Schülern eine Überraschung: Sie plant eine Olympiade, die in wenigen Wochen stattfinden soll. Dafür muss jetzt ordentlich trainiert werden: Hochsprung, Weitsprung, Sprinten. Sportunterricht stand damals an der Schule nicht im Lehrplan – „Aber das ist kein Problem, ich trainiere euch." Die Schüler sind etwas enttäuscht, als Ute am ersten Trainingstag aussieht wie immer, bis auf die Tatsache, dass sie Turnschuhe trägt statt der üblichen Pumps. „Alles war immer so einfach bei ihr. Aber dann hat sie uns damit überrascht, wie effizient sie mit diesen einfachen Mitteln war", erzählt Manfred lachend, „sie war so empirisch. Ich zieh mir zwei Turnschuhe an, und dann wird daraus eine Olympiade. Und es wurde eine! Wie sie uns in diesen olympischen Geist versetzt hat, das war unglaublich." Ute ist Vorreiterin, ohne es zu ahnen: Ihr Olympia-Experiment von damals gehört heute zum Lehrplan an allen brasilianischen Waldorfschulen.

Im Unterricht erzählt sie ihren Schülern auch Geschichten aus Londrina. Die Kinder malen Bilder dazu und versetzen sich in diese Welt hinein. Es kommt für sie also nicht völlig unerwartet, als Ute eines Tages von den Kindern bei sich zu Hause erzählt und ihre Klasse einlädt, doch auch zu kommen. Sie legt damit den Grundstein für eine tragfähige Brücke zwischen zwei Welten.

BILDUNG

–

Wachsen und Werden in der Favela

Wir müssen die Perlen aus dem
Schlamm ausgraben,
damit sich das Sonnenlicht in
ihnen spiegeln kann.
ein Junge aus der Favela

Wieder einmal steht vor Utes Haus eine Person, die ihr Leben verändern wird. An dem Abend im Dezember 1978, als Renate Keller Ignacio an Utes Tür in der Rua Aristodelmo Gazotti klopft, regnet es in Strömen. „Komm rein, setz dich doch", bittet Ute die große, schlanke, vom Regen tropfnasse Frau herein und reicht ihr ein Handtuch, „ich erzähle gerade noch den Kindern die Geschichte zu Ende." Maristela ist schon eingeschlafen und hat sich auf die Seite gerollt; Elizete und Rubens kämpfen noch gegen die schweren Lider an, um das Märchen von Schneeweißchen und Rosenrot zu Ende zu hören. Gerade bleibt der Bär mit seinem Fell im Türrahmen hängen, und Schneeweißchen sieht durch den struppigen Pelz etwas Goldenes hindurchschimmern.

Renate, damals 28 Jahre alt, sitzt derweil auf einem alten Küchenstuhl und lässt den Blick durch den Raum schweifen.

„Ich weiß noch wie ich dachte: Mein Gott, so viele Kinder!“, erinnert sie sich heute. „Ich saß in dieser kleinen engen Küche, in der sich meterhoch das ungespülte Geschirr stapelte, im Nebenraum sah ich sechs Kinder in drei Betten liegen und dachte: Wie macht die das nur?“

Die beiden Frauen waren einander angekündigt worden. Renates Vater, ein Stuttgarter Waldorflehrer, war in São Paulo zu Besuch gewesen und hatte Ute an der Schule kennengelernt. Er hatte ihr gleich von seiner Tochter erzählt, die in der nahegelegenen Möbelfabrik Giroflex, geleitet von einem gemeinsamen Freund, den Mitarbeitern Kunstunterricht gebe. Sie habe ganz Ähnliches vor und sei gerade dabei, in ihrem Haus im nahegelegenen Stadtteil Capão Redondo einen Kindergarten für die Kinder der Umgebung zu gründen. Die beiden sollten sich unbedingt kennenlernen!

Die Kleinen sind gut gebettet, und Ute setzt sich zu Renate in die Küche. Sie erzählt von ihrer Arbeit mit den Kindern, und von der *Escolinha*, die sie gerade mit ihnen gemeinsam baut. Sie erzählt davon, dass sie gern viel mehr für die Favelakinder tun würde. Und vor allem: viel früher, um sie besser fördern zu können. „Typisch norddeutsch kam sie mir vor“, erinnert sich Renate an dieses erste Treffen, „zurückhaltend, kurz und knapp, kein Wort zuviel. Aber was sie erzählte, klang interessant. Das war genau das, was ich selbst suchte und vorhatte.“

Bald darauf kommt Renate wieder, gemeinsam mit Paulo Ignacio, ihrem Mann. Paulo leitet die Schreinerei der Giroflex, und wie Renate ist er auf der Suche: nach einer Möglichkeit, im Sozialen wirksam zu werden. Die beiden hatten sich ein paar Jahre zuvor kennengelernt, als Renate ihr Kunststudium in Hamburg für ein Auslandsjahr in Brasilien unterbrach.

Ute befasst sich schon länger mit der Frage, wie sich jungen Leuten eine Perspektive bieten lässt – vor allem den männlichen Jugendlichen aus der Favela, die damals wie heute diejenigen sind, die als meistgefährdete Gruppe in die Statistik der Gewalt eingehen. Paulo empfindet Ute zunächst als sehr reserviert, aber ihre ruhige Art gefällt ihm. Der kluge Blick, die pragmatische Haltung. Die Idee einer Schreiner-Ausbildung unter Paulos Leitung ist schnell geboren. Renate will einen Kindergarten eröffnen. Und so taucht Paulo Ignacio bereits ein paar Tage später wieder auf, mit einer Liste in der Hand. Er hat detailliert aufgeführt, welches Material er für die Eröffnung einer Schreinerei benötigt, und neben den Posten jeweils die Preise vermerkt. Ute ist konsterniert: Woher soll sie soviel Geld nehmen? Um ihn nicht zu enttäuschen, lässt sie die Auflistung vorerst unkommentiert. Sobald die *Escolinha* fertiggestellt ist, wird Paulo hier eine provisorische Werkstatt einrichten, und fürs Erste mit privatem Gerät und Holzresten arbeiten. In einem zweiten Raum wird auch Renate ihre Kindergartengruppe führen. Für ihre Arbeit stehen die Zeichen gut: Sie wird ein Jahr lang ein Gehalt beziehen können, bezahlt von einer katholischen Frauenorganisation. Die deutsche Kindernothilfe hat zugesagt, jedes betreute Kind mit 37 Mark im Monat zu unterstützen, und Renates Vater, Martin Keller, ist in Stuttgart bereits dabei, einen Unterstützerkreis aufzubauen. Es kann also losgehen.

Im Kindergarten

Dirceu kann den Blick nicht abwenden. Das Glitzern auf dem Wasser in der Glasschale vor ihm spiegelt sich in seinen Augen. Voller Andacht pustet er ein Nussschalen-Kerzlein über den glitzernden Wasserspiegel in Richtung der Miniatur-Krippe. Maria und Josef brauchen schließlich Licht in ihrem Stall! Dann tritt er behutsam zur Seite, damit das nächste Kind ein Schiffchen über das Wasser fahren lassen kann. Vom Herd her zieht schon der Duft nach frischgebackenem Brot durch den Raum. Gleich gibt es Frühstück!

Dirceu geht in den Kindergarten, seit sein Bruder Sandro sich selbst mitsamt dem kleinen Bruder bei Renate angemeldet hat. Eines Tages waren die beiden im Kindergarten aufgekreuzt und wollten bleiben – genau wie einige Zeit später bei Ute daheim. Die Alternative für die beiden Brüder ist, auf der Straße zu spielen: Tagein tagaus saßen sie noch bis vor Kurzem auf einer asphaltierten Straßenkurve, oft nackt. Die Mutter der beiden arbeitet von früh bis spät, um die Familie zu ernähren. Ute und Renate machen sich Gedanken und kommen zu dem Schluss: Für Kinder wie Sandro und Dirceu bräuchte man eine kleine Hütte und eine Mutter aus der Favela, die sich um die Kinder kümmert. Gedacht, getan – einige Monate später wird hinter Lias Haus die *Crêche amarela*, der „Gelbe Kindergarten" gegründet. Ganz unten in der Favela, neben der Quelle, entsteht noch ein zweiter. Als Gebäude dient die ehemalige Hütte von Pernambuco, einem der ersten Bewohner von Monte Azul. Er war in einer tragischen Nacht mitsamt seiner Tochter von *bandidos*, Kriminellen, umgebracht worden; sein Haus stand zum Verkauf. Die Jugendlichen aus Utes *Escolinha*-Gruppe, viele von ihnen ältere Geschwister von künftigen Kindergartenkindern, helfen beim Umbau: Sie streichen die Hütte, nähen die Vorhänge und denken sich auch den Namen aus, den der Kindergarten für die Kleinen haben soll: *Crêche Estrela Azul* – „Blauer Stern".

Das Zitronengras knackt beim Abbrechen und schneidet in die Haut, ein frischer Duft wird frei und mischt sich mit der milden Morgenluft. Maria Alfa trägt das mit Kräutern gefüllte Körbchen wieder in die Hütte und setzt Teewasser fürs Mittagessen auf. Sie ist die erste Frau aus der Favela, die als *mãe de crêche,* als Erzieherin, arbeitet. Mit den 18 Kindern ihrer Gruppe kocht und spielt und bastelt sie, als wären es ihre eigenen. 18 Kinder – das sind viele Mütter, die zur Arbeit gehen können, weil sie ihre Kinder aufgehoben wissen. Und noch mehr große Geschwister, die endlich zur Schule gehen können, weil sie sich in dieser Zeit nicht um ihre kleinen Geschwister kümmern müssen. Meist sind es die Mütter, die in der Favela die Familien ernähren; viele sind alleinerziehend. Maria Alfa selbst hat das Glück, zwei ihrer eigenen Kinder im Kindergarten um sich haben zu können. Das Wasser hat sie von der Quelle geholt und abgekocht, wegen der Würmer. Die Mahlzeiten werden aus Lebensmitteln hergestellt, die nicht in den Kühlschrank müssen – Strom gibt es Anfang der 80er Jahre im Kindergarten genauso wenig wie in anderen Hütten der Favela. Nach dem Essen nimmt Maria Alfa den Besen und beginnt zu fegen; die dreijährige Tania holt sich ein Bündel aus Reisig und tut es ihr nach. Eifrig schiebt sie Dreck und Wollreste in Richtung Tür – Fegen kennt sie von zu Hause. „Nachahmen ist ganz wichtig", erläutert Ute das pädagogische Konzept. „Die Kinder müssen die Dinge sehen. Wenn ein Kind sieht, wie die Mutter kocht, wäscht, fegt und näht, dann lernt es." Was pädagogisch sinnvoll ist, ergibt sich aus der Enge in der Favela ohnehin – in den Kindergärten von Monte Azul wird auf engstem Raum gelebt; die Kinder bekommen alles mit, was die Erzieherin tut.

Wenn die Teller und Becher abgespült sind, gehen die Kinder auf die Toilette; im Anschluss legen sich alle gemeinsam zum Mittagsschlaf hin. „Ich habe mich immer auch mit den Kindern zum Schlafen hingelegt", erzählt Tereza, eine andere Kindergärtnerin. „Renate wollte das sogar so, sie hat mich richtig gebeten ganz am Anfang, dass ich das tun soll."

Tania hat sich zum Schlafen zwischen Rodolfo und Nilda gekuschelt. Vorher hat sie noch einmal mit der Hand über das Laken gewischt, damit ihr Kleidchen nicht schmutzig wird. „Nicht alle Kinder aus der Favela sind so verwahrlost und voller Läuse, wie die Leute sich das immer vorstellen", erzählt Renate. „Viele Familien sind arm, aber trotzdem gut strukturiert. Mich hat das immer sehr beeindruckt, wie die Frauen ihre Hütten sauber gehalten haben. All der Schlamm und Dreck drumherum, und in der Hütte glänzende Töpfe. Diese Mütter schicken ihre Kinder dann auch sorgfältig gewaschen und parfümiert in den Kindergarten."

Als Renate 1979 die Leitung der Kindergärten in Monte Azul übernimmt, bringt sie die Begeisterung für die Waldorfpädagogik bereits mit. In der Möbelfirma Giroflex hatte sie bereits als Erzieherin gearbeitet und ihre Erfahrungen mit anderen Konzepten gemacht. „Dem Zeitgeist entsprach damals eigentlich eher die antiautoritäre Erziehung. Ich habe das versucht. Und es funktionierte einfach überhaupt nicht, die Kinder gerieten völlig außer Rand und Band. Meine Kollegin arbeitete morgens mit den gleichen Kindern und kam wunderbar mit ihnen zurecht – sie war Waldorferzieherin. Ich kannte diese Pädagogik aus meiner eigenen Kindheit, mir war das vertraut, und so habe ich das einfach mal versucht. Es war so deutlich zu sehen, dass das eine Pädagogik ist, die den Kindern das gibt, was sie brauchen. Eine Pädagogik, die vom Kind ausgeht, und nicht von den Bedürfnissen der Wirtschaft oder der Gesellschaft."

In dieser Überzeugung sind Ute und Renate sich einig. Renate wird über die Jahrzehnte etwa 100 Frauen aus der Favela zu Waldorferzieherinnen ausbilden. Aus dieser Arbeit entwickelt sich später der Fortbildungskurs *Mainumby* („Kolibri"), wo sich heute Sozialarbeiter und Erzieher aus ganz São Paulo und anderen Teilen Brasiliens ausbilden lassen. Sie wird mehrere Bücher zum Thema Kindererziehung veröffentlichen, die das Bildungsministerium später kostenlos in Kindergärten in ganz Brasilien verteilen lässt. Heute gibt sie staatlich anerkannte Kurse für Erzieherinnen. Ute sagt rückblickend: „Eigentlich war das unglaublich, wie sie das gemacht hat – mit all den Analphabeten! Im Gegensatz zu all denen, die bei ihr gelernt haben, hat sie die Waldorfpädagogik ja nie studiert. Sie hatte das einfach im Blut."

Waldorfpädagogik

Rudolf Steiner, der Begründer der Anthroposophie, entwickelte 1922 ein Schulkonzept für die Kinder der Angestellten der Zigarettenfabrik Waldorf-Astoria in Stuttgart. Er wollte damit auch sein Ideal von Bildungsgerechtigkeit umsetzen: Kinder aller sozialen Schichten sollten hier gemeinsam unterrichtet werden. Die nach dieser ersten Schule benannte Waldorfpädagogik baut auf dem anthroposophischen Menschenbild auf und ist dem Konzept der Salutogenese verpflichtet – der Förderung von Gesundheit. Die Idee dabei: Wenn Kinder ihren Entwicklungsphasen entsprechend lernen und sich entwickeln dürfen, dann werden sie zu gesunden, kreativen, gesellschaftsfähigen Erwachsenen. Auf der Grundlage dieses Konzepts entstanden in der Folge auch entsprechende Kindergartenpädagogik und Heilpädagogik.

Die Waldorfpädagogik geht davon aus, dass der Mensch sich in Zyklen von sieben Jahren entwickelt, und hat ihr didaktisches Konzept diesen „Jahrsiebten" angepasst. In der Kindergartenpädagogik wird besonders viel Wert auf Rhythmus und Struktur gelegt. Erst ab dem siebten Lebensjahr gehen die Kinder zur Schule und beschäftigen sich mit abstrakteren Prozessen.

In den ersten Schuljahren sollen Schülerinnen und Schüler vor allem durch Bilder und anschauliche Erklärungen die Gesetzmäßigkeiten der Dinge verstehen lernen. An der Waldorfschule begleiten Klassenlehrer ihre aus bis zu 35 Schülerinnen und Schülern bestehende Klasse acht Jahre lang. Als gleichbleibende Bezugspersonen und positive Vorbilder sollen sie dabei helfen,

Werte auszubilden und stabile Bindungen einzugehen. Die Waldorfpädagogik will kreative Kräfte entfalten und das „Streben nach eigener Lebensgestaltung und Urteilsbildung" unterstützen.

Waldorfschulen sind in vielerlei Hinsicht Vorreiter. Fächer wie Theater, Instrumentalunterricht oder Gartenbau, die an Regelschulen in den letzten Jahren nach und nach eingeführt wurden, werden dort seit jeher unterrichtet. Herz, Hirn und Hand sollen gleichermaßen entwickelt werden. Auch was den Ruf nach Inklusion, Fördern und Fordern angeht, kann die Waldorfpädagogik auf ihre Traditionen zurückgreifen, denn Waldorfschulen waren die ersten Gesamtschulen in Deutschland. Auf die Verbindung von schulischer und beruflicher Bildung wird Wert gelegt, Praktika sind fester Teil des Lehrplans. Es gibt an Waldorfschulen keine Schulbücher, keine Noten, kein Sitzenbleiben. Stattdessen erstellen die Klassenlehrer zum Schuljahresende detaillierte Berichte über die Entwicklung der Schüler. Dennoch schließen Waldorfschüler mit den staatlich anerkannten Abschlüssen ab; über die Hälfte macht nach 13 Jahren Abitur.

Viele Eltern, die mit der Weltanschauung der Anthroposophie nicht vertraut sind, schicken ihre Kinder auf Waldorfschulen – oft als Alternative zum Leistungsdruck der verkürzten Gymnasialzeit.

Waldorfpädagogik hat in den letzten Jahren vielfach pädagogische Experimente inspiriert: In Berlin-Kreuzberg spezialisiert man sich auf Migranten, in Mannheim auf Förderschüler, in Karlsruhe wird Notfallpädagogik für traumatisierte Kinder entwickelt.

Wie alles in Monte Azul beginnt auch die Arbeit in den Kindergärten ganz klein und ganz konkret. Jeden Samstagnachmittag um 17 Uhr gibt Renate in der *Escolinha* für die interessierten Frauen aus der Favela einen Pädagogikkurs und bildet sie zu Erzieherinnen aus. Die meisten der Frauen sind Analphabetinnen, haben nie oder nur für wenige Jahre die Schule besucht. Die Methode, mit der Renate sie zu Kindergärtnerinnen ausbildet, ist dieselbe, die diese Frauen auch mit den Kindern anwenden sollen: Beobachtung und Nachahmung. „Ich habe die Frauen gefragt: ‚Wie verhalten sich denn diese Kinder? Was tut ein Kind von vier Jahren?' Dann kann man gemeinsam überlegen: Was braucht dieses Kind, um sich wohlzufühlen und sich zu entwickeln?" Dass die Waldorfpädagogik aus Deutschland stammt und dort traditionell vor allem Kinder aus der Mittel- und Oberschicht erreicht, macht für die Arbeit in der Favela keinen Unterschied: „Wie ein Mensch sich entwickelt, ist universell", sagt Renate, „ein deutsches Kleinkind macht alles nach, und ein brasilianisches auch." Sie spornt die Frauen an, in ihrem Gedächtnis nach Reimen und Liedern aus ihrer Kindheit zu graben. „Zu Beginn kam da nicht viel, einigen war das auch peinlich. Aber so nach und nach kamen die Erinnerungen – und dann haben wir gemeinsam gespielt und gesungen. Die Frauen haben sich das, was sie konnten, gegenseitig beigebracht und gemerkt, welchen Reichtum sie da in sich tragen."

Ute lässt „Hinatschi", wie Renates Name in São Paulo ausgesprochen wird, in der Kindergartenarbeit freie Hand. Abgeben kann sie gut – sie setzt Vertrauen in die Menschen. Renate ihrerseits genießt die Arbeit mit den Frauen aus der Favela. „Ich habe das schon bei meiner Arbeit in der Fabrik gemerkt, dass ich mich mit den einfachen Leuten viel besser verstehe als mit denen aus der Upper Class", erzählt sie, „deren Welt fand ich schrecklich, ich habe mich da gefühlt wie ein Fisch auf dem Trockenen."

Die Waldorfpädagogik kommt den Favelafrauen entgegen, gerade weil sie in ihren Formen so einfach ist. Mit Holz und Steinen spielen, Kuchen aus Lehm backen und Geschichten hören – all das kennen die Frauen aus ihrer Kindheit auf dem Land. Für die Zugezogenen, die sich in der Stadt oft ihrer ärmlichen Herkunft schämen, bringt dieser wertschätzende Blick auf ihre Wurzeln eine Aufwertung mit sich, die ihnen viel bedeutet.

Tereza, eine der ersten Erzieherinnen, erinnert sich an ihre Arbeit im Kindergarten:

„Wie ich das geliebt habe! Ich habe so versunken mit den Kindern gespielt, dass ich ganz vergessen habe, dass ich die Betreuerin bin. Als Kind habe ich viel mit Holz gespielt, oder mit Puppen aus alten Lappen, oder aus Maiskolben, mit blonden Haaren – und all das gab es da im Kindergarten! Im Nordosten haben wir trockenes Gras genommen und Häuser daraus gebaut. Es war so schön, das hier zu sehen. Und es war so deutlich, dass auch die Kinder das liebten und es ihnen gut ging damit." Das Malen, Spielen, Singen und Zeichnen tut nicht nur den Kinderseelen gut. „Für mich war es sehr hart, nach São Paulo zu ziehen", erzählt Tereza weiter. „Das Leben ist schwer in der Großstadt, und ich dachte: Du musst hart sein, sonst überlebst du hier nicht. Die Arbeit mit den Kindern hat mir geholfen, zu mir selbst zurückzufinden. Zu meiner Seele, zu meinem eigenen Leben. Etwas zu tun, das einem gut tut, und was dann auch noch anderen gut tut – das ist sehr gesund. Dann kann man wieder gut schlafen und atmen."

Eva, ebenfalls Erzieherin der ersten Stunde, erinnert sich daran, welchen Segen, aber auch welche Herausforderung es für sie bedeutete, Kindergärtnerin zu werden. Als sie 1972 nach Monte Azul kam, standen dort erst zehn Hütten. „Als mein Mann mich verließ, war meine Mutter gerade gestorben. Also blieb ich allein mit vier Kindern; der Jüngste war gerade ein Jahr alt. Ich habe fünf Jahre mit den Kindern allein gelebt. Das war zu Beginn sehr hart. Ich konnte ja nicht arbeiten mit so kleinen Kindern. Wir hatten oft Hunger. Von den Männern hatte ich genug, lieber wollte ich es alleine schaffen. Ich habe dann einen Job als Putzfrau gefunden. Aber dadurch kam ich immer erst um Mitternacht nach Hause und hatte keine Zeit, mich um meine Kinder zu kümmern. Meine Tochter wurde krank in dieser Zeit, sie bekam eine schlimme Bronchitis. Ich dachte mir: ‚Wenn ich mich zwischen der Arbeit und meinen Kindern entscheiden muss, dann nehme ich meine Kinder!' Also habe ich gekündigt. Dann habe ich eine neue Arbeit als Hausangestellte gefunden. Dona Elena hatte einen Neffen in der Stadt, der eine Hausangestellte brauchte. Ich musste also jeden Tag zum Terminal Bandeira im Zentrum und dann noch zu Fuß weiter – drei Stunden habe ich gebraucht für eine Fahrt. Das Geld reichte für das Allernötigste, zum ersten Mal. Ich hatte gerade Laura kennengelernt, die in einem Kindergarten arbeitete. Bei ihr konnte ich meine beiden Jüngsten unterbringen, da war ich wirklich sehr froh. Sie hatte drei Kinder und war von ihrem Mann getrennt. Sie war 24, er war 62. Er hat diese Trennung nicht akzeptiert, und als sie einen neuen Freund hatte, brachte er sie um. Ich kam morgens in den Kindergarten um meine Kinder abzugeben, und es war geschlossen. Eine andere Frau kam und erzählte mir, dass der Kindergarten heute zu bleiben würde, weil Laura tot sei.

Unter mir tat sich der Boden auf: Was sollte ich jetzt tun? Ich würde meine Arbeit verlieren. Ich blieb also zu Hause, eine Woche lang. Nach einer Woche gab es in Monte Azul eine Andacht, mit Gebeten für Laura. Da traf ich Luzia, die mit ihr zusammengearbeitet hatte. Sie erzählte: ‚Ich glaube, wir werden die Kinderbetreuung nicht mehr aufmachen. Ich trau mich nicht alleine. Ich ging nach Hause und habe zu Gott gebetet, dass der Kindergarten wieder aufmacht. Zwei Tage später fragte Luzia mich, ob ich nicht mit ihr zusammen arbeiten wollte! – Oh war ich glücklich! Ich würde eine Arbeit machen, die ich mochte, mit Kindern, und ich würde meine eigenen Kinder um mich haben!"

Im Kindergarten zu arbeiten ist jedoch an eine Bedingung geknüpft: Die Frauen müssen an Renates *cursinho,* einem kleinen Kurs, teilnehmen. Das ist vielen Frauen gar nicht möglich. „Ich wollte ja gern", erzählt Eva, „aber ich hatte keine Zeit, da hinzugehen, ich musste ja arbeiten! Und wenn ich nicht arbeiten musste, habe ich die Wäsche für die nächste Woche gemacht." Renate hatte von Eva gehört und wollte sie kennenlernen. Die erste Begegnung ist Eva noch sehr präsent:

„Ich bin fast gestorben vor Scham. Es war Regenzeit; ich hatte gerade eine Hacke in der Hand und war dabei, die Abflussrinne um die Hütte herum zu verbreitern und stand bis zu den Knien im Schlamm. Aber als Renate zu mir kam, sagte sie: ‚Du brauchst dich nicht zu schämen – wenn kein Mann im Haus ist, muss man diese Dinge halt selbst machen!' Dann hat sie mir Fragen gestellt, das weiß ich noch wie heute. So habe ich im Kindergarten angefangen, zehn Tage nach Lauras Tod. Erst habe ich nur gekocht, und Luzia hat auf die Kinder aufgepasst. So konnte ich erstmal vom Herd aus zuschauen, wie sie das machte. Da stand ich dann und machte große

Augen. Mir hat sehr gefallen, was ich da sah. Das einzige, was ich schwierig fand, waren diese langen Sprüchlein. Zum Mittagessen sangen wir ein Lied und sprachen ein Gebet, das war kein Problem. Aber jeden Morgen gab es einen Morgenkreis mit einem bestimmten Text, der zur Jahreszeit passte – und der war wirklich lang. Das hab ich einfach nicht geschafft. Ich war es ja nicht gewohnt zu lesen und zu lernen. Also habe ich zu Luzia gesagt: ‚Bitte, nimm mir diesen Morgenkreis ab, ich übernehme auch etwas von deiner Arbeit!' Nach drei Monaten konnte ich den Spruch immer noch nicht, und ich dachte: Ich muss kündigen, ich kann mir das einfach nicht merken. Luzia hatte mir den Morgenspruch zwar abgenommen, aber es kam mir nicht richtig vor, das zu verheimlichen. – ‚Luzia, ich werde kündigen!' – ‚Du bist verrückt', sagte sie, ‚mit der Zeit wirst du das schon schaffen. Du bist so liebevoll mit den Kindern, du machst tolle Arbeit. Das wird schon noch klappen mit dem Morgenkreis.' Zwei Monate später hatte Luzia dann eine Krise mit ihrem Freund. Es ging ihr sehr schlecht, und Renate fand, sie sollte in so einem Zustand nicht mit den Kindern arbeiten und lieber zu Hause bleiben. Sie ist dann selbst vormittags gekommen, um mir zu helfen. Ich habe mich furchtbar geschämt, aber ich habe es ihr dann doch gesagt: dass ich das mit dem Morgenkreis einfach nicht kann. Und am letzten Tag habe ich Renate dann gefragt, was sie von meiner Arbeit hält. Sie war sehr zufrieden mit mir. Wir haben noch viele Jahre gut zusammen gearbeitet."

Ute erinnert sich lebhaft an Evas Lernprozess: „Die Eva hat das damals perfekt gelöst. Ihre Kinder gingen ja zur Schule und konnten lesen, die haben ihr jeden Tag zu Hause beim Wäschewaschen die Sprüchlein vorgelesen. Und irgendwann konnte sie es dann."

Geborgenheit in der Favela

Dirceu ist heute ein Prinz. Eine goldene Krone schmückt sein blondes Köpfchen, und um seine Schultern liegt ein purpurner Königsmantel. Nacheinander steht jedes Kind aus dem Kreis auf, kommt zu ihm und schenkt ihm ein selbstgemaltes Bild. Der Geburtstagskuchen mit fünf leuchtenden Kerzen steht schon auf dem Tisch und duftet verheißungsvoll. Aber zuerst gibt es eine Geschichte. *Tía Eva,* Tante Eva, erzählt:

„Vor langer, langer Zeit wohnte in einem Schloss im Himmel ein kleiner Engel. Der wollte gern auf die Erde kommen. Das Engelchen schaute durch alle Fenster des großen Schlosses um zu gucken, wo es wohnen wollte. Es entschied sich für Brasilien, weil es dort so viele Kinder gibt und so schöne Musik. Besonders die große Stadt São Paulo gefiel ihm gut – da wollte es gern leben. Sein großer Schutzengel begleitete ihn noch bis zu den Wolken. Da bat er das Engelchen, ihm seine Flügel zu geben. ‚Auf der Erde kannst du die nicht gebrauchen, kleiner Engel. Aber ich passe gut auf sie auf, bis du wiederkommst.' Das Engelchen fuhr dann in einem kleinen Boot bis auf die Erde. Es geriet in einen fürchterlichen Sturm. Als es am allerschlimmsten war, ganz dunkel und eng, wurde plötzlich alles hell und schön. Das Engelchen wachte in einer Wiege auf, alles war wunderbar weich und warm und sanft. Das Engelchen, das jetzt ein Baby geworden war, öffnete die Augen und sah zwei liebe Gesichter, die es anschauten. Das waren sein Vater und seine Mutter, und sie gaben dem Baby den Namen Dirceu. Das ist heute genau fünf Jahre her. Und wir freuen uns, dass du bei uns bist."

Dirceu strahlt über das ganze Gesicht. Mit voller Konzentration pustet er die Kerzen aus und denkt feste an seinen sehnlichsten Wunsch. Und alle fangen an zu singen.

Diese Atmosphäre der Geborgenheit und liebevollen Begegnung in der Favela herzustellen und ihr einen Raum zu sichern, ist wohl mit der größte Erfolg der Arbeit in Monte Azul. „Ich glaube, ein Zuhause ist nicht notwendigerweise ein Haus“, sagt Ute. „Sondern eine Umgebung, in der Liebe, Zuneigung und menschliche Bindungen dem Leben einen Wert geben.“ Sie selbst kennt dieses Gehaltensein selbst in extremen Situationen aus ihrer eigenen Kindheit. Bombenangriffe im Luftschutzkeller, Flucht vor den Russen – auch unter solchen Umständen konnten ihre Eltern ihr Geborgenheit vermitteln, und damit *Coragem e Confiança,* „Mut und Vertrauen“, wie sie gerne sagt. Die tragen sie bis heute durchs Leben.

Ute selbst hat in dieser Zeit alle Hände voll zu tun und ist froh, die Kindergärten bei Renate in guten Händen zu wissen. Bis 1979 unterrichtet sie noch an der Waldorfschule; elf Kinder wohnen bei ihr daheim. Von früh bis spät ist sie voll eingespannt – erst wenn abends Ruhe im Haus eingekehrt ist, hat sie Zeit, um die Arbeit in Monte Azul voranzubringen: Gelder einzuwerben, Spenden zu verwalten und Buchhaltung zu machen.

Im Jahr 1985 wird es sehr plötzlich still in Utes Haus. Sandro und Dirceu kommen eines Tages nicht wieder nach Hause. Sie verschwinden genauso unvermittelt, wie sie zuvor gekommen sind: Sandro geht voran, Dirceu läuft hinterher. Ein vertrautes Bild für Ute, die daran gewöhnt ist, dass die Kinder ihre Mutter in der nahegelegenen Favela besuchen, manchmal auch für ein ganzes Wochenende. Doch dieses Mal kommen sie nicht zurück. Für Ute ist das ein harter Schlag. Sie hat diese Kinder, die sie derart auf Trab gehalten haben, sehr ins Herz geschlossen. „Im ersten Moment war ich wie vor den Kopf gestoßen“, erinnert sie sich. „Da gibt man sich so viel Mühe – ohne Telefon, ohne *empregada,* baut nebenher dieses Monte Azul auf und gibt alles, hat keine freie Minute ... und dann sind die beiden auf einmal einfach weg.“ Was sie allerdings noch mehr beschäftigt als die eigenen verletzten Gefühle: „Ich wusste ja: Die sind nicht gut aufgehoben da, wo sie jetzt hingehen.“ Ute weiß, wie es um die Familie der beiden Kinder steht. Ihre Mutter ist eine Frau, mit der nicht leicht in Kontakt zu kommen ist. „Sie musste Tag und Nacht arbeiten, und irgendetwas war mit ihr, dass sie keine Gefühle zeigen konnte“, erinnert sich Ute. „Deshalb fühlten die beiden sich bei ihr auch nicht wohl. Und dann war da noch der neue Stiefvater, der sie nicht haben wollte.“ Dennoch versucht Ute nicht, die Kinder zurückzuhalten. „Die Mutter ist einfach wichtig für die Kinder. Sie waren hin- und hergerissen, zwischen der Zugehörigkeit zu ihrer biologischen Familie und dem Geborgenheitsgefühl, das sie bei mir zu Hause hatten.“ Die verlassene Ziehmutter ist sich allerdings auch sicher, dass die beiden Jungen sich letztlich nie wirklich an das geregelte Leben bei ihr gewöhnt hätten. Mahlzeiten zu festen Tageszeiten, Rhythmus und Regeln, das widersprach dem Leben, das sie mit der Muttermilch eingesogen hatten. Sandro und Dirceu sind also ausgezogen. Eine Weile lang kommen die beiden noch in den Kindergarten und in die *Escolinha*, eines Tages jedoch wird es sie endgültig hinaus auf die Straße ziehen.

Für Ute kristallisiert sich an der Geschichte der beiden Jungen die Frage, die letztlich auch hinter der Arbeit in Monte Azul steht: Was kann Pädagogik leisten? Wo sind ihre

Grenzen? Wie ist das Schicksal von solchen Kindern zu verstehen? Um das Erlebnis mit Sandro und Dirceu zu verdauen, sucht sie Zuflucht im Schreiben. Die Geschichte der beiden Brüder verarbeitet sie zu einem Märchen. Dankbarkeit erntet sie für ihre aufopfernde Arbeit mit den beiden Kleinen nicht – im Gegenteil. Im Jahr 1992 wird Dirceu sie verklagen: Ute habe in ihrem Buch *Crianças entre Luz e Sombras* („Kinder zwischen Licht und Schatten"), das Anfang der 90er Jahre in Brasilien erscheint, Fotos von ihm abgedruckt. Das verletze seine Persönlichkeitsrechte. Wenn Ute heute von dieser Episode erzählt, fällt auf: Da ist kein persönliches Getroffensein, kein Groll. Für sie steckt kein böser Wille hinter Dirceus Aktion, sondern das manipulative Vorgehen einer evangelikalen Kirche, der sich Dirceu angeschlossen hatte. „Die sind dafür bekannt, dass ihnen jedes Mittel recht ist, um an Geld zu kommen."

Das Thema Verzeihen ist für Ute kein schwieriges – es erledigt sich mit dem Hineinversetzen in die Lage des anderen. Die Klage wurde letztlich fallengelassen, weil der Richter in Anbetracht von Utes Engagements diese Vorwürfe haltlos fand. Dirceu lebt heute noch in Monte Azul und arbeitet als Telefonist für die *Associação*. Die vielen Unfälle seines Lebens sind nicht ohne Folgen geblieben, er ist gesundheitlich und geistig eingeschränkt und muss Medikamente nehmen. Ob ihr Einsatz sich gelohnt hat, stellt Ute für sich nicht in Frage: „Dirceu bemüht sich ums Leben, er will arbeiten und liest Bücher und bildet sich fort. Er gibt nicht auf. Und sein Bruder Sandro ist zumindest kein *bandido*, kein Krimineller geworden. Das ist doch schon mal was!"

Über Rosalys Gesicht geht ein Leuchten, wenn sie an ihre Zeit im Kindergarten und in der *Escolinha* zurückdenkt. Sie war eines der ersten Kindergartenkinder von Monte Azul. Heute ist sie 37 Jahre alt, glücklich verheiratete Mutter zweier wohlgeratener Söhne, und selbst Erzieherin.

„Ich war im ersten Kindergarten von Monte Azul. Zuhause waren wir fünf Geschwister. Wir haben uns immer total gefreut auf den Kindergarten. Nie haben wir gefehlt, und überall waren wir dabei. Wir haben viel gespielt und tolle Ausflüge gemacht. Da war so viel Liebe für uns! In dieser Zeit ist meine Mutter gestorben, mit 39 hatte sie einen Hirnschlag. Da war ich sechs. Mein Vater hat uns dann rausgeschmissen. Er hat wieder geheiratet, die neue Frau war so alt wie meine große Schwester. Es gab immer nur Streit; er hat uns alle geschlagen. Ich erinnere mich noch daran, wie mein Vater nach einem Streit meine Schwester anbrüllte: ‚Raus mit euch! Pack deine Sachen, und nimm die Kleinen bloß mit!' Sie dachte erst, das wäre nur Spaß, aber er hat es ernst gemeint. Also ist sie ausgezogen, mit uns vier Geschwistern. Gott sei Dank hatte meine Schwester eine Freundin, die in der *Associação* arbeitete und ein Haus gemietet hatte. Da konnten wir wohnen."

Rosaly beschreibt, welchen Halt ihr das Aufgehobensein in der *Associação* gegeben hat. „Das Verrückte ist: Ich habe diesen Schmerz damals nicht gespürt. Es war so gut, in den Kindergarten und in die *Escolinha* gehen zu können, dass das schlussendlich all die Wunden geheilt hat, denke ich. Ich habe da so viel Gutes empfangen, dass das Schlechte sich gar nicht richtig niederlassen konnte in mir. Ich war kein schwieriges Kind, ich konnte mir da irgendwie holen, was ich brauchte. Alles Schlechte und Schwierige blieb draußen. Natürlich war Vieles schmerzhaft damals, aber heute denke ich wirklich: Meine Güte, war ich glücklich dort! Monte Azul hat mich getragen. Ich kann das gar nicht von meinem Leben trennen.

Heute als Erwachsene weiß ich ja, wie schwierig gerade diese Anfangszeit für Ute und Renate und die anderen gewesen sein muss. Dass es schwer war, genug Essen für alle zu organisieren, zum Beispiel. Davon haben wir Kinder nichts gespürt, das haben sie von uns komplett ferngehalten. Für uns war es, als wäre immer genug für alle da. Das finde ich wirklich irgendwie magisch."

Resilienz

Der Begriff Resilienz *(von lat. resilire: zurückspringen, abprallen)* wurde in den 1950er Jahren aus der Physik in die Psychologie übertragen. Resilienz meint die Fähigkeit, Lebenskrisen zu meistern und gestärkt aus ihnen hervorzugehen. Als resilient bezeichnet man Personen, die genau dazu in der Lage sind: Krisen konstruktiv zu wenden und unter erschwerten Bedingungen ihre Gesundheit zu erhalten.

Bahnbrechend für die psychologische Resilienzforschung war die Langzeitstudie der Entwicklungspsychologin Emmy Werner. Beginnend in den 50er Jahren beobachtete Werner über vier Jahrzehnte hinweg die Entwicklung von Jungen und Mädchen auf der hawaiianischen Insel Kauai. Die Ausgangssituation dieser Kinder war denkbar schlecht: Chronische Armut, Gewalterfahrungen schon vor der Geburt, Vernachlässigung, Alkoholmissbrauch und Trennung der Eltern waren in ihrem Leben die Regel. Zwei Drittel der beobachteten Personen zeigten im Verlauf der Langzeitstudie

die zu erwartenden Entwicklungen: Sie wurden im Durchschnitt häufiger kriminell oder drogenabhängig als ihre Altersgenossen aus privilegierteren Verhältnissen; sie waren häufiger chronisch psychisch krank und später beruflich weniger erfolgreich. Das eigentlich überraschende Ergebnis der Studie jedoch war: Ein Drittel der beobachteten Kinder entwickelte sich – trotz allem – positiv. Sie wurden zu zufriedenen, fürsorglichen, erfolgreichen Erwachsenen. Warum? Werner machte sich auf die Suche nach Ressourcen, die auch unter erschwerten Bedingungen seelische Gesundheit ermöglichen und erhalten. Sie fand heraus: Die resilienten Kinder von Kauai hatten etwas, das die anderen nicht hatten. In ihrem Leben gab es zumindest eine liebevolle Bezugsperson, die sich verlässlich um sie kümmerte. Die Resilienzforschung weiß seitdem: Stabile Bindungen sind ein basaler seelischer Schutzfaktor. Ein unterstützendes Umfeld, die Einbettung in eine Gemeinschaft, verbindliche Freundschaften – das alles macht stark fürs Leben. Auch Bildung spielt in Sachen Resilienz eine Schlüsselrolle. Lernen befähigt zum konstruktiven Umgang mit Problemen, und auch Kontaktfähigkeit kommt auf individueller Ebene große Bedeutung zu. Resiliente Menschen sind in der Lage, stabile Bindungen einzugehen und sich Hilfe zu holen, wenn sie sie brauchen. Sie nehmen ihr Leben in die Hand, ergreifen Möglichkeiten, die sich bieten, und haben ein realistisches Bild von ihren Fähigkeiten. Sie haben gelernt mit Stress und Frustration umzugehen und sich von Rückschlägen zu erholen. Sie sind, so Emmy Werner, zwar „verwundbar, aber unbesiegbar".

Dennoch: Auch ein resilienter Mensch kann nur die Chancen ergreifen, die sich ihm bieten.

1981 gibt es bereits drei Kindergärten in Monte Azul; 1983 kommen zwei in der benachbarten Favela Peinha hinzu. Die Schar der Mitarbeiterinnen wächst – viele von ihnen haben noch vor wenigen Jahren bei Ute zu Hause gebastelt und gespielt: Solange, Evinha, Romilda, Sandra, Lucy, Iva, Durvalina, Telma, Lourdes, Izilda und viele mehr. Von Beginn an kommen alle Mitarbeiter und Freiwilligen jeden Donnerstag zusammen, um sich auszutauschen und zu planen. Basisdemokratisch. Bald schon hat die *Associação* über 30 Mitarbeiter, die Organisation wird immer komplexer – und so wird 1985 die Entscheidung getroffen, ein zentrales Führungsorgan einzuführen: die *Grupo de Metas* („Zielgruppe"). Hier werden Entscheidungen besprochen, die weniger die konkrete Arbeit mit den Kindern oder Kranken als strategische Entwicklungen betreffen.

Renate gibt die Verantwortung für das, was in den Kindergärten passiert, mehr und mehr an die Frauen ab und stößt nur noch dazu, wenn sie darum gebeten wird. „Sie hat uns beigebracht, unabhängig zu sein", sagt Eva heute. Selbst ihre Ausbildung organisieren die Frauen bald in Eigenregie. „1986 ging Renate für einige Zeit nach Deutschland", erzählt Maria. „Vorher fragte sie uns: ‚Möchtet ihr, dass jemand den Kurs übernimmt, oder wollt ihr ihn lieber selbst organisieren?' Wir dachten darüber nach und entschieden uns dann, dass wir ihn selbst organisieren wollten. Wir haben uns dann Leute eingeladen, die uns etwas beibrachten, wie zum Beispiel Senhora Barbara. Wir haben angefangen Puppen und Marionetten zu machen, und natürlich haben wir viel über die Kinder mit Schwierigkeiten gesprochen. Wir machten Speisepläne, sprachen über gesunde Ernährung, und so weiter. In dieser Zeit sind wir viel enger zusammengewachsen."

Die Entwicklung der Frauen ist ein entscheidender Punkt in der Entwicklung der Favela Monte Azul – nicht nur im ökonomischen Sinne. Die Favelafrauen werden zu mehr befähigt, als „nur" Geld zu verdienen. Auch wenn die Sehnsucht der Zugezogenen nach der Heimat groß ist: Auf dem Land hatten die meisten von ihnen keinerlei Rechte, von Möglichkeiten der Selbstverwirklichung ganz zu schweigen. Das neue Leben in der Stadt gestaltet sich zwar oft schwierig, eröffnet jedoch gerade den Frauen neue Spielräume. Die Migration in die Stadt sieht Ute daher als ein „Sich-auf-den-Weg-machen" im doppelten Sinne: „Für die Frauen ist das ein Befreiungsprozess, in die Stadt zu ziehen. Sie machen hier die Erfahrung, dass sie nicht nur Objekte sind, sondern ihr Leben in die Hand nehmen können. Sie schließen Freundschaften und entwickeln große Solidarität untereinander." Ute nennt als Beispiel Eli, eine der Erzieherinnen, der das Leben besonders übel mitgespielt hatte. Sie war sexuell missbraucht worden und hatte die Ermordung mehrerer Freundinnen miterlebt. „Eli hat eines Tages zu mir gesagt: ‚Hier habe ich eine Heimat gefunden. Hier kann ich ein besserer Mensch sein, als ich je gedacht hätte. Ich konnte mich selbst entdecken – und anderen helfen.'"

Die Bewohner der Favela in die Sozialarbeit mit einzubeziehen, statt sie zum Objekt von Fürsorge zu machen, hat einen Prozess in Gang gesetzt, der das eigentliche „Wunder von Monte Azul" darstellt. In den 70er Jahren, als die Arbeit in der Favela ihren Anfang nahm, war diese Strategie jedoch ein Experiment mit durchaus ungewissem Ausgang. „Zu Beginn waren wir gar nicht so sicher, ob das klappen würde, dass die Leute aus der Favela die pädagogische Arbeit selbst tun", schreibt Ute 1989, in einer Festschrift zum zehnjährigen Bestehen der *Associação*. „Aber schon nach ein paar Jahren war klar, dass das das Beste war, was wir tun konnten: Darauf zu vertrauen, dass die Menschen aus der Favela den Keim dazu in sich tragen, dass dieser Same nur gegossen und gepflegt werden muss, damit er blüht und Früchte trägt. Ich glaube, vielen Menschen in Brasilien und auf der ganzen Welt fehlt dieser Glaube in das Potential der Menschen. Sie sind ungeduldig und wollen sofort Ergebnisse sehen. Eines der wichtigsten Gesetze in der Arbeit mit Menschen ist aber: Geduld haben. Warten können. Unsere Mitarbeiter aus der Favela sind der lebende Beweis dafür. Diese Geduld haben viele Leute nicht; sie sehen keine schnellen Ergebnisse und ziehen daraus den Schluss: Diese Leute aus der Favela oder diese Behinderten sind unfähig, und sie werden es immer sein."

Dennoch: Auch Rückschläge gehören in dieser Erfolgsgeschichte zum Tagesgeschäft. Gerade zu Beginn fehlt vielen Frauen das Verständnis dafür, wie grundlegend wichtig die Arbeit ist, die sie da tun, in einer Holzbaracke voller Kinder. „Manche Erzieherinnen fingen an zu rauchen, sobald Renate aus der Tür war", erinnert sich Maria. Andere bringen ihr Radio mit in den Kindergarten und drehen es beim Kochen auf volle Lautstärke. Dinge verschwinden aus den Kindergärten, weil die Erzieherinnen sie mit nach Hause nehmen: Zahnpasta, Bananen, ein Huhn. „Das war schlimm für mich", erinnert sich Renate, „ich war zutiefst enttäuscht. Ich fand, die Frauen missbrauchten unser Vertrauen."

Renate reagiert mit dem Impuls, mehr zu kontrollieren. Aber soll sie die Erzieherinnen nun jeden Abend filzen? Sie tauscht sich mit Ute über das Problem aus. Die zehn Jahre ältere Freundin sieht die Sache anders: „So etwas passiert ja deshalb, weil die Leute es gewohnt sind, in einer Firma zu arbeiten, wo es einen Chef gibt und die Untergebenen. Noch nie hat jemand von diesen Frauen etwas anderes erwartet, als dass sie gehorchen. Sie haben nie gelernt, mit dieser Freiheit umzugehen, selbst zu handeln und zu reflektieren. Sie wurden nie auf der Basis von Vertrauen angesprochen und behandelt. Wenn wir es jetzt genauso machen, werden sie das auch nie lernen."

Also den Missbrauch einfach geschehen lassen? „Das wäre eine Überbeanspruchung ihrer Selbstdisziplin", findet Ute. „Was die Frauen jetzt lernen müssen ist: der Versuchung nicht nachzugeben. Rudolf Steiner sagt etwas sehr Interessantes in Bezug auf Vertrauen: Das soziale Vertrauen ist eine der Kräfte, die eine menschlichere Gesellschaft bauen werden. Der Mensch des 20. Jahrhunderts akzeptiert nur noch sehr schwer Autoritäten – er ist auf dem Weg, frei zu werden, selbst zu denken, zu fühlen, zu entscheiden und zu handeln. In diesen Samen der Freiheit in jedem Wesen müssen wir Vertrauen haben."

Das Vertrauen in die Entwicklung von Menschen und Gruppen hat sich Ute in ihrer Zeit als Waldorflehrerin erarbeitet. An Waldorfschulen begleitet der Klassenlehrer seine Klasse über einen Zeitraum von mehreren Jahren hinweg. Die Idee dahinter ist, auf diese Weise eine möglichst tiefe Beziehung zum einzelnen Schüler und zur Klasse in ihrer Gesamtheit aufzubauen. „Da habe ich etwas Wichtiges gelernt", resümiert sie: „Dass man die Auswirkungen von dem, was man tut, oft erst Jahre später an den Menschen bemerkt. Und dass nicht nur der Einzelne, sondern auch die Klasse, das Ganze sich entwickelt, als Organismus. Die Gruppe ist mehr als die Summe ihrer Teile."

In Bezug auf das Diebstahlproblem beschließen Renate und Ute, an das Verantwortungsgefühl der Frauen zu appellieren. Sie sprechen mit den Frauen über das knappe Budget, legen Bilanzen offen und beziehen sie verstärkt in die Planung mit ein. Renate verzichtet auf eine Gardinenpredigt, statt dessen reagiert sie situativ. Als sie sieht, wie einer Erzieherin ein Apfel aus der Tasche kullert, der offensichtlich in die Kindergartenküche gehört, sagt sie: „Diese Äpfel sind wichtig für die Kinder – sie brauchen die Vitamine!“

Sklaverei in Brasilien

Brasilien ist *„um país de índios, feito por negro, para os brancos"* – „ein Land der Indigenen, aufgebaut von Schwarzen, für die Weißen." Die Wirtschaftsmacht der portugiesischen Kolonie Brasilien basierte jahrhundertelang auf der Arbeitskraft von Sklaven. Seit der *conquista* („Eroberung") im Jahr 1500 „importierte" Brasilien zwischen drei und vier Millionen afrikanischer Männer und Frauen. Schätzungsweise ein Drittel starb bereits auf den Schiffen. Die afrikanischen Sklaven wurden zunächst vor allem auf den Zuckerrohrplantagen eingesetzt, später auch in den Goldminen von Minas Gerais und auf den Kaffeeplantagen des Südwestens.

Anders als etwa in den Vereinigten Staaten, wo nur Wohlhabende sich Sklaven leisten konnten, hielten in Brasilien selbst arme Familien Sklaven. Die verschleppten Menschen wurden mit Brandzeichen versehen, hatten Arbeitstage von 12 bis 16 Stunden und waren vollständig der Willkür ihrer Herren ausgesetzt. Im 17. und 18. Jahrhundert hielt sich die Arbeitskraft eines afrikanischen Sklaven unter diesen Bedingungen im Schnitt sieben Jahre lang. Afrikanische Sklaven erwiesen sich damit als zäher und stärker als die Ureinwohner Brasiliens, auch das war ein Grund für ihren hohen Marktwert. Viele flüchteten und gründeten sogenannte *quilombos*, eigene Dörfer, die zum Teil bis heute bestehen. Das berühmteste von ihnen ist wohl die „Sklavenrepublik" Palmares in Pernambuco, die im 17. Jahrhundert bis zu 30.000 Flüchtlinge zählte.

Mit der Unabhängigkeit von der portugiesischen Krone (1822) wuchs der internationale Druck auf Brasilien, die Sklaverei abzuschaffen. Der Sklavenhandel war jedoch so lukrativ, dass diese politische Forderung lange brauchte, um sich durchzusetzen. 1850 wurde zunächst der Import von Sklaven effektiv verboten. Das Gesetz *Lei do Ventre Livre* („Gesetz des freien Bauches") bestimmte 1871, dass alle Kinder von Sklavinnen in Zukunft als Freie geboren würden. Erst 1888 schaffte Brasilien die Sklaverei endgültig ab. Zu diesem Zeitpunkt hatte diese bereits ökonomisch und damit auch politisch an Bedeutung verloren: Die verbliebene halbe Million Sklaven wurde nun in die Freiheit entlassen. Perspektiven hatten die Befreiten jedoch kaum. Die einen arbeiteten unter den gleichen Herren als unterbezahlte Lohnarbeiter weiter, andere zogen über Land und mussten als ungelernte Arbeiter nun auf dem Arbeitsmarkt mit Einwanderern aus Europa konkurrieren. So entstanden in Rio de Janeiro die ersten Favelas – freigelassene Sklaven siedelten sich auf den noch freien Flächen der Stadt an.

Das heutige Brasilien ist durchsetzt von den Spuren der fast 400-jährigen Geschichte der Sklaverei. Zum einen ist die Trennung von Besitzern und Besitzlosen nie wirklich aufgehoben worden. Auch heute noch gilt, was die Hautfarbe angeht, an vielen

Stellen: „Je schwärzer, desto benachteiligter." Andererseits hat der Menschenimport aus Afrika Brasilien großen kulturellen Reichtum gebracht. Gerade „typisch brasilianische" Ausdrucksformen wie *Samba* oder *Capoeira* haben ihre Wurzeln in der Sklaverei und im afrikanischen Erbe – ganz zu schweigen von den afrikanisch-katholischen Mischreligionen *Macumba* und *Candomblé*, denen sich heute jeder Dritte der 200 Millionen Brasilianer zurechnet.

Die pädagogische Arbeit strahlt über die Kinder in die Favela aus, zu den Müttern und Familien. Die Erzieherinnen betreiben – ohne den Begriff zu kennen – *community building*. „Ich mache Elternabende für die Mütter meiner Kinder", erzählt Maria. „Und ich bin sehr hinterher, dass sie auch kommen. Eine Zeit lang haben wir mit ihnen gehäkelt, gestrickt und getöpfert. Oder Puppen gemacht und für den Kindergarten Kissenbezüge und Vorhänge genäht. Die Mütter haben das geliebt. So haben sie auch viel besser verstanden, was wir mit ihren Kindern machen. Sie haben gefragt, und dann haben wir es ihnen ganz praktisch gezeigt. Und währenddessen haben wir über die Kinder gesprochen."

Sichtbar werden

Maria muss als Erste auf die Bühne. Die Zuschauerreihen im Auditorium der Rudolf Steiner Schule in São Paulo sind voll besetzt. Vor Lampenfieber steht ihr der Angstschweiß auf der

Stirn. Staubkörnchen tanzen im Kegel des Scheinwerferlichts und umspielen ihre schmale Gestalt, ihre Stimme zittert, als sie die einleitenden Worte spricht: „Es war einmal eine Frau in einer Favela…“ Die Szenen des Stücks zeigen Typisches aus dem Leben in Monte Azul und stellen gleichzeitig die Arbeit der *Associação* vor: Da gibt es eine Familie mit vielen Kindern in einer ärmlichen Hütte. Ein kleines Kind, das in den Kindergarten geht, ein größeres, das die *Escolinha* besucht. Betrunkene Väter, die in der Kneipe sitzen und zum Arbeiten aufgefordert werden. Und eine Mutter, die ihr fiebriges Baby zur Krankenstation in der Favela bringt. Eva, Tereza und die anderen Erzieherinnen sind die Darstellerinnen; Maria fungiert als Erzählerin, die die Szenen miteinander verbindet. Dieser Auftritt, vor hunderten von Menschen, hat sie enorme Überwindung gekostet. „Ich dachte ja, ich schaffe das nicht. Aber die anderen Frauen haben mir Mut gemacht. Und dann haben wir das Theaterstück aufgeführt, und die Zuschauer waren so begeistert, dass sie aufstanden, um uns zu applaudieren.“ Als die Theatergruppe zum Schluss ein Lied von Nelson Nacimento über die Freundschaft singt, stehen dem Publikum die Tränen in den Augen.

Marias Erlebnis auf dem Kongress der Lateinamerikanischen Waldorfkindergärten im Jahr 1988 in São Paulo zeigt zwei Dinge: Zum einen, wie die Mitarbeit in der *Associação* es den Bewohnern der Favela ermöglicht, über sich hinaus zu wachsen, ihre bislang so engen Grenzen zu sprengen und die Scham angesichts der eigenen Lebensumstände zu überwinden. Darüber hinaus passiert jedoch noch etwas Anderes – und zwar in den Zuschauern, die tief berührt sind vom authentischen Spiel der Favelafrauen. Viele von ihnen haben bis dahin über die provisorische Pädagogik in der Favela die Nase gerümpft. In diesem Moment vermittelt sich ihnen die Einsicht: Pädagogik muss nicht im Klassenzimmer stattfinden – sie kann viel mehr, und ist nicht auf Schul- oder Kindergartenmauern angewiesen. Ute selbst ist auf diesem Kongress nicht dabei; sie hält zur gleichen Zeit Workshops auf einem Jugendkongress in Finnland. Nach ihrer Rückkehr erlebt sie, wie sich in Folge dieser Aufführung die Einstellung gegenüber der Arbeit in Monte Azul zu wandeln beginnt. Sie sieht in dem Geschehen auf der Konferenz einen entscheidenden Punkt: Die besondere Qualität der Arbeit in Monte Azul sei hier zum ersten Mal öffentlich wahrgenommen worden. „Die Erzieherinnen haben es durch dieses Theaterstück geschafft, die Teilnehmer für die Soziale Frage zu sensibilisieren: Das Soziale als eine pädagogische Frage zu sehen. Die Menschen denken bei ‚Sozialarbeit' ja nicht unbedingt an Erziehung und Pädagogik. Dabei ist das die Grundlage von allem, was wir hier tun."

Für eben diese Kombination aus Sozialarbeit und Pädagogik müssen tragende Strukturen entwickelt werden. Im Jahr 1979 gründet Ute gemeinsam mit Freunden und freiwilligen Helfern den Verein *Associação Comunitária Monte Azul*, um der privaten Initiative eine rechtlich gültige Form zu geben. Finanzielle Unterstützung durch die Kommune oder auch private Spenden werden so erst in größerem Rahmen möglich. Neben dem Leben mit den Kindern und den Vormittagen in der *Escolinha* wächst dieser Verein für Ute zu einem Vollzeitjob heran: Inmitten lärmender Kinder schreibt sie Abrechnungen und Briefe, erstellt Jahresberichte und Bilanzen. Sie führt Korrespondenz mit Spendern und potentiellen

Freiwilligen, verwaltet Spenden, schreibt Anträge, führt Verhandlungen mit der Stadtverwaltung, versucht Bauland zu beschaffen. Unter anderem geht es um die Legalisierung der bereits gebauten *Escolinha*. Jahrelang versucht sie bei den zuständigen Behörden die nötigen Papiere zu bekommen – ohne Erfolg. Die öffentliche Genehmigung für das Gebäude steht bis heute aus.

Wie die meisten Brasilianer kann Ute sich keinen Telefonanschluss leisten, und so verbringt sie viele Tage damit, auf den verschiedensten Ämtern zu sitzen und zu warten. Im Anschluss will eine ermüdende Heimreise in überfüllten Omnibussen bewältigt werden. Immer wieder wird sie an solchen Tagen von Migräneanfällen heimgesucht – ungeliebtes Erbe ihrer Eltern – die sie zwingen, ihr Tun zu unterbrechen. „Man ist dann ja unfähig, irgendetwas zu denken – man denkt ja leider hauptsächlich mit dem Kopf." Utes Sinn für Humor lässt sie Vieles ertragen und ist für die Arbeit, die sie tut, genauso essenziell wie ihre Geduld. Sowie ihre Gabe, Menschen dazu zu ermutigen, für ihre eigenen Belange einzustehen.

Grundlagen schaffen

1983 kommt das erste Abkommen mit der Stadt zustande. Erst diese Zusammenarbeit mit dem Staat macht die Arbeit von Monte Azul dauerhaft möglich, denn durch Spenden allein können *Escolinha*, Schreinerei und Kindergärten nicht finanziert werden. Monte Azul wird zum städtischen Bildungsträger. Die Stadtverwaltung beteiligt sich nun an den Gehältern für die Erzieherinnen und finanziert darüber hinaus Mahlzeiten und Lehrmaterial. Inhaltlich bleibt die Arbeit in Monte Azul jedoch unabhängig.

Was der Staat bezuschusst, will er allerdings über die Jahre auch mehr und mehr mitbestimmen. Nicht nur einmal wird dadurch in der Geschichte von Monte Azul die bejubelte Lösung von einst zur neuen Herausforderung. So zum Beispiel im Jahr 1996, als ein neues Gesetz verabschiedet wird: Staatlich geförderte Bildungseinrichtungen dürfen nun nur noch Pädagogen mit Hochschulabschluss einstellen. Für die Frauen aus der Favela bedeutet das eine schier unüberwindbare Hürde. Sie holen oft erst im Erwachsenenalter ihre Grundschulbildung nach. Parallel dazu den Lebensunterhalt plus Studiengebühren zu erwirtschaften und auch noch zu studieren ist schlicht und ergreifend nicht zu schaffen. Die *Associação* bewältigt diese Herausforderung, indem sie den Frauen die Hälfte ihrer Studiengebühren finanziert. Im Gegenzug verpflichten sich die Begünstigten, nach ihrem Abschluss mindestens zwei weitere Jahre in den Einrichtungen von Monte Azul zu arbeiten. Diese Lösung stellt die Frauen zwar vor eine große Herausforderung, aber immerhin 20 Mitarbeiterinnen können in dieser Zeit ihr Studium erfolgreich abschließen. Für andere Frauen ist das trockene Studium nichts – Eva zum Beispiel entscheidet sich in dieser Zeit, lieber in der Küche zu arbeiten.

Während die Kindergärten immer zahlreicher werden, differenzieren sich auch andere Initiativen in Monte Azul aus. Von Beginn an wird die Arbeit in der Favela von freiwilligen Helfern unterstützt. Diese *voluntários* sind oft interessierte Frauen und Männer aus der Umgebung, vielfach auch Mütter von Ute Craemers Waldorfschülern. Immer mehr kommen im Laufe der Jahre auch aus dem Ausland nach Monte Azul, zunächst vor allem aus Deutschland. Dort haben Utes Vorträge und ihr Buch „Favelakinder“ ihre Arbeit bekannt gemacht. Marjan, eine ehemalige Waldorfschülerin, engagiert sich jahrelang stark in der *Associação*. Wie alle Mitarbeiter von Monte Azul macht auch sie ihre ersten Schwimmzüge in reichlich kaltem Wasser:

„Der erste Tag in der *Escolinha* war ein einziges Chaos“, erinnert sie sich an den Tag nach der Einweihung des frisch gebauten Jugendzentrums, „ich wusste gar nicht, welche Kinder eigentlich zu meiner Gruppe gehörten, und welche zu Cido. Er hatte die großartige Idee, alle Kinder zusammenzuscheuchen um rauszubekommen, welche Kinder für vormittags und welche für nachmittags angemeldet waren. Am Ende der ersten Woche teilten wir die Kinder dann in zwei Gruppen ein: die Größeren – Cidos Gruppe – und die Kleineren, meine Gruppe. Am ersten Tag waren die Kinder wie die Engelchen: still und brav und so aufmerksam, dass wir schon in der ersten halben Stunde mit allem durch waren, was ich für den ganzen Nachmittag geplant hatte. In der ersten Woche kamen 15 Kinder, in der zweiten 20, und in der dritten Woche dann 30. Wir quetschten uns alle in den kleinen Raum neben der Küche. Das war ziemlich eng, aber irgendwie ging es doch. Eines Tages kam Ute vorbei und war entsetzt: ‚Ihr seid ja verrückt, das ist ja viel zu voll hier! So geht das nicht.‘ Daraufhin haben wir dann einen größeren Raum gebaut, neben der Schreinerwerkstatt. Später, als ich so ungefähr ein halbes Jahr in der *Escolinha* arbeitete, kam eines Tages Paulo auf mich zu und sagte: ‚Herzlichen Glückwunsch, du wirst wirklich besser! Ich habe dich bis auf die Straße brüllen gehört!‘“

In der *Escolinha* werden zu Beginn der 80er Jahre über hundert Kinder zwischen sieben und 14 Jahren in zwei Schichten betreut – je nachdem, wann sie zur Schule gehen, kommen sie vormittags oder nachmittags für vier Stunden, zu Cido oder zu Ute. Abends beginnt „Seu Paulo", wie Paulo Ignacio respektvoll genannt wird, in diesem 50 Quadratmeter großen Raum mit den älteren Jungen die Schreinerwerkstatt, die eine tragende Säule von Monte Azul werden wird: Bei Kerzenlicht und zunächst so gut wie ohne Werkzeug stellen Paulos Lehrlinge Dinge des täglichen Gebrauchs her – seit 1981 auch Auftragsarbeiten. Eine Bekannte von Paulo hat einen Laden aufgemacht, der die Produkte der Schreinerei verkauft: Schneidebretter, Regale, kleine Möbel, Spielzeug. Vom Erlös werden Maschinen für die Schreinerei gekauft, die Firmen Mercedes Benz und Volkswagen spenden übriggebliebene Bretter. Im Jahr 1986 kann die Schreinerei in professionell ausgestattete Räume im Zentrum der Favela umziehen.

In einem Nebenraum der *Escolinha* bietet Utes Nachbar, der junge Arzt Michael Blaich, abends Biologieunterricht für alle Interessierten an. Sein Vater, der Kunstlehrer Erich Otto Blaich, gibt Unterricht im Zeichnen.

Paulo Ignacio hat eine Entscheidung getroffen, die viele seiner Mitarbeiter überrascht haben dürfte. 20 Jahre lang hatte er bei der Möbelfirma Giroflex gearbeitet – zuletzt als gut bezahlter Leiter der Schreinerei. Bis er gemeinsam mit seiner Frau Renate die Entscheidung traf, seine Arbeitskraft künftig nur noch in die Arbeit in der Favela zu stecken. „Ich hatte diesen starken Wunsch, weiterzugeben was ich gelernt hatte", erzählt Paulo. „In der Giroflex hatte es eine Zeit lang den Plan gegeben, eine wirklich gute und ganzheitliche Ausbildung für die Auszubildenden anzubieten. Aber dann kam die Ölkrise, und schlussendlich konnte nichts davon umgesetzt werden. Alles ging den Bach runter; und ich als Leiter der Schreinerei musste entscheiden, wer entlassen wurde. Das war so schrecklich für mich, dass ich ein Magengeschwür davon bekam. Als Renate und ich uns dann entschieden, mit Ute zusammenzuarbeiten, dachten die Leute, ich sei verrückt: eine Leitungsfunktion in der Industrie aufzugeben, um mit Favelabewohnern zu arbeiten! Peter Schmidt zahlte zwar auch weiterhin mein Gehalt, aber nur ein Drittel von dem, was ich in der Giroflex verdient hatte. Ich war mir zwar sicher, dass ich das Richtige tat – aber noch war alles sehr vage."

Begegnungen

Nicht nur über die Mitarbeiter der *Associação* entsteht eine Brücke zwischen der Favela und der sie umgebenden Stadt. Auch Eltern aus den angrenzenden Stadtteilen, die ihre Kinder nach Monte Azul schicken, bauen an ihr mit – weil die Qualität der pädagogischen Einrichtungen sie überzeugt.

Ronaldos Mutter findet den Weg zur *Associação* über das in der Schreinerei gefertigte Holzspielzeug, das ihr empfohlen worden ist. Ihr Sohn ist von den Holztraktoren so begeistert, dass er erst Ruhe gibt, als er eine Ausbildung in der Schreinerei machen darf. Von seinem Nachbarn wird er kritisch beäugt, weil er jeden Tag in die Favela geht. Da wohnen doch nur Kriminelle! – „Eines Tages hat mein Nachbar mich gefragt: ‚Sag mal, bist du aus der Favela oder von hier?' Und ich habe gesagt: ‚Aus der Favela!'" Ronaldo ist stolz darauf, in Monte Azul ein und aus zu gehen. – „Schließlich habe ich hier einen

Beruf gelernt, und alle meine Freunde wohnen hier."

„Das war sehr mutig von ihm, dazu zu stehen", findet Ute, und bezieht sich auf die Stigmatisierung, mit der Favelabewohner bis heute zu kämpfen haben. „Damals waren Favela und Stadt noch komplett getrennte Welten."

Regina, die später lange Jahre für die *Associação* arbeitete, war in Utes *Escolinha*-Gruppe das erste Mädchen, das nicht aus der Favela kam. Sie kommt aus Jardim Monte Azul, dem Stadtteil direkt neben der Favela, in dem vor allem Familien aus der unteren Mittelschicht wohnen. Die ersten Begegnungen mit den Kindern aus der Favela sind ihr noch lebhaft in Erinnerung. „Meine Mutter gab mir jeden Tag Danone-Joghurt und Äpfel mit, damit war ich eine Attraktion. Die Kinder aus der *Escolinha* wollten immer zu mir nach Hause kommen und bei uns spielen. Ich weiß noch, wie schlimm ich das am Anfang fand: Viele von den Kindern kamen in zerrissenen Kleidern zur *Escolinha;* sie waren viel zu dünn angezogen und froren immer. Manche rochen stark nach Rauch, oder sie waren Bettnässer, und das roch man auch – das war mir völlig fremd. Ich erinnere mich noch gut, dass das war, als gäbe es zwei Welten: Wenn wir zum Beispiel Theater spielten, dann war das ein Zauber, den spüre ich heute noch. Der erfasste alle. Und wenn das vorbei war, wurde es oft traurig. Die anderen Kinder wollten nie nach Hause gehen."

Diejenige, die diesen Zauber in die Favela gebracht und bereits so viele Brücken gebaut hat, rutscht in den frühen 80er Jahren in eine handfeste Lebenskrise. Einige Jahre später schreibt Ute über diese Zeit, in der sie den Boden unter den Füßen verlor:

„Ich sah Monte Azul immer weiter wachsen und mich

selbst gleichzeitig immer mehr verwelken. Ich hatte Zweifel an meinen Fähigkeiten und konnte einfach nicht begreifen, warum das Schicksal mir eine so verantwortungsvolle Aufgabe zugespielt hatte. Diese Zeit des Zweifelns dauerte bis 1984. Es gab Tage, an denen ich so deprimiert war, dass ich noch nicht einmal genug Willen hatte, meinen Arm zum Essen zu bewegen. Renate hat mir in dieser Zeit sehr geholfen, in vielen Gesprächen, und auch mit Sandro und Dirceu, die noch bei mir wohnten. Ich möchte wirklich nie wieder so eine depressive Episode erleben wie damals!“ Auch Renate hat diese Zeit noch in deutlicher Erinnerung: „Ute war einfach unendlich erschöpft. Kein Wunder – als Monte Azul so groß wurde und so viel Kraft brauchte, da hatte sie schon zehn unglaublich anstrengende Jahre hinter sich. Sie hat viel geweint und war des Lebens so müde. Ich hatte große Angst, dass sie eines Tages vor ein Auto laufen würde.“

Ihrem Tagebuch vertraut Ute im März 1982 ihre Selbstzweifel an: „Ich werde dieses Gefühl der Unzulänglichkeit einfach nicht mehr los. Monte Azul wächst und gedeiht; immer mehr sehe ich, wie wichtig diese Auffassung von Sozialarbeit ist, Favela mit Anthroposophie zu verbinden, das heißt im Hintergrund ein Menschenbild zu haben – und da bin ich und bin nicht fähig, das zu sein, was man eine Führungspersönlichkeit nennt. Warum um Himmels Willen musste ausgerechnet ich dieses Wichtige vollführen, nämlich das, was die Anthroposophie zu geben hat, mit den Problemen der Dritten Welt zu verbinden? Wenn ich Schicksalsleiter wäre, hätte ich einen anderen Menschen dazu ausgesucht. Alles tue ich nur halb...“

Heute sagt sie über diese Zeit der Sinnkrise: „Ich war so unsicher: Ist das alles so richtig, wie ich das mache? Ich wurde ja auch sehr kritisiert für das, was ich tat. Es wurden immer mehr Kinder, auch bei mir zu Hause; das war alles wahnsinnig anstrengend, und ich musste mir Sätze anhören wie ‚*Você procura sarna para se coçar*' – sinngemäß in etwa: ‚Wer keine Probleme hat, der sucht sich welche'. Einem Teil von mir war immer klar, dass das der richtige Weg war, aber das Alltags-Ich war oft sehr unsicher."

Manche Mitarbeiter erinnern sich noch gut daran, dass Ute in dieser Zeit sehr cholerisch werden konnte und immer wieder einmal ausrastete. „Da hat sie schon manchmal Leute vor den Kopf gestoßen", erzählt Renate, der dann die Aufgabe zufiel, die Wogen wieder zu glätten. „Es war ihr einfach alles viel zu viel. Ich glaube, die meisten anderen haben das nicht so mitbekommen, weil das in die Zeit fiel, als Monte Azul so enorm am Wachsen war."

In dieser Zeit der Erschöpfung und der Depression sind es die Favelabewohner, die Ute Kraft und Mut geben. Diese einfachen Menschen sind ihr ein Vorbild darin, wie sie trotz widrigster Umstände ihren Lebenswillen nicht verlieren. „Ich dachte: ‚Ich bin nahe daran, nicht mehr leben zu wollen – und diese Leute in ihren zusammenbrechenden Hütten, manche krank oder mit einem furchtbaren Ehepartner, manche arbeitslos und ohne die Möglichkeit, ihre Kinder zu ernähren, diese Leute haben nicht nur Mut zum Leben, sondern auch noch den Impuls, eine Blume in eine alte Blechbüchse zu pflanzen und damit ihre Hütte zu schmücken. Ich habe kein Recht, aufzugeben.'"

Und sie gibt nicht auf. Im Oktober 1981, am Michaelstag, führt Ute mit den Favelakindern an der Waldorfschule ein

Theaterstück auf: „Der Fall Luzifers". Damião ist der Gottvater, Elias der Erzengel Michael, Pedro spielt den Luzifer, und Sandro und Dirceu die Engel. Der Rest der Kinder macht die Engelschar. Abends, als die Kinder endlich im Bett sind, die Korrespondenz erledigt ist und der Unterricht für den nächsten Tag vorbereitet, schreibt Ute in ihr Tagebuch:

„Pedro spielte unheimlich gut. Erschütternd, als er sich von der Hölle erhob und in die Klasse rief: *‚Um trono só para mim!'* – ‚Einen Thron, nur für mich!' Er schmetterte diese Revolte Luzifers gegen Gott in die Luft, mit geradezu unheimlicher innerer Kraft. Dieser Junge, der fast nichts hat außer dieser Hütte aus Holz und Lehmboden und seiner Großmutter, rief mit einer inneren Überzeugungskraft, die erschütternd war: ‚Einen Thron für mich!' Und das in dieser Umgebung, wo alle Kinder anders aussehen als die von Monte Azul – alle weiß, viele mit Brillen, wie ein Kind bemerkte, keines mit den Geschwüren der Armut. Was wird aus dieser wilden Kraft, wenn sie Wut bekommt auf die Ungerechtigkeiten der Welt?"

Ein Engelskreis

Dirceu krabbelt durch tiefschwarze Nacht vorwärts. Auf allen Vieren bahnt er sich seinen Weg, den Windungen des Tunnels folgend. Der Raum ist mit dunklen Tüchern verhängt; in der Rabenschwärze verliert der Junge das Raumgefühl. Ganz klein macht er sich vor Unwohlsein. Ein Lichtstrahl lässt sich ahnen und wird immer heller, als Dirceu auf ihn zugeht. Er durchquert den Tunnel, und dieser öffnet sich schließlich in einen Raum der Sanftheit und des Lichts. Der Kindergarten ist kaum wiederzuerkennen, und Dirceu vergisst völlig, wo er sich befindet: Kerzenlicht fällt auf eine mit Rosenblättern markierte Spirale, die den ganzen Fußboden einnimmt. Die Decke ist mit weißen Tüchern verhüllt, die das Tageslicht von außen sanft in den Raum führen. An der Stirnseite des Raumes steht der Heilige Michael mit seinem Schwert und hält eine Waagschale in der Hand. Eine Geige beginnt zu spielen. Dirceu wird ganz ruhig und voll im Herzen. Die Kindergartenmutter gibt ihm ein Kerzenlicht in die Hand, das er andächtig dem Heiligen Michael entgegenträgt und behutsam auf die Waagschale legt. Auf die Seite des Guten.

In den Kindergärten und *Escolinhas* von Monte Azul – im Jahr 1984 gibt es bereits fünf Kindergärten in zwei Favelas – sind solche Rituale Teil der Jahresfeste. Nichts daran ist kindisch oder kitschig. Der Zauber, die Geborgenheit, die in solchen Momenten spürbar wird, vermittelt sich auch den Erwachsenen. Besonders wichtig ist in Monte Azul das Michaelsfest: Es ist ein Fest des Lichts, das die Menschen untereinander weitergeben. Licht ist an Orten wie diesem, wo das Dunkel so viel Raum einnimmt, noch wichtiger als an anderen. Den gleichen Sinn haben die Ruhephasen im Rhythmus des Tages, die Gebete vor und nach dem Essen. Sie sind nicht religiös im engen Sinne. Sie lassen im Menschen einen Raum entstehen, in dem sich etwas entfalten kann, das größer ist als er selbst. Für Ute ist das essenziell. „Alle reden immer davon, wie das Elend sich von den Eltern auf die Kinder vererbt, dass da ein Teufelskreis entsteht und es schwierig ist, den aufzubrechen. Viel zu selten spricht man von dem Engelskreis, den es auch gibt: Auch das Gute hat eine Kraft in sich, die sich fortpflanzt auf andere Menschen."

An Weihnachten richtet Utes ehemalige Schulklasse für die Kinder aus der *Escolinha* eine Feier aus. Es ist ein Fest der Gastlichkeit. Gefeiert wird auf dem Landsitz der Familie Ens, Utes hilfreichen Freunden. Die Schüler haben Spiele vorbereitet: Schnitzeljagd und Schatzsuche. Und sie haben Kekse gebacken. Jeder Schüler hat liebevoll eine Keksdose dekoriert und gefüllt, und schenkt sie einem Kind aus der Favela. Abends gibt es eine Theateraufführung. Solche Ausflüge sind für die Kinder aus Monte Azul das Größte – aber auch in den Kindern aus der Mittel- und Oberschicht hinterlassen sie Spuren.

Für Ute sind es seit ihrer Zeit als Entwicklungshelferin in Londrina die kleinen Momente der Freude mit den Kindern, die ihr immer wieder das Gefühl geben, auf dem richtigen Weg zu sein: „Wenn ein Kind, nach Tagen des Kampfes mit den Stricknadeln, mir eine fertige Mütze bringt. Das freut sich ja nicht nur über die fertige Mütze, die es aufsetzen und über die widerspenstigen Locken ziehen kann, sondern in seinen Augen leuchtet die Freude darüber, ein Hindernis überwunden, eine Schwierigkeit bewältigt zu haben. Es ist wie St. Exupéry sagt: ‚*C'est l'obstacle qui fait grandir l'Homme. Grandir l'Homme! Le besoin de naître!*' – ‚*Erst das Hindernis befähigt den Menschen zum Wachstum. Menschliches Wachstum! Sinn und Zweck unseres Lebens!*' Und genau das ist mein Ideal: Es sind nicht nur die sichtbaren Dinge wichtig – die fertig gestrickte Mütze, der gelungene Kuchen, die fein gehobelte Bank, der genähte Rock, das fertiggebaute Sozialzentrum. Das Wichtige an diesen Dingen ist, dass sie die Seele des Menschen erreichen und verändern; der Prozess des Lernens, des Opferns, der Freude. Diese Prozesse werden zu Werkzeugen, die die Persönlichkeit schmieden – nicht nur für die, die Hilfe empfangen, sondern auch für die Helfenden."

Letztlich klärt sich für Ute durch die Arbeit, die sie tut, eine Frage, die sie als Jugendliche und Studentin stark umgetrieben hat. Damals war sie der Überzeugung, Sozialarbeit und Selbstverwirklichung schlössen einander aus – und schlug sich mit der Frage herum, welchen dieser beiden Wege sie einschlagen sollte. Der französische Arbeiterpfarrer Christien Corre, ihr prägender Freund und Mentor, erwiderte stets, dass das eine ja im anderen bereits enthalten sei. „Das hat damals für mich überhaupt keinen Sinn gemacht", erinnert sich Ute. „Und heute höre ich mich selbst das Gleiche sagen: Das ist kein Widerspruch. Man kann gar nicht jemand anderem auf seinem Entwicklungsweg weiterhelfen, ohne auch selbst daran zu wachsen. Das beruht immer auf Gegenseitigkeit."

Löcher stopfen

Die Arbeit in den Kindergärten reagiert auf eine sehr konkrete Problemlage: Kleine Kinder brauchen einen Ort der Geborgenheit, an dem sie spielen und leben können, während ihre Mütter arbeiten. Was die größeren Kinder und Jugendlichen in der *Escolinha* brauchen, ist dagegen viel weniger eindeutig. „Die Arbeit in der *Escolinha* ist eine der schwierigsten, die wir tun", findet Ute. „Denn da versuchen wir die Löcher zu stopfen, die die staatliche Schule reißt." Öffentliche Schulen in Brasilien, darin sind sich alle einig, sind damals wie heute eine Katastrophe. Trotz der beispielhaften politischen Alphabetisierungskampagnen im Brasilien der 60er Jahre ist noch heute knapp jeder zehnte Brasilianer über 15 Jahre völliger Analphabet. Zwar ist Schulbesuch heutzutage nicht nur Pflicht, sondern – gerade in den Städten – auch die Regel. Denken lernt in einer typischen öffentlichen Schule in Brasilien jedoch niemand. Der Unterricht beschränkt sich meist auf stumpfes Auswendiglernen, und viele Jugendliche gehen schon vor dem Abschluss ab, um Geld zu verdienen und die Familie zu unterstützen.

Marjan, die viele Jahre als Erzieherin in der *Escolinha* arbeitete, erzählt: „In den ersten Monaten haben wir viel diskutiert: Wie können wir den Kindern im Schulalter am besten helfen? In dem wir mit ihnen Schulinhalte wiederholen, Hausaufgaben machen, lesen und rechnen üben? Von den Kindern kam uns immer großer Widerstand entgegen, wenn wir Schulinhalte wiederholen wollten."

Die Kinder und Jugendlichen haben, wenn sie in die *Escolinha* kommen, bereits einen anstrengenden Schultag hinter sich. Die Erzieher der *Associação* wollen ihnen neue Erfahrungen ermöglichen, sie lieber indirekt fördern als sie zum Pauken zwingen. „Wir müssen das übernehmen, was eigentlich die Schule tun müsste“, fasst Ute zusammen. „Die Kinder moralisch formen und ihr kreatives und kritisches Denken entwickeln. Das können wir am Besten tun, indem wir ihnen konkrete Erlebnisse ermöglichen.“ Die Erzieher versuchen also, Inhalte der Schulfächer anhand von Dingen zu vertiefen, die Spaß machen, die Kreativität fördern und die den Kindern ermöglichen, weiter Kind zu sein: durch Gedichte, Musik und Theater, Rhythmusspiele. Wer will, darf seine Hausaufgaben in der *Escolinha* machen und bekommt hier Hilfe.

Bildung in Brasilien – ein System der sozialen Auslese

Gute Bildung ist teuer in Brasilien. Und das, obwohl das Land sehr gute staatliche Universitäten hat, an denen das Studium zum größten Teil sogar kostenlos ist. Wer hier studieren will, muss das *vestibular*, eine sehr anspruchsvolle Zulassungsprüfung, bestehen. Das schafft nur, wer gut darauf vorbereitet ist. Mit solch guter Vorbereitung können Schüler der staatlichen Schulen jedoch in den wenigsten Fällen rechnen. Brasilien ist ein junges Land, jeder dritte Brasilianer ist unter 15 Jahre alt, anteilig sind das etwa doppelt so viele junge Menschen wie in Deutschland. Der Staat gab jedoch im Jahr 2011 dennoch nicht mehr als sechs Prozent seines Bruttoinlandprodukts für Bildung aus. In Deutschland wurde eine etwa doppelt so hohe Summe für die Bildung des einzelnen jungen Menschen bereitgestellt – und auch die bleibt noch unterhalb der offiziellen Empfehlung der UNESCO.

Lehrer werden in Brasilien sehr schlecht bezahlt, und so ist das größte Problem an den staatlichen Schulen des Landes die Unterbesetzung. Der Staat investiert seit einigen Jahren hohe Summen in das Schulsystem – allerdings, im Sinne eines Strukturausgleichs, vor allem in den Regionen des Nordens und im Inneren des Landes. Dort hat sich die Situation bereits erheblich verbessert. Andernorts sind riesige Klassen von bis zu 40 Schülern weiterhin die Regel. Oft regiert das Chaos: Schüler bleiben sich selbst überlassen; Lehrer beherrschen die Fächer nicht, die sie unterrichten sollen. Auch auf das *vestibular* wird hier nicht vorbereitet. Wer es sich irgendwie leisten kann, schickt daher sein Kind von Anfang an auf eine private

Schule. Den meisten der 40 Millionen Brasilianer, die seit 2002 in die neue Mittelschicht aufgestiegen sind, fehlt dazu jedoch schlicht das Geld. Spätestens für die Vorbereitung auf die universitäre Aufnahmeprüfung wird ein kostenpflichtiger Kurs nötig – je teurer der Kurs, desto besser die Vorbereitung. Immer größer wird in den letzten Jahren das Angebot an Privatuniversitäten. Hier kann man gegen Gebühren studieren, ohne die Zulassungsprüfung ablegen zu müssen. Obwohl also hohe Summen an staatlichen Geldern in die universitäre Bildung fließen, ist eine soziale Auslese am Werk, die diejenigen begünstigt, die bereits in Wohlstand geboren sind.

Sybille, eine Freiwillige aus Deutschland, betreut ebenfalls eine *Escolinha*-Gruppe. Nach ihrem Schulabschluss hatte sie ein Volontariat bei der Heidenheimer Zeitung gemacht und als Journalistin gearbeitet – bis ihr Utes Tagebuch „Favelakinder" in die Hände fiel. Es ging ihr wie vielen anderen jungen Lesern: Utes eindringliche Beschreibungen der brasilianischen Realität ließen ihr keine Ruhe. „Da wollte ich hin. Ich wollte nicht mehr nur über Leute schreiben, sondern selbst mit anpacken." Aus den geplanten neun Monaten wurden sieben Jahre.

Anfang der 90er Jahre arbeitet Sybille in der Nachbarfavela Peinha – mit einer Handvoll besonders wilder Kinder, die jede andere Gruppe sprengen würden. Einige Schüler sind lernbehindert, andere schwer traumatisiert. Da ist Clason, dessen Vater ermordet wurde. Da ist José, der sechs seiner Geschwister an Unterernährung und Dehydrierung hat sterben sehen. Da ist Ione, die mit ihren neun Jahren so dünn ist, dass Sybille sie mit einer Hand hochheben kann. Walter, der mit seinen zehn Jahren jetzt endlich in der ersten Klasse leidlich mitkommt. Und Alexandre, dessen Eltern Alkoholiker sind und der der Grund dafür ist, dass die deutsche Freiwillige zu Hause Liegestützen macht, bis ihr die braunen Locken vor Schweiß im Gesicht kleben. Sie will seinen Wutanfällen auch körperlich gewachsen sein.

Sybille legt großen Wert darauf, die Kinder in Kontakt mit der Welt außerhalb der Favela zu bringen. „Mir war das wichtig, diesen Kindern zu zeigen: ‚Es gibt soziale Räume, die ihr normalerweise nicht betretet – aber die sind offen, diese Stadt ist auch für euch da!'" Damit stellt sie ihr Handeln in Einklang mit einem der großen Ideale von Monte Azul: Die Gräben zwischen den sozialen Welten zu überbrücken.

Recht auf Stadt

An einem sonnigen Nachmittag im März 1993 steht Sybille mit ihren Jugendlichen an der sechsspurigen Straße, die an der Favela vorbeiführt. Die Gruppe will ins Museum und wartet auf den Bus.

Alle Zehn tragen schmutzige *chinelos,* die allgegenwärtigen brasilianischen Badelatschen aus Plastik, die heute weltweit als tropisch-lebensfrohe Modeacessoires beliebt sind. Wer es sich in São Paulo leisten kann, trägt Schuhe. Auch am Rest der Garderobe erkennt man die Armut: Die mandeläugige Sandra trägt eine viel zu große Männerjacke über dem schulterfreien Oberteil, Alexandres Shorts sind verschlissen. Bereits der vierte Bus in Folge fährt an der Gruppe vorbei; der Blick des Fahrers, stur geradeaus gerichtet, spricht eine deutliche Sprache. Da geht ein Leuchten über Sybilles Gesicht. Sie beugt sich zu Anita – ebenfalls *voluntária* aus Deutschland – und flüstert ihr etwas ins Ohr. Anita grinst. Schon sind Sybille und die Jugendlichen hinter einer Betonmauer verschwunden. Die blonde, an Hippie-Kleidung und Körperhaltung eindeutig als *gringa*, als Ausländerin erkennbare Anita steht nun allein an der Haltestelle. Nur zwei Minuten später kommt der nächste Bus in Richtung Zentrum für sie zum Stehen. Anita stellt ihren Fuß aufs Trittbrett der vorderen Tür und gibt einen kräftigen Pfiff ab – eine Sekunde später stürmen zehn Jugendliche in den Bus. Gekonnt schwingen sie sich unter dem Drehkreuz hindurch, ohne zu bezahlen. Der *cobrador*, der Kassierer, der die Tickets verkauft, drückt ein Auge zu. Gut möglich, dass er selbst in einer Favela lebt. Zwei Stunden später bietet sich im Zentrum der Stadt den Passanten der geschäftig-weltläufigen Avenida Paulista ein ungewöhnliches Bild: Im Schatten unterhalb des Museums für Moderne Kunst, dessen erster Stock wie über der Erde zu schweben scheint, sitzt eine Gruppe von Kindern, die offensichtlich in die Peripherie gehören. Sie essen Schinkenbrötchen und lutschen Mangos aus. Alexandre wischt sich gelben Saft vom Kinn. Claudineias grüne Augen wandern den Nadelstreifenkostümen der vorbeiflanierenden Frauen hinterher, kichernd und ein bisschen ungelenk schubst sie ihre Freundin Sandra an. Deren durchdringendem Blick entgeht kein einziges Detail dieses besonderen Tages.

Der Eintritt ins Museum ist an Dienstagen kostenlos. Kaum hat die Gruppe das Museum betreten, heften sich zwei Wachen an die Fersen der Jugendlichen. – „Nicht mit den Fingern an die Bilder!“ Dass man im Museum flüstert, muss man den jungen Leuten aus der Favela nicht sagen. Schon bei den ersten Schritten in die große Halle hinein verstummt die Gruppe. Auf dem frisch gewienerten Granitfußboden spiegelt sich das Licht, die Schritte hallen durch einschüchternd weite Räume, es riecht nach Putzmittel. Der Unterschied zum Lärm und zur Enge der Favela könnte größer nicht sein. – „Ist das echtes Gold?" Alexandre begeistern vor allem die Bilderrahmen. „Es hat mich so berührt", erzählt Sybille, „wie die Kinder diese Kunstwerke aufgenommen haben. Es war eine Ausstellung zu Werken der europäischen Romantik. Clason stand vor einem Landschaftsbild, bestimmt zwei Meter hoch, ein fast lebensgroßer Wald mit Menschen darin. Das Bild war größer als er selbst, und er stand da und bekam den Mund nicht mehr zu. Die Mädchen standen vor einer Tänzerin von Degas und waren da gar nicht mehr wegzubekommen."

Einige Monate später macht Sybille sich zu einem Besuch in der staatlichen Schule auf, um sich nach den Erfolgen ihrer *Escolinha*-Schützlinge zu erkundigen. Eine Lehrerin kommt auf sie zu: „Was habt ihr eigentlich mit den Kindern gemacht? Claudineia war immer so verschlossen, ließ den Kopf hängen und hob nie den Blick, die erste Klasse hat sie dreimal wiederholt – und jetzt kann sie plötzlich lesen und beteiligt sich am Unterricht!"

Die Kunde von den pädagogischen Erfolgen in der Favela dringt immer mehr auch nach außen. An einem Nachmittag in den späten 80er Jahren führt Leda, eine ehemalige Mitarbeiterin der *Associação*, die heute im Umweltministerium von São Paulo arbeitet, den damaligen Bildungsminister Paulo Freire durch die Favela.

Der für seine „Pädagogik der Unterdrückten" berühmte brasilianische Pädagoge traut seinen Augen kaum. In der Schreinerwerkstatt wird gehämmert und gesägt, in den Kindergärten gezeichnet und gespielt, in der *Escolinha* Theater gespielt. Wie lichtvolle Fäden spannen diese Aktivitäten sich durch die schlammigen Wege der Favela Monte Azul. Unter dem Eindruck von Geigen- und Flötentönen, die ihm aus einer Hütte entgegenkommen, sagt er einen Satz, der Leda im Gedächtnis geblieben ist: „Einen Menschen zu erziehen heißt, ihn zu befähigen, Dinge in Beziehung zu setzen, die bislang anscheinend keine haben in dieser Welt. Dadurch bildet sich das Wesen des Menschen. Geige spielen zu lernen hilft bei der Verfeinerung der Seele, die der Mensch so nötig braucht, um die Welt zu entziffern."

Trotz der hingebungsvollen Arbeit so vieler Menschen gibt es Kinder und Jugendliche, die die Mitarbeiter der *Associação* nicht erreichen. Es gibt die Unrettbaren, die – so drückt Ute es aus – „wie an einem unsichtbaren Faden hinaus auf die Straße gezogen werden." Beto, Marquinho, Antônio, auch Dirceu ist eines von ihnen. „Diese Kinder brauchen eigentlich therapeutische Arbeit", ist sich Ute sicher. „Die gehen nicht an der Kreuzung betteln, weil ihnen Geld fehlt. Was ihnen fehlt ist Liebe, die Verbindung zur Mutter. Es gibt keinen Grund, nach Hause zu gehen, wenn da niemand ist; wenn die Mutter arbeiten muss, und der große Bruder einen schlägt."

Und es gibt die Jugendlichen, die auf die eine oder andere Art an Drogen geraten und in die damit verbundene Kriminalität abrutschen. Vielen scheint diese Art von „Arbeit" der einzige Weg, an Geld zu kommen, denn der Übergang von der Schule in den Beruf ist eine besonders große Herausforderung.

Einige wenige der Jugendlichen kann die *Associação* einstellen. Zu anderen geht der Kontakt verloren, und die ehemaligen Erzieher hören erst wieder von ihnen, wenn die Nachricht von ihrem Tod durch die Favela geht. Es sind viele Menschenleben, die ein zu frühes Ende finden. In Utes Tagebuch finden sich Einträge wie dieser: „Dieses Jahr starben: Terezinha, Jonas, Edilson, Luiz, Nestor und Chacrinha.“

Im Jahr 1986 beschließen die Mitarbeiter und freiwilligen Helfer der *Associação,* auf diese Situation noch gezielter zu reagieren. Sie eröffnen weitere Werkstätten: Zu Paulos Schreinerei kommen eine Webwerkstatt und eine Gärtnerei hinzu; im Laufe der Jahre auch eine Bäckerei, eine Nähstube und Informatikkurse. So will man den Jugendlichen ermöglichen, eine Ausbildung zu machen und Geld zu verdienen und sich doch weiterhin in einem geschützten Rahmen entwickeln zu können. Ute überlegt: „Das war und ist bis heute eine schwierige Sache – was können wir für diese Jugendlichen tun? Von der natürlichen Entwicklung her entspricht es einem Kind in diesem Alter nicht, sich so einseitig auf Geld auszurichten. Das ist die Lebensphase eines Menschen, wo er sich komplett der Welt öffnen muss, wo er die Möglichkeit braucht, sich auszudrücken, seine Fähigkeiten und Gaben zu entdecken. Und nicht, sich für eine Arbeit zu entscheiden, einfach weil sie Geld bringt. Andererseits haben wir es aber mit dieser Realität zu tun: Die Eltern verdienen wenig, die Kinder müssen mithelfen. Und in der Pubertät erwacht in den Jugendlichen ein Bewusstsein für ihre Situation als Favelabewohner. Sie möchten nicht als arm erkannt werden und achten sehr auf ihr Äußeres. Sie wollen Geld verdienen, und sich dann schöner anziehen, sich neue Schuhe kaufen oder Schmuck; sie wollen den Eltern dabei helfen, ein Haus kaufen zu können und auch selbst unabhängiger von den Eltern werden."

BAUEN

–

Die Kraft der Gemeinschaft

Die Zukunft, die wir wollen,
muss erfunden werden.
Sonst bekommen wir eine,
die wir nicht wollen.

Joseph Beuys

Januar 1979: Als der Laster mit dem Baumaterial vorfährt, wird er von 30 jubelnden Kindern begrüßt, die auf dem Bauplatz warten. Das Gelände haben die Männer aus der Favela an den vergangenen zwei Sonntagen bereits eingeebnet. Noch während der LKW zum Stehen kommt und seine Fracht sich geräuschvoll nach vorne schiebt, springen die größeren Jungen auf den Wagen, die Kleineren warten unten, und voller Stolz tragen sie die Ziegelsteine für das Fundament auf dem Kopf zur Baugrube. Die *Escolinha,* das Jugendzentrum, wird gebaut! Die Größeren tragen Balken, gute schwere Holzbohlen aus Paraná, die Ute von gespendetem Geld gekauft hat. Auch sie hat die Ärmel ihrer Batikbluse hochgekrempelt, bückt sich und schleppt Steine, bis ihr helles Gesicht unter der sengenden Sonne krebsrot wird. Rubens, der damals sieben Jahre alt ist und bei Ute wohnt, erinnert sich: „Das Bauen war toll!

Alles durften wir machen: Sand tragen, Holz herbeischleppen, Wände streichen. Wir waren oft 40 bis 50 Kinder, da war so ein Lastwagen voller Bretter ruckzuck leer. Allen hat das riesigen Spaß gemacht, niemand wollte etwas verpassen."

Bis das Gebäude, das seit 1979 die *Escolinha* beherbergt, gebaut werden kann, war es ein langer Weg. Geld und Platz sind von Natur aus zwei Dinge, die in der Favela fehlen. Ute hat endlich ein Gelände der Kommune organisieren können – aber womit nun bauen?

Nach monatelangem mühsamem Spendensammeln und Bittbriefe-Verfassen fand Ute völlig unverhofft Post von einem ihr unbekannten Absender in ihrem Briefkasten. Der Rechtsanwalt Dr. Luchterhand schrieb einen einzigen Satz: Ob sie eine Spende von 10.000 Mark gebrauchen könne? Darüber musste Ute nicht lange nachdenken – aber ja, schrieb sie zurück – um ein Sozialzentrum zu bauen! Das Geld kam wirklich, und die Beschenkte konnte Bauholz kaufen.

Erst zwei Jahre später sollte sie erfahren, wer der Wohltäter war: Der kleine Johannes Luchterhand aus München. Die Geschichte seiner großen Spende ist die eines schweren Schicksalsschlags: Familie Luchterhand wohnte neben einer Batteriefabrik. Eines Tages fand der kleine Junge im Garten eine alte Batterie und lutschte daran. Natronlauge verätzte ihm die Speiseröhre. Johannes war damals drei Jahre alt; in den kommenden Jahren musste er mehrfach operiert werden. Als er einige Jahre später von der Entschädigung erfuhr, die die Batteriefabrik seinen Eltern zahlen musste, formulierte er einen Wunsch: Das Geld sollte armen Kindern helfen. Johannes starb mit neun Jahren – aber er hatte in dieser kurzen Lebensspanne einer großen Sache mit auf den Weg geholfen.

„Ohne Johannes“, sagt Ute heute, „hätten wir diesen Schritt von einer privaten Initiative bei mir zu Hause zu einer Organisation nicht vollziehen können.“

Ein halbes Jahr und viele gemeinsame Bretterschleppaktionen und Arbeitseinsätze später ist der Bau der *Escolinha* in der Endphase. An einem Wochenende Anfang 1979 werden die letzten Arbeiten zu Ende gebracht. Viele tatkräftige Jungen und Männer aus der Favela packen mit an, auch ehemalige Schüler von Ute und deren Eltern sind dabei. Es wird gehämmert, geschliffen und gebohrt, und ein Zaun um das Grundstück gezogen. Der kleine Rubens streicht selig zum dritten Mal mit dem Pinsel über das rauhe Holz der Vorderwand, sein Gesicht dunkelgrün gesprenkelt von der Farbe, die die Firma Giroflex gespendet hat. Die Jüngsten wuseln aufgeregt zwischen den Arbeitenden hin und her. Niemand beklagt sich über die schwere Arbeit; alle sind glücklich und beschäftigt.

Für Ute, die an den Wochenenden ihre ohnehin spärlich gesäte Freizeit in solche Einsätze steckt, ist dieses gemeinschaftliche Arbeiten eine tiefe Befriedigung. „Das gemeinsame Schwitzen und Schuften und abends das gute Gefühl, zusammen etwas geschafft zu haben, das ist toll”, schreibt sie in ihr Tagebuch. „Das gibt einem ein Gefühl dafür, wie viel Kraft die Gruppe hat.“

Überlebensfrage Wasser

Vor der Wasserstelle hat sich eine Schlange gebildet. Die elfjährige Tonilda steht ganz hinten, barfuß im Schlamm, ihre kleine Schwester an der Hand. Den Plastikkanister der Familie hält sie fest an sich gepresst, der letzte ist in den Bach gefallen und davon geschwommen. Zur Quelle vorgerückt, füllt sie ihn an dem alten PVC-Rohr, aus dem das Frischwasser für die ganze Favela rinnt. Dann kraxelt sie den steilen Weg hinauf zur Hütte ihrer Familie, kippt die herbeigeschleppten fünf Liter in einen Bottich und schlittert wieder hinab zur Wasserstelle. Sie atmet durch den Mund beim Warten, dann ist der Gestank nicht so schlimm. Verschämt guckt sie an den Männern vorbei, die sich am Bach waschen. Müll und Flaschen liegen herum, eine Ratte huscht durch das Schilf davon.

Sauberes Trinkwasser bleibt bis 1986 eines der größten Probleme in der Favela Monte Azul. Die städtischen Leitungen versorgen nur Häuser auf legalem Boden und hören an der Straße oberhalb der Favela auf. Der Abwasserbach, der sich durch die Senke in der Favela schlängelt, nimmt all das auf, was aus den Sickergruben in und vor den Hütten den Hang hinunterläuft. Der Unrat wird in Richtung der einzigen Quelle geschwemmt, die die damals 3.000 Einwohner von Monte Azul und auch die umliegenden Slums versorgt. Woher das Wasser kommt, das am tiefsten Punkt der Favela sprudelt, weiß niemand so genau. Sicher ist, dass es eigentlich Trinkwasserqualität haben könnte, denn die Favela Monte Azul ist auf städtischem Wasserschutzgebiet entstanden. Was Ute und ihre Mitarbeiter jedoch mittlerweile wissen: Durch das aus den umliegenden Siedlungen in den Boden sickernde Abwasser ist das Quellwasser voll von Krankheitserregern und Parasiten, die für die vielen Darm- und Leberkrankheiten der Anwohner verantwortlich sind. Durchfälle, Darmentzündungen, Blutarmut – all das führt dazu, dass die meisten Erwachsenen, die hier leben, in ihrer Leistungsfähigkeit stark eingeschränkt sind, viele Kinder sind in ihrer Entwicklung so verzögert, dass es später kaum noch aufzuholen sein wird. Kleine Schnittwunden werden hier zu Geschwüren, Erkältungen zu Lungenentzündungen; den Kindern quellen die Würmer aus Darm und Mund. Ute sieht darum ihre Aufgabe in dieser Zeit auch darin, die Anwohner für diesen Zusammenhang zu sensibilisieren: „Verseuchtes Wasser, Barfußlaufen, fehlende Toiletten – das führt direkt zu schlechten Schulnoten, schlechter Berufsausbildung und dann schlechtbezahlter Arbeit. Das ist der Teufelskreis der Armut."

Slums weltweit

Jeder siebte Mensch auf unserem Planeten lebt heute in einem Slum, die meisten von ihnen in sogenannten Entwicklungsländern. Provisorische Gebäude, mangelnde Sicherheit, keine oder schlechte Trinkwasserversorgung und fehlende Kanalisation sind sichtbare Kennzeichen des Lebens im Slum. Zu viele Menschen leben auf oft sumpfigem, abschüssigem oder in anderer Weise gefährdetem Terrain. Slums liegen oft direkt an Autobahnen, Flughäfen oder Müllkippen – sie finden sich immer dort, wo Menschen, die die Wahl haben, nicht leben wollen.

Eng verknüpft mit der Bildung von Slums ist weltweit das Phänomen der Landflucht. Kleinbauern sind die ärmste Bevölkerungsgruppe der Erde. Es ist ein Exodus der Massen: Wer kein Auskommen mehr findet, wandert in der Hoffnung auf bezahlte Arbeit und ein besseres Leben in die Städte ab. Für die Arbeitsmigranten vom Land ist meist ein Slum die erste Anlaufstelle in der Stadt, denn nur hier finden sie bezahlbaren Wohnraum. Slumbewohner und Kleinbauern machen zusammen fast die Hälfte der Weltbevölkerung aus – drei Milliarden Menschen, von denen die meisten von ein bis zwei Dollar pro Tag leben. Slums sind die Städte der Zukunft; hier findet das eigentliche globale Bevölkerungswachstum statt.

Wer sich im Slum niederlässt, tauscht ländliche Armut gegen städtische. Arbeitslosigkeit und Ausgrenzung prägen den Alltag von Slumbewohnern. Krankheiten, die hier auftreten, sind oft auf verschmutztes Trinkwasser zurückzuführen: Typhus und Cholera sind häufig, auch Begleiterkrankungen von HIV und AIDS. Am stärksten betroffen von all diesen Schwierigkeiten sind Frauen und Kinder. Die Weltbank sah bereits in den 90er Jahren in der massiven Ausweitung von Slums ein globales Sicherheitsrisiko und prophezeite, dass städtische Armut sich zum „politisch explosivsten Problem des kommenden Jahrhunderts" entwickeln würde.

Die Vereinten Nationen haben es sich in ihrer Millenniumserklärung zum Ziel gemacht, bis zum Jahr 2020 die Lebensbedingungen von Slumbewohnern weltweit zu verbessern. Über die nötigen Mittel verfügt die Menschheit durchaus – Kofi Annan, ehemaliger Generalsekretär der Vereinten Nationen, machte in seinem Vorwort zum UN Habitat-Bericht 2003, „The Challenge of Slums", „Apathie und mangelnden politischen Willen" dafür verantwortlich, dass sich an der Lage der meisten Slumbewohner der Welt bisher wenig geändert hat.

An einem Samstagvormittag im Januar 1979 läuft Ute durch die verwinkelten Gassen der Favela Monte Azul. Nur wer sich gut auskennt, findet sich hier zurecht. Trotz Enge und Schlamm bewegt Ute sich leichtfüßig zwischen den Hütten. Sie wirkt jünger als ihre bald 41 Jahre; ihre flinken Bewegungen lassen nicht erkennen, dass sie in dieser Zeit oft zu Tode erschöpft ist. Immer wieder machen ihr Migräneattacken zu schaffen und bremsen sie in ihrem Tatendrang. An diesem Morgen ist sie unterwegs zur Familie von Heral. Der Achtjährige geht in Utes *Escolinha*-Gruppe, und ist schon seit Tagen nicht mehr aufgetaucht.

Apathisch und blass liegt der Kleine in der Ecke, auf einen Teppich gebettet. „Immer ist das Würmchen krank“, seufzt seine Mutter. „Ich müsste zum Arzt gehen können mit ihm.“ Ute erklärt der geknickten Rosa, dass sie etwas dafür tun kann, dass Heral weniger häufig krank wird: Unbedingt das Wasser vor dem Trinken abkochen, da es voller Würmer und Krankheitserreger ist. Viele Kinder sterben in dieser Zeit noch an so banalen Krankheiten wie Durchfall. Damals wie heute ist Brasilien ein Land, in dem alle Errungenschaften der modernen Medizin zu haben sind – für die, die es sich leisten können. Eine öffentliche und kostenlose Krankenversorgung für die finanzschwache Masse der Bevölkerung gibt es zwar, sie ist jedoch ebenso schlecht wie unerreichbar. Wer es schafft, sich morgens um drei Uhr in einer der Schlangen vor den öffentlichen Krankenhäusern der Stadt anzustellen, der kann damit rechnen, dass er am gleichen Tag behandelt wird. Mit hoher Wahrscheinlichkeit im Stehen und bei offener Tür. Wer dafür bezahlen kann, dem stellt ein privates System medizinische Möglichkeiten von hoher Qualität zur Verfügung. Schon seit geraumer Zeit trägt Ute daher die Idee zu einer eigenen Krankenstation für Monte Azul mit sich herum. Aber wie soll sie an Baumaterial kommen? Während Ute mit Rosa vor der Hütte sitzt und *cafézinho* trinkt, lässt sie ihren Blick über den Horizont wandern und bleibt an einem riesenhaften Plakat hängen, das für die Autofahrer auf der Stadtautobahn oberhalb der Favela gedacht ist: Der Schriftzug *Natal de rico é assim* – „So sieht Weihnachten bei reichen Leuten aus" – prangt über einem gigantischen rosaroten Schinken, an den sich eine enorme, offensichtlich gut gekühlte Champagnerflasche lehnt.

Einen *batepapo* („Plausch") später setzt Ute ihre Runde durch die Favela fort. Der zehnjährige Nelson sitzt vor der Hütte seiner Familie und sieht sie kommen. „Dona Ute!", ruft er fröhlich, blitzschnell ist er bei ihr und drückt ihre Hand. Hinter ihm tritt seine Mutter vor die Hütte, um Ute zu begrüßen. An manchen Tagen sind es 20 bis 30 Frauen und Kinder, die um Ute herumwuseln, wenn sie ihre Gänge in die Favela macht, sich an sie drücken und ein paar Worte mit ihr wechseln wollen. In solchen Momenten wirkt sie mit ihrem in der Sonne leuchtenden blonden Schopf und dem langen, im Sommerwind wehenden Batistrock wie eine Lichtgestalt. „Das war wirklich manchmal ein absurdes Bild", erinnert sich Nelson heute – „diese Traube an Menschen um sie herum." Er war eines der ersten Kinder, die in den 70er Jahren zum Spielen zu Ute kamen. Später ging er in die *Escolinha* und arbeitete dann in der Schreinerei von Monte Azul. Nelson ist heute Masseur und hat drei Kinder. Und er hat sich entschieden, in der Favela Monte Azul wohnen zu bleiben.

Nicht allen Menschen in Monte Azul ist von Anfang an klar, worum es Ute geht, wenn sie in der Favela unterwegs ist. „Ich dachte zuerst, dass ihr das Gelände gehört“, erzählt Tereza, Nelsons Mutter. „Sie lief immer unten in der Favela rum, alle nannten sie ‚Dona Ute‘, und ich dachte: Oh je, sicher ist das die Besitzerin. Das heißt nichts Gutes, wenn die hier herumläuft. Bestimmt müssen wir bald alle hier weg.“

Gemeinsam an die Arbeit

Seit Tagen regnet es ununterbrochen. Hildas Hütte ist zusammengebrochen. Die geretteten Habseligkeiten, in aller Eile in Plastiktüten gestopft, hat sie in einem Haufen um sich herumgruppiert, mit dem sie Körperkontakt hält. Wenigstens etwas muss bleiben, wenn alles verloren ist. Ihr Blick wandert über die Senke, in der die Favela liegt, und bleibt an der Stelle hängen, wo bis zum Vormittag noch ihre Hütte stand. Der Baum, der die Hinterwand der Hütte stützte, ist vom Sturm umgerissen worden und hat Hildas Zuhause unter sich begraben. Glücklicherweise waren die Kinder im Kindergarten, am oberen Rand der Favela, trocken und in Sicherheit. Unten im Tal ist der Abwasserbach über die Ufer getreten, die Kloake steht nun hüfthoch und dringt in die Bretterhütten. Juracy, deren Hütte ganz unten im Tal steht, hat das Wasserschöpfen aufgegeben: Töpfe und Teller treiben auf dem Wasser durch den Raum, mit einem Stock schiebt sie eine tote Ratte aus der Tür ihrer Hütte. Ihre Familie schläft seit Tagen in einer nahegelegenen Kirche; der Gestank verfolgt sie bis in den Traum.

Als der Regen nach Tagen endlich nachlässt, sieht es nicht nur in der Favela schaurig aus. Die damals noch unbebaute Senke unterhalb der Favela, wo seit dem Jahr 2002 der Verkehrsknotenpunkt Terminal João Dias liegt, hat sich in eine vor Nässe triefende Müllkippe verwandelt: Der Abwasserbach hat alles angespült, was ihm von den Hängen und aus den Hütten entgegenkam: Flaschen und Plastiktüten, aufgequollene Sofas und Matratzen, einen aufgedunsenen toten Hund, einen Fernseher, einen Kühlschrank, Töpfe, Plastikflaschen.

Die Idee, die Aufräumarbeiten gemeinsam anzugehen, kommt von Ute. Als der Regen endlich nachlässt, stapft sie mit einer schnell gegriffenen Plastiktüte über dem Kopf durch die Favela um nachzusehen, wie die Anwohner das Unwetter überstanden haben. Ihr Entsetzen über den Zustand des Ortes lässt sie sich nicht anmerken. Aber sie weiß: Hier muss etwas passieren, und zwar schnell. „Nächsten Samstag räumen wir hier auf, macht alle mit!“, ruft sie, und reckt den Kopf durch Hüttenfenster und -türen. „Um neun Uhr geht es los.“ Ute greift damit einen Brauch auf, der den Leuten vertraut ist. Der *mutirão* ist eine brasilianische Tradition vom Land: Bei großen Arbeiten, egal ob Bauarbeiten oder Ernte, packen alle mit an, und im Anschluss wird gemeinsam gegessen, gefeiert und getanzt.

Die Männer, die mit anfassen sollen, muss Ute oft persönlich in der Bar abholen. „Das ist ja nicht so, wie die Leute in Deutschland sich das damals vorgestellt haben“, stellt sie klar, „also da sind diese Armen, und dann kommt ein Sozialarbeiter, und der spricht dann so ganz bewusstseinsbildend mit denen, und wie ein Funke geht plötzlich das Bewusstsein auf, und dann sind alle solidarisch miteinander. Nee, das ist eine Illusion.“ Aber wie geht es denn dann? „Ich hab damals oft auf schwache Frau gemacht“, erzählt Ute, und der Schalk huscht ihr übers Gesicht. Das dichte blonde Haar und ihre schmale Taille standen ihr dabei sicher nicht im Weg. „Ich bin zu schwach dafür, könnt ihr nicht helfen kommen?" Es ist nicht nur Utes angenehme Präsenz, die ihr das Vertrauen der Menschen einspielt. Sie weiß die Leute, die sie im Boot haben will, dort abzuholen, wo sie sind. Erst im Rückblick wird ihr bewusst, in welchem Ausmaß der Kontakt mit den Kindern und Frauen ihr den Weg zu den Männern gebahnt hat, die traditionell Frauen nicht viel zutrauen. Auch die Männer finden: Eine Frau, die sich um ihre Kinder kümmert, kann so ganz verkehrte Ideen nicht haben.

Eine Krankenstation für die Favela

Im Frühjahr 1979 bekommt Ute Besuch von Peter Schmidt, dem befreundeten Fabrikbesitzer, der seit nun schon seit zwei Jahren Cidos Gehalt für die Arbeit mit den Kindern zahlt. Er hat von ihrem Vorhaben gehört, eine Krankenstation zu bauen. Peter Schmidt bietet ihr an, den ersten Raum des geplanten *Ambulatório* von seinen Angestellten bauen zu lassen, damit die Arbeit schneller vorangeht. Den Rest könnten ja dann die Favelabewohner bauen. Ein verlockendes Angebot – doch Ute lehnt ab: „Das Ambulatorium soll ein Versuch sein, die Menschen zu mobilisieren", schreibt sie in ihrem Tagebuch. „Ich stelle ihnen das Material zur Verfügung, die Arbeit sollen sie selber leisten. Mag ja sein, dass sie trinken und im Laufe ihres Lebens grob und ungeschlacht geworden sind – ich respektiere sie trotzdem als das, was ihr Menschsein, ihren innersten Kern ausmacht. Deswegen möchte ich ihnen helfen, sich selbst zu helfen. So wahren sie ihre Würde."

Bald darauf geht Ute wieder einmal morgens durch die Favela, um Anwohner zur Bauaktion zusammenzutrommeln.

Bereits um acht Uhr früh ist es brüllend heiß; die Kleider kleben ihr am Leib. Der lang gehegte Plan soll heute angegangen werden. Der Boden für das geplante *Ambulatório* ist schon geebnet, der Entwurf für das Gebäude fertig, das Material liegt bereit: alte Holzcontainer, von der Firma Volkswagen gespendet, die zu brauchbaren Brettern zerlegt werden müssen. Doch Arnaldo, Bauleiter in spe, ist nicht zu Hause anzutreffen. Nach einigem Herumstehen und Warten leiht Ute sich einen Hammer und ein Brecheisen und macht sich alleine auf den Weg zur Baustelle. Entschlossenheit steht in ihrem Gesicht, als sie beginnt, rostige Nägel aus gebrauchten Holzteilen zu ziehen. Drei Stunden später erscheint Arnaldo, einen Freund im Schlepptau, und die beiden beginnen ihr Maurergeschäft: Mörtel anrühren, Ziegelsteine setzen. Die Richtschnur fehlt, Arnoldo macht sich auf, sie zu holen – und kommt nicht wieder zurück. Die anderen warten auf ihren Vorarbeiter und seine Anweisungen. Sie sitzen herum und rauchen, was soll man auch tun, *fazer o quê?* Einigen wird es schließlich zu dumm, und sie verschwinden wortlos. In der Zwischenzeit ist es Ute gelungen, ein paar Jungen aus der Favela zu motivieren: Mit einer Schubkarre schaffen sie alte Ziegelsteine vom Grundstück der *Escolinha* den Hang hinunter. Als der Karren gerade krachend unter seiner Last zusammenbricht, erscheint Arnoldo wieder auf der Bildfläche: Er ist sichtlich angeheitert, hat aber die Richtschnur in der Hand und dazu einen Strauß riesiger grüner Blätter, für das Abendessen. Es sind *Taioba*-Blätter, wegen ihres hohen Eiweißgehalts auch „das Fleisch des armen Mannes“ genannt. Wer hart arbeitet, muss schließlich auch ordentlich essen.

Am Endes dieses Tages notiert Ute in ihr Tagebuch: „Die Praxis und Verfolgung meiner Auffassung, die menschliche

Würde der Hilfsbedürftigen zu wahren, ist oft recht anstrengend."

Das *Ambulatório* wird fertig, allen Widrigkeiten zum Trotz. In den ersten beiden Augustwochen 1979 werden Fensterscheiben eingesetzt, Fußbodenbretter genagelt, Türen gestrichen und eingehängt. Zéca und die anderen Männer tragen Schränke, Stühle und Krankenbetten aus der *Escolinha* herbei; Inez wachst die rauen Bretter des Fußbodens ein. Sie ist 35 Jahre alt, hat fünf Kinder und keinen einzigen Zahn mehr im Mund – Organisationstalent hat sie jedoch zur Genüge: Dank ihr weiß jeder genau, was er zu tun hat, und keiner steht herum. Die Kinder schwingen Kehrbesen, schleppen Wassereimer herbei, wischen und schrubben. Als dann auch noch die aus alten Bettlaken selbstgenähten Gardinen an den Fenstern hängen, platzen alle Helfer fast vor Stolz.

Der Aufbruch in Monte Azul spricht sich herum. An einem Sonntagvormittag im August bietet sich den Anwohnern ein ungewohnter Anblick: Herren in Nadelstreifen und gebohnerten Schuhen laufen durch die Favela. Ute hat sie zur feierlichen Eröffnung des *Ambulatório* eingeladen und gibt dem hohen Besuch zuvor eine Führung durch die Favela. Bereits damals ist São Paulo der größte deutsche Industriestandort außerhalb Deutschlands. Die deutschen Industriellen der Nachkriegsgeneration interessieren sich für Utes Art der Sozialarbeit: Der Präsident von Volkswagen do Brasil ist dabei, der Vorsitzende der BASF Brasilien und die für Monte Azul zuständige Bezirksverwaltung. Lehrer und Eltern der Waldorfschule, Ärzte aus der Clinica Tobias sind gekommen – noch nie haben so viele gepflegte Autos vor der *Escolinha* geparkt. Ute führt die Herren und Damen durch die Favela. Mit schwingendem Rock und wippendem Pferdeschwanz geht sie voran, die Gesundheitssandalen an den Füßen tun ihrer würdevollen Leichtigkeit keinen Abbruch. Sie ist hochzufrieden damit, dass solch prominenter Besuch in die Favela kommt. Dem kleinen Nelson bleibt der Mund offen stehen, als die vornehm gekleidete Prozession an der Hütte seiner Familie vorüberzieht: Solche Menschen kennt er nur aus dem Fernsehen. Auch die Besucher fremdeln zunächst. „Zuerst war mir das schon ein wenig unheimlich", erinnert sich Henner Ehringhaus, damaliger Vorstand der BASF Brasil. „Favela war für mich gleichbedeutend mit Mord und Totschlag." Er ist von Utes Arbeit so beeindruckt, dass er es später einfädelt, sie bei der BASF auf die Gehaltsliste zu setzen und ihr so über Jahrzehnte hinweg ein Mindestgehalt inklusive Sozialversicherung zuzuschustern. „Das war essenziell", erzählt Ute, „so konnte ich mich wirklich der Arbeit in Monte Azul widmen." Bis zu ihrer „Pensionierung" mit 65 wird Ute jedes Jahr im Dezember bei der BASF auftauchen, um ihren Gehaltszettel und ein Weihnachtsgeschenk abzuholen. Amüsiert erzählt sie: „Die Mitarbeiter haben mich immer mit den Worten ‚*está chegando nosso fantasma*' – ‚Da kommt ja unser Phantom' begrüßt."

Die feierliche Einweihung des *Ambulatório* wird vom Luther King Chor aus dem angrenzenden Stadtteil eröffnet. Auch die meisten Chormitglieder setzen an diesem Tag zum ersten Mal einen Fuß in die Favela. Dr. Michael Blaich, frisch gebackener Arzt und Utes Nachbar, hält eine Rede. Der 28-Jährige hat zugesagt, als freiwilliger Arzt im neuen „Ambu" zu arbeiten. Bis heute ist er die tragende Säule des *Ambulatório*, das sich über die Jahrzehnte zu einem ausdifferenzierten anthroposophischen Therapiezentrum entwickelt hat, dessen guter Ruf auch Patienten weit über die Favela hinaus anlockt.

Tereza steht in der Menge, ihre Tochter Sandra an der Hand. Eine Träne rollt ihr über die Wange, während sie das Festgeschehen verfolgt. Dass es von nun an hier in Monte Azul einen Arzt für ihre fünf Kinder geben soll, kann sie kaum fassen. Nicht nur ihr stehen Stolz und Freude ins Gesicht geschrieben.

Jedem, der am Bau mitgewirkt hat, wird feierlich eine Urkunde überreicht. Cido und die *Escolinha*-Kinder führen ein selbstgeschriebenes Theaterstück auf: Der misshandelte Sklave. Nachdem der begeisterte Applaus verklungen ist, ergreift Ute noch einmal das Wort: „Jetzt haben wir eine Krankenstation, das ist ein großer und wichtiger Schritt. Ihr habt sie selbst gebaut! Aber wie geht es jetzt weiter? Das *Ambu* muss ja sauber gehalten werden – wer übernimmt das Putzen?" Energische Handbewegungen unterstreichen den Appell. Tereza und ihre Nachbarin Julia melden sich freiwillig und haben auch gleich eine Idee. An Weihnachten, könnte man da nicht eine Krippe aufstellen?

„Bewusstsein bilden sehe ich so", schreibt Ute am Abend in ihr Tagebuch: „Es macht Spaß, es ist unser *Ambulatório*, wir verschönern es! Das ist kein großer sichtbarer Erfolg, aber was in den Menschen in diesem Augenblick vorgeht, das ist wichtig."

Für Ute ist ein Entwicklungshelfer eine Art Katalysator. „Er sollte nichts tun, was der andere auch selbst tun könnte. Sondern zur Hälfte entgegenkommen, und die andere Hälfte stimulieren. Man darf die Menschen nicht zu Objekten machen, sie müssen ihr Schicksal selbst in die Hand nehmen können."

Das Schlagwort „Partizipation" ist heute in aller Munde – in den 70er und 80er Jahren schwimmt Ute mit dieser Auffassung noch gegen den Strom. Die klassische Entwicklungshilfe hat über Jahrzehnte hinweg die Tradition verfolgt, „Bedürftige" mit Schulen, Krankenhäusern, Sozialzentren und Brunnen zu versorgen, oft ohne die sozialen Zusammenhänge vor Ort zu kennen. Diese *elefantes brancos* („weiße Elefanten"), wie die Brasilianer solche Gebäude nennen, mit denen die Bevölkerung oft nichts anzufangen weiß, verwahrlosen meist und verfallen in den tropischen Temperaturen nicht selten innerhalb weniger Monate.

Ute kennt die Blüten, die solche Entwicklungshilfe treiben kann, aus ihrer Erfahrung als Abgesandte des Deutschen Entwicklungsdienstes in den 60er Jahren. „Das war schon irgendwie absurd", erinnert sie sich an ihre Zeit im Slumsanierungsprojekt in Londrina. „Wir als Entwicklungshelfer wurden da zum Häuserbauen hingeschickt. Aber Häuser bauen können die Leute ja selbst! Unsere Jungs mussten sich erstmal beibringen lassen, wie man ein brasilianisches Haus baut. Und dafür wurden sie vom deutschen Staat bezahlt."

Eine Favela ist immer auch eine Art sozialer Transitbahnhof. Wer sich hier niederlässt, tut das selten freiwillig, und immer in der Hoffnung, so bald wie möglich weiterzuziehen. Man will schnell Geld verdienen, ein *futurinho,* eine kleine Zukunft machen, und dann möglichst bald in einer besseren Gegend richtig ankommen. „Ich fand es schrecklich, in die Favela zu ziehen", erzählt Lindalva, eine langjährige Mitarbeiterin von Monte Azul, die 1984 mit ihrem Mann und ihrer Familie aus Paraíba im Nordosten Brasiliens nach Monte Azul zog. „Wir kamen vom Land, ich hatte noch nie so viele Leute auf einem Haufen gesehen. Als ich all diese Bretterbuden sah, so dicht aufeinander, fragte ich meinen Mann: ‚So viele Hühnerställe?' Es dauerte einen Moment bis ich verstand, dass da Menschen drin wohnten. ‚In der Favela, das sind alles Diebe und Mörder', hatte man mir erzählt. Mir war klar: Hier müssen wir wieder raus, sobald wie möglich. Am Anfang habe ich mit niemandem gesprochen, solche Angst hatte ich vor den anderen."

Aufbruch

Das *Ambu* platzt aus allen Nähten. Die herbeigetragenen Stühle sind doppelt besetzt, Nilza und Tereza quetschen sich auf einen Sack Bohnen; Edson sitzt auf dem Boden, und selbst vor Tür und Fenstern drängeln sich die Bewohner. Man versteht sein eigenes Wort nicht mehr. „*Silêncio*", „Ruhe!" Zéca, mittlerweile Krankenpfleger, versucht sich Gehör zu verschaffen. Frenetisch trommelt er mit einem Löffel auf den Dampfdrucktopf, in dem er tagsüber Instrumente sterilisiert. Die Gespräche verstummen, und die Krankenschwester Marisa ergreift schnell die Gelegenheit, von den Verhandlungen mit der Stromgesellschaft zu erzählen. Nach dem großen Marsch der Favelabewohner zum Bürogelände der britischen „Light" gab es in der vergangenen Woche eine Gesprächsrunde zwischen einigen ausgewählten Anwohnern und Vertretern des Konzerns. Strom hat in der Favela bislang nur, wer ihn sich illegal von der Leitung an der Straße abzapft. Nun stehen die Zeichen gut: Die Stadt hat eingewilligt, die Favela Monte Azul ans Stromnetz anzuschließen. Damit ist Monte Azul seit 1981 eine der ersten Favelas in São Paulo, in denen nachts legal das Licht brennt. Auf Wasser aus dem Hahn müssen die Anwohner ein paar Jahre länger warten. Der Kampf um den Anschluss an das städtische Wassernetz wird im Jahr 1986 Früchte tragen.

Favelas in Brasilien und São Paulo

Eine Favela ist ein brasilianischer Slum. Die ersten Favelas in Brasilien entstanden in Rio de Janeiro, wo nach der Abschaffung der Sklaverei im Jahr 1888 die frisch Befreiten auf der Suche nach Wohnraum die noch freien Flecken der Stadt besiedelten – meist an den Hängen steiler Hügel. In São Paulo beginnt die Geschichte der Favelas in den 1940er Jahren. Migranten aus dem Landesinneren und dem Nordosten siedeln sich hier vor allem in der Peripherie der Stadt an; sie bauen sich provisorische Hütten und Häuser aus allem, was sie auftreiben können. Ein Heer an ungelernten Arbeitern pendelt jeden Tag weite Strecken ins Zentrum der Stadt, um auf dem Bau und in den Häusern wohlhabender Familien zu arbeiten. Mit jeder Dürreperiode schwappt eine neue Welle von Hungerflüchtlingen in die sich rasant ausdehnende Stadt – in den 1970er Jahren kommen jeden Tag um die 1.000 Menschen in São Paulo an. Es bilden sich vom Staat vergessene Communities, die sich schon bald ihre eigenen Gesetze geben.

Die boomende Megacity ist auf die billigen Arbeitskräfte angewiesen, auf ihre Versorgung vorbereitet ist sie jedoch nicht. Schulen und Krankenversorgung fehlen in der Peripherie, ebenso wie Trinkwasserversorgung und Stromanschluss. Der erste Stadtbebauungsplan von São Paulo im Jahr 1971 ignoriert das Problem der Peripherie vollständig. In den späten 70er Jahren erst entdeckt die Politik das Thema „Favela" – vor allem jedoch als Mittel des Stimmenfangs. Einander widersprechende Konzepte stehen und fallen fortan mit jedem Regierungswechsel.

Heute hat man sich darauf geeinigt, Favelas zu regulieren und zu urbanisieren, statt sie abzureißen. 115 der derzeit 1.600 Favelas in São Paulo sind mittlerweile „urbanisiert", also an die städtische Infrastruktur angeschlossen. Die größte von ihnen ist die Favela Heliópolis mitten in Morumbi, dem reichsten Viertel der Stadt, mit 100.000 Einwohnern. Noch im Jahr 2010 lebt fast ein Drittel der brasilianischen Bevölkerung in Favelas.

Die 80er Jahre sind die Zeit der *movimentos populares*, der Bürgerbewegungen. Die Militärdiktatur reagiert auf den Druck der demonstrierenden Massen und lockert ihren eisernen Griff. Die Industrie boomt – der wirtschaftliche Aufschwung geht jedoch ein weiteres Mal an den kleinen Leuten vorbei. Brasilien ist in den 80er Jahren das höchstverschuldete Entwicklungsland der Welt und leistet den Forderungen der Weltbank Folge: Ohne Rücksicht auf Verluste wird flexibilisiert und finanziell dereguliert. Die Armut steigt; wer in den Konjunkturflauten oder durch Krankheit oder Unfall arbeitslos wird, fällt oft ins Bodenlose. In diesen Jahren wuchern in São Paulo die Favelas in rasantem Tempo die noch unbebauten Flecken der Stadt zu. In Monte Azul wie anderswo sitzen die arbeitslosen Männer tagsüber in den Kneipen, und die Frauen wissen oft nicht, wie sie ihre Kinder satt bekommen sollen.

Im Jahr 1985 ruft die *Associação* die *frente de trabalho* ins Leben, eine „Arbeitsfront". Die Idee: In der Favela gibt es genauso viel zu tun, wie es Arbeitslose gibt. Die Trampelpfade aus Lehm, die bei jedem Regen unbegehbar werden, wollen gepflastert werden. Brücken über den Abwasserbach werden gebraucht, damit man nicht immer lange Umwege laufen muss; Stützmauern sind nötig, damit bei Regen nicht mehr so viel Erdreich abstürzen und Hütten und Menschen unter sich begraben kann. Mit vollem Magen baut es sich besser, und so bietet die *Associação* im Tausch gegen die Arbeit einen Korb voller Lebensmittel.

Ute ist für die Bauarbeiten verantwortlich. Die Arbeiter geht sie dort auflesen, wo sie gerade sind: meistens in der Bar. „*Vamos fazer mutirão!*" – „Los, lasst uns einen Arbeitseinsatz machen!" – „Oft kam dann, *ah, daqui a pouco*'", erinnert sich Ute, „ja, gleich!" Aber oft kamen die Leute eben doch mit – einfach, weil ihnen das Spaß gemacht hat." Wo persönliche Ansprache nicht wirkt, hilft manches Mal auch die Technik weiter:

„*Bom dia!*" Nelson zieht sich die Decke über den Kopf und dreht sich ächzend auf die andere Seite. Es ist doch Sonntag! Aber es hilft nichts: Die aufreizend fröhliche Neun-Uhr-Guten-Morgen-Ansage schallt direkt auf die Hütte seiner Familie. Sie kommt aus den neben der Bäckerei aufgebauten Lautsprechern, und die Holzwände, die ihn von dem motivierenden Lärmpegel trennen, sind dünn. „Auf, Leute, an die Arbeit, kommt zum *mutirão!* Heute zementieren wir die Gasse in Sektor A!" Ein paar launige Samba-Takte später folgt die Information: „Nach dem Regen gestern wurde ein roter Schuh gefunden, noch gut in Schuss! Wer ihn vermisst, kann ihn sich in der Bäckerei abholen! Und Leute, heute Abend wird gefeiert!“ Nelson gibt auf, der Lautsprecher hat gewonnen. Heute wird Zement gerührt.

Nicht nur die Männer packen zu. Besonders die Frauen und Kinder sind voller Eifer dabei. Sie schleppen Erde in alten Konserven, verbeulten Eimern und Plastikwannen herbei. Kinder wuchten ihre viertelvollen Eimer zehn-, zwanzig-, dreißigmal die Treppen herauf und hinunter. Die schwangere Rosa schleppt Steine, bis sie von den anderen Frauen schließlich nach Hause geschickt wird. Noch Tage später präsentieren alle einander stolz ihre blauen Flecken auf den Schulterknochen. Salete, Mitarbeiterin von Monte Azul, schreibt für einen Jahresbericht der *Associação:* „Sogar die kleinen Kinder arbeiteten mit und leuchteten dabei vor Zärtlichkeit und offenem Herzen; sie ahmten die Eltern oder die Tante nach. Die Begeisterung war ansteckend, die Lust etwas zu tun: zu helfen, Holz zu sägen oder Nägel einzuschlagen. Die Mütter trafen sich in einem Raum, um Puppen zu machen. Von all diesen Gruppen ging Freude aus; es war herrlich zu arbeiten und dabei zu reden und zu lachen, von der Vergangenheit zu erzählen, von der Gegenwart und der Zukunft zu sprechen. Es wurde Gras geschnitten, und niemand stand mit verschränkten Armen herum. Als die Sonne unterging, war alles geschafft. Alle waren müde, verdreckt und staubig, aber glücklich. Und es war noch Kraft übrig für Grillfleisch und Tanz, *churrasco* und *forró!*“

Den *forró,* einen brasilianischen Paartanz, entdeckt auch Ute zu dieser Zeit. Mitte der 80er Jahre sind einige „ihrer“ vielen Kinder bereits flügge geworden; sie hat wieder mehr

Freiräume und einiges nachzuholen. Nach dem Politisieren und Mobilisieren wird gefeiert, und Ute genießt das Ausgelassensein mit den ihr so lieben Menschen in vollen Zügen. Wenn die Bewohner von Monte Azul heute über Ute sprechen, dann kommt fast jeder irgendwann auch darauf zu sprechen, wie gern Ute tanzt – und wie gut. Die beschwingte, fast stürmische Musik der Migranten aus dem Nordosten fährt ihr in Bauch und Beine, sie lässt die deutsche Zurückhaltung fahren und springt zur Band mit auf die Bühne, um mit der Triangel den treibenden Rhythmus mit anzufachen. „An nichts denken, einfach nur sich der Musik hingeben und leben", schwärmt sie ihrem Tagebuch vor, „einfach in Freude schwimmen, ohne nachdenken zu müssen. Der letzte Bus vom Jardim Mitsutanti war schon weg, und wir mussten den ganzen Weg zurück nach Hause laufen – aber egal!"

Steter Tropfen höhlt den Stein

Wer in dieser Zeit durch die Favela läuft, hört es klopfen und hämmern und sägen. In die brasilianische Geschichtsschreibung sind die 80er Jahre als *década perdida* eingegangen, als „verlorenes Jahrzehnt". In Monte Azul aber herrscht Aufbruchstimmung. Ab 1982 unternimmt Ute diverse Vortragsreisen nach Deutschland, auf denen sie auch ihr Buch „Favelakinder" verkauft und über 20.000 Mark für Monte Azul einnimmt. Sie etabliert Patenschaften für Kinder und baut einen stabilen deutschen Spenderkreis auf, den ihre Mutter viele Jahre lang verwalten wird. Sie reist allein, die Route hat ihr ein ehemaliger Freund von Deutschland aus organisiert. Ihr einziges Gepäckstück ist eine kleine Ledertasche mit

Wechselwäsche und den Dias für die Vorträge. Vor großem Publikum zu sprechen ist für Ute eine echte Qual. „Heute bin ich das gewohnt und es ist nicht mehr so schlimm", erzählt sie, „aber damals war ich wirklich von Kopf bis Fuß starr, so furchtbar war das für mich." Die selbst ernannte Entwicklungshelferin hält ihre Vorträge in Waldorfschulen, Kulturzentren, auf Kongressen und in Altersheimen – überall, wo man sie hören will. Tagsüber fährt sie Zug; nach getaner Arbeit übernachtet sie bei Leuten, die sie einladen. Vor bis zu 700 Zuhörern hält sie 77 mal den gleichen Vortrag. – „Da fallen mir heute noch manchmal Teile von ein." Ute, in ihrem rostbraunen Indienkleid, steht vorne und erzählt: von den Menschen in der Favela Monte Azul, diesem Herzensanliegen, das ihr Leben geworden ist. So viel es sie auch kostet, sich zu diesen Massenveranstaltungen zu überwinden: Sie berührt die Menschen, die ihr zuhören.

Und sie gewinnt Routine im Umgang mit Skeptikern. „Es kam immer wieder dieser Satz aus dem Publikum: ‚Ist das denn nicht ein Tropfen auf den heißen Stein?'", äfft Ute, noch heute genervt, nach. „Irgendwann hatte ich dann die passende Antwort parat: ‚Steter Tropfen höhlt den Stein!'"

Ute Craemers Reisen bringen nicht nur Geld, sondern auch Menschen nach Monte Azul. Inspiriert durch Utes Vorträge oder ihre inzwischen veröffentlichten Tagebücher kommen seit den 80er Jahren jedes Jahr mehr Freiwillige nach Monte Azul, – ein Strom, der bis heute nicht abgebrochen ist. Ute persönlich zahlt für diese Strapazen einen hohen Preis. Als sie 1982 von einer ihrer Vortragsreisen zurück nach Monte Azul kommt, ist sie so erschöpft, dass sie für ein paar Wochen in der Clínica Tobias wieder aufgepäppelt werden muss.

Die Mühe ist nicht umsonst – für Monte Azul tragen Utes Anstrengungen reiche Früchte. Der Erfolg ihrer Vortragsreisen geht eine günstige Allianz mit dem Wechselkurs ein. Das macht es möglich, große Projekte in Angriff zu nehmen und Weichen für die weitere Entwicklung von Monte Azul zu stellen: Dass Paulo Ignacio, der im Jahr 1978 zur Arbeit dazugestoßen ist, die provisorische Tischlerwerkstatt zu einer professionellen Schreinerei ausbauen kann, in der er Jugendliche ausbildet, ist den Einnahmen dieser Vortragsreisen zu verdanken. Auch die ersten Kindergärten unter der Leitung von Renate Keller Ignacio sprießen dank dieser Gelder. „Das waren die fetten Jahre", sagt Ute heute. „Die *Associação* ist damals wahnsinnig gewachsen. Plötzlich konnten wir Gehälter bezahlen, Mittagessen und Schulmaterial kaufen." Es entsteht ein selbstverwalteter Sozialfonds, bei dem Bewohner, die in Not geraten sind, sich Geld leihen können. Die Mittel für diesen Fonds werden in einem kleinen Laden erwirtschaftet, der gespendete Kleider aus Deutschland weiterverkauft. Geld wirft auch das Mülltrennungsprojekt ab, das die *Associação* 1989 in Kooperation mit der Stadt unternimmt – das erste dieser Art in São Paulo.

Nach und nach beginnen die Anwohner, an eine Zukunft in der Favela zu glauben. Wer immer es sich leisten kann, bessert seine Behausung auf, und die ersten Bewohner beginnen damit, ihre Hütten nach und nach in Steinhäuschen zu verwandeln. Heute steht in Monte Azul nur noch eine einzige Holzhütte.

Nicht nur die Häuser wachsen, auch das Netz der Beziehungen in der Favela wird dichter. Räumlich ist die Enge unausweichlich, nun rücken die Bewohner auch im übertragenen Sinn enger zusammen, beginnen einander immer mehr zu helfen und zu vertrauen. Undenkbar, dass man am gleichen Ort noch ein paar Jahre zuvor fürchten musste, das eigene Blechdach nicht mehr vorzufinden, wenn man nach Hause kam.

Für Ute ist diese Zeit des Wachstums von Monte Azul gleichzeitig eine persönliche Krise: Die *Associação* expandiert rasant, und binnen kürzester Zeit wird die Gründerin von einer einzig sich selbst verpflichteten Pionierin zur Führungsfigur. Plötzlich soll sie über 100 Mitarbeiter in den verschiedensten Tätigkeitsfeldern koordinieren – und fühlt sich überfordert. „Es war schwierig für mich zu akzeptieren, dass ich diese Rolle der „Gründerin", und dann auch noch Präsidentin von Monte Azul übernehmen sollte. Das wollte ich eine ganze Weile lang gar nicht wahr haben", erzählt Ute. Sie hasst es, im Mittelpunkt zu stehen. „Heute mag das nach Koketterie klingen, aber so ungefähr drei Jahre lang habe ich darunter wirklich gelitten. Meine Tagebücher aus dieser Zeit sind voll mit der Frage: ‚Warum gerade ich?' Es war, als würde Monte Azul aufblühen, und ich selbst gleichzeitig immer mehr verwelken." In der Rückschau sieht Ute das Positive an diesem vermeintlichen Unvermögen: „Im Endeffekt war es richtig gut, dass ich bestimmte Dinge nicht konnte und nicht wusste. Das hat mir Stolz und Arroganz erspart und mich in die Pflicht genommen, Menschen zu suchen, die können, was ich nicht kann. Und so ist Monte Azul gewachsen: Durch das, was ich konnte – aber auch gerade durch das, was ich eben nicht konnte."

Behörden und Bulldozer

„*Gente!*“, ruft Marisa ein ums andere Mal, – „Leute!“, und schlägt mit der Faust auf den Tisch, dass die Fenster in den Rahmen klirren. Die Stimmung im *Ambu* ist angespannt. Über Nacht ist die Favela Cidade Jardim, direkt in der Nähe an der Stadtautobahn Marginal gelegen, abgerissen worden. „Die räumen einfach die Hütten weg, als seien sie Sperrmüll. Wer weiß, wann wir dran sind“, ruft Tião. Bürgermeister Jânio Quadros hat das *programa do desfavelamento*, ein „Entfavelisierungsprogramm“ ins Leben gerufen: Die Favelas gelten als Schandflecken der Stadt – Schandflecken allerdings auf oft begehrtem Bauland.

Unter konservativen Regierungen ist es gängige Politik, Bulldozer unter Polizeischutz anrücken zu lassen und die illegalen Wohnviertel über Nacht platt zu machen. So auch Mitte der 80er Jahre. Die Bewohner werden in schnell hochgezogene, schlecht gebaute Hochhauswohnungen umgesiedelt, die sie noch über Jahre hinweg abbezahlen. Diese „Vertikalfavelas“ sind auch heute noch an vielen Stellen in São Paulo zu sehen. „Das war ein Gefühl der Bedrohung, das allen in die Glieder kroch“, erinnert sich Ute. „Die Nachrichten im Fernsehen oder im Radio fachten diese Angst noch an. Man wusste ja nie, welche Favela als nächstes dran sein würde – eines Tages taucht die Polizei auf, und dann kommen die Planierraupen.“

In dieser Zeit schreibt Dió, eine Frau aus der Favela, dieses Lied, das zum Karnevals-Samba von Monte Azul wird:

Aquí da nossa favela
a gente não sai não
abaixo a carestia
que a panela está vazia!

(„Aus unserer Favela hier kriegt uns niemand raus, nein! Schluss mit den hohen Preisen, die Kochtöpfe sind leer!")

Die Favela Monte Azul bleibt letztlich von den Baggern verschont. Weniger Glück hat die benachbarte Favela Peinha auf der gegenüberliegenden Seite der Stadtautobahn *Marginal,* in der die *Associação* sich ebenfalls engagiert. Hier müssen die Bewohner erleben, was eine solche Räumung bedeutet: Mitte der 90er Jahre, unter der Regierung Maluf, wird ein beträchtlicher Teil der geostrategisch günstig gelegenen Siedlung abgerissen. Die alteingesessenen Bewohner erhalten Berechtigungsscheine für sogenannte *Cingapuras,* sechsstöckige Häuserblöcke nach ostasiatischem Vorbild. „Die sind so schlecht gebaut, dass man sich immer fragt, wann die einstürzen", gruselt sich Ute. Der plattgewalzte Teil der Favela wird jedoch, anders als geplant und öffentlich annonciert, nicht planvoll neu bebaut, sondern bleibt über Jahre hinweg ein Trümmerfeld. Dürrekatastrophen im Nordosten Brasiliens schwemmen in der Folgezeit eine weitere Welle von Migranten nach São Paulo – und auf dem verwahrlosten Gelände entsteht eine neue Favela. In den Trümmern, aus und auf denen diese Siedlung entsteht, entwickelt sich eine Rattenplage, vor der selbst die städtischen Kammerjäger kapitulieren.

Zum Lebensgefühl eines Favelabewohners gehört auch heute noch das von ständiger Bedrohung. Das Gelände gehört der Stadt; wer hier wohnt, ist der Willkür politischer und wirtschaftlicher Interessen ausgeliefert. Für die Bewohner von Monte Azul ist relative Ruhe eingekehrt, seit ihnen im Jahr 2004 ein Pachtrecht für die nächsten 99 Jahre zugesprochen wurde. Dennoch ist die Favela nicht einfach ein Stadtteil geworden. Infrastruktur und Dienstleistungssystem der Stadt beginnen immer noch an der offiziellen Straße, die an der Favela entlang führt. Hier holen die Bewohner ihre Post an Sammelbriefkästen oder in einer Bar mit offizieller Adresse ab; auch ihr Müll wird nur dort abgeholt. In São Paulo werden täglich 700 neue Autos zugelassen, die immer wieder hunderte von Kilometern Stau verursachen – kein einziges fährt durch die Favela Monte Azul. Die Gassen des Viertels sind nach wie vor zu schmal und zu steil.

Ein paar Jahre vor dem Desaster in der Peinha, Anfang der 90er Jahre, gelingt in der Favela Monte Azul ein entscheidender Schritt: Unterstützt durch die *Associação* schließen die Anwohner mit der Stadtverwaltung von São Paulo ein Abkommen über die „Urbanisierung", die Eingliederung der Favela in die städtische Infrastruktur. Nach den Verbesserungsarbeiten auf eigene Faust in den 80er Jahren beginnt nun eine Phase der offiziellen Zusammenarbeit mit der Stadt. Ein demokratisch gewähltes Komitee hat im Namen aller Anwohner die Verhandlungen mit der Stadtverwaltung aufgenommen, die schließlich mit der sozialdemokratischen Regierung unter Luiza Erundina von der Arbeiterpartei *Partido dos Trabalhadores* zum Abschluss kommen: Endlich stellt der Staat Gelder für Investitionen in die Infrastruktur der Favela bereit und bewilligt die nötigen Baumaßnahmen. Zehn Monate sind für das Bauvorhaben ursprünglich angesetzt – 18 Jahre wird es letztendlich dauern, bis im Jahr 2010 alle Wege und Treppen betoniert, alle Stützmauern gebaut und die Favela an das Stromnetz und die Kanalisation angeschlossen ist. Dass die Urbanisierung der Favela Monte Azul über acht Legislaturperioden und mehrere Regierungswechsel hinweg überhaupt vollendet wird, daran hat neben vielen anderen vor allem Paulo Ignacio einen großen Anteil. Parallel zum Ausbau der Schreinerei und Ausbildungswerkstätten organisiert und moderiert er mit schier unerschöpflicher Energie und Ruhe die Irrungen und Wirrungen des Urbanisierungsprozesses. Dazu gehört nicht zuletzt, alle Anwohner immer wieder für die gemeinsame Sache an einen Tisch zu bringen, denn allein das Anlegen von Wegen erfordert ein hohes Maß an Kooperation und Gemeinschaftssinn: Familien müssen Territorium abgeben oder ganz umgesiedelt werden. Ein heikles Unterfangen. „Das war unglaublich frustrierend", fasst er zusammen. „Immer wieder ging das Geld aus und wir konnten nicht weitermachen. Oft entstand dann der Verdacht, wir vom Verein hätten das Geld an uns genommen. Dann die Motivation der Leute zu erhalten, das war eine echte Herausforderung."

Seu Paulo untertreibt maßlos.

Gegenwind

Eine Favela zu „urbanisieren" heißt, ihr eine Struktur zu geben. Struktur schafft Übersicht – und die kommt nicht allen gelegen, die hier wohnen. Wer seinen Lebensunterhalt nicht mit ehrlicher Arbeit verdient oder verdienen kann, weiß unübersichtliches Gelände und Schlupfwinkel durchaus zu schätzen. So auch die *pés de patos* („Schwimmflossen") oder *justiçeiros* („Rechtsprecher"), die selbsternannten Herren der Favela. Diese Führungspersonen folgen den Gesetzen der sozialen Physik: Sie füllen das rechtliche Vakuum, das der Staat durch seine Nicht-Präsenz in den Favelas entstehen lässt, und setzen ihre eigenen Gesetze durch – mit Waffengewalt. Wie der Großteil der Favelabewohner der Peripherie kommen diese Männer meist aus dem ländlichen Nordosten und importieren das dortige System der informellen Rechtsprechung, eine Art Sheriff-System, in die Stadt. In einem Umfeld, in dem es keine öffentliche Sicherheit und kein soziales Netz gibt, wo Diebstähle, Überfälle und Mord an der Tagesordnung sind, wird das auf diese Art und Weise durchgesetzte Minimum an Recht und Ordnung von den Anwohnern oft sogar befürwortet. In den 80er und 90er Jahren werden kleine Läden und Bäckereien in São Paulo quasi täglich überfallen. Von der Polizei ist meist nichts Gutes zu erwarten – der *justiçeiro* übernimmt es, die Geschädigten zu rächen. Auch vor Morden in eigenem oder fremdem Auftrag schreckt er nicht zurück. Allerdings organisiert er auch Feiern oder Fußballturniere und hilft Familien in finanzieller Bedrängnis. Im Gegenzug erwarten die häufig als Robin Hoods der Favelas romantisierten Herren allerdings unbedingte Loyalität, oft auch in Form von Schutzgeldern.

Die Willkürherrschaft der *justiçeiros* gehört zur natürlichen Einheit einer Favela. Eine Organisation, die eine Favela entwickeln und damit umstrukturieren will, muss eine Form finden, sie einzubinden – oder mit scharfem Gegenwind aus ihrer Richtung rechnen. Dies ist der Punkt, an dem die meisten Versuche von Sozialarbeit in den Favelas scheitern.

Donnerstagsversammlung. „Eva hat sich entschieden, nicht zur Uni zu gehen, sondern lieber in der Küche zu arbeiten", berichtet Renate. Das Bedauern steht ihr ins Gesicht geschrieben, die anderen Mitarbeiter nicken ernst. Es geht um die neue Verordnung der Stadt, die ab 1996 für Erzieherinnen in Kindergärten ein Hochschulstudium vorschreibt. Renate hebt gerade an, weiterzusprechen, als die Tür auffliegt: Ein kleiner, stämmiger Mann mit funkelnden Knopfaugen stürzt in den Raum, richtet eine Waffe auf Renate und brüllt: „Es reicht jetzt mit der Mauschelei, her mit dem Geld!" Der unangemeldete Besuch ist Nêngo, der *justiçeiro* von Monte Azul. Er ist gekommen, um Recht und Ordnung herzustellen. Seine Brust bebt, auf der Stirn stehen ihm die Schweißperlen. „Schluss mit der Diskriminierung!", brüllt er, „ihr sitzt hier auf eurem Geld und gebt den Bewohnern keinen Cruzeiro! Anderen gebt ihr Geld, aber mir nicht!" Nêngos Wut hat ihren Grund: Er hat finanzielle Unterstützung beim Sozialfonds beantragt und keine bekommen. In der Favela kursiert das Gerücht, die *Associação* nutze das Geld für eigene Zwecke. Nêngo ist gekommen, um sich zu holen, was ihm seiner Meinung nach zusteht. Zwei Stuhlreihen fliegen krachend zu Seite, als er sich einen Weg zu Renate bahnt und sich vor ihr aufbaut: „Du rückst jetzt das Geld raus, oder ich bring dich um!" Der Geruch von Alkohol liegt in der Luft.

„*Calma,* beruhige dich!" Seu Paulo ist der einzige, der das Wort ergreift. „Das wirst du nicht tun." Der große, aufrechte Mann spricht mit der Würde eines afrikanischen Königs. –„Ich spreche nicht mit dir, sondern mit Renate!" zischt Nêngo zurück. Den Anwesenden steht die Angst ins Gesicht geschrieben. Durchs Fenster sind unten im Hof zwei bewaffnete Männer zu sehen.

„Wir sind hier alle zusammen die Leitungsgruppe", erwidert Paulo ruhig, lässt Nêngo jedoch keine Sekunde aus den Augen. „Wenn du hier mit Argumenten ankämest, würde ich dir zuhören. Aber wie du dich hier aufführst, das ist absurd. Wenn du Kräfte messen willst, leg' deine Waffe weg, dann kämpfen wir – aber so nicht." Nêngo starrt Paulo an wie das Kaninchen die Schlange, kein Muskel regt sich in seinem Gesicht.

Eisige Stille im Raum, nur ein Motorengeräusch von der Straße ist zu hören. Dann stürmt der *justiçeiro* aus dem Raum, nicht ohne noch einen Stuhl zur Seite zu treten. Die Tür kracht hinter ihm ins Schloss.

„Ich bin ihn dann nach einer Weile suchen gegangen", erzählt Tadeo, der zu dieser Zeit Sozialarbeiter in Monte Azul war und sich gemeinsam mit Paulo für die Urbanisierungsarbeiten stark machte. „Ich kannte ihn damals schon ganz gut und wusste, dass ich ihn in der Bar von Jorge am Rand der Favela finden würde. Das war eine von diesen Kneipen, wo immer Actionfilme liefen und die Typen mit ihren Waffen an der Bar standen. Er saß ganz hinten im Raum, schaute auf den Bildschirm und trank. Ich stellte mich an den Tresen und bestellte, und bald kam auch schon einer auf mich zu: ‚Nêngo will mit dir sprechen.' – ‚Das würde ich gern von ihm selbst hören', sagte ich, ‚ich stehe ja keine drei Meter von ihm entfernt!' Ich setzte mich also zu ihm, und wir unterhielten uns. Ich erklärte ihm, dass der Sozialfonds ihm kein Geld geben könne, weil eben keines da sei. Wir fanden eine gute Gesprächsebene, und schließlich glaubte er mir. Nêngo hat viel gelitten in seinem Leben; seine Verbitterung war deutlich spürbar. Er hat mir mal erzählt, dass er kriminell geworden ist,

„Hast du uns etwas zu geben?“ – Kinder vor Utes Haus in der Rua Aristodelmo Gazotti (1975)

o.: *Gudrun und Hermann Craemer am Donauufer (Belgrad, 1949)*

m.: *Ute, zwei Jahre alt (Weimar, 1940)*

u.: *Familienausflug in die Lybische Wüste: Ute, Luitgard und Hermann Craemer laufen auf eine Fata Morgana zu (1952)*

o.: *Ute, Luitgard und Katze (Alexandria, 1952)*

m.: *Ute auf Vortragsreise: Rotarier-Club (Ludwigshafen, 1982)*

u.: *Ute auf Vortragsreise in Japan (Kyoto, 1998)*

o. l.: *Spielende Kinder in der Favela Monte Azul (1979)*

u. l.: *Die Männer packen mit an. Ute mit Bautrupp vor der Schreinerei von Monte Azul (1986)*

o.r.: *Erstes Ambulatório (1980)*

u.r.: *Favelakinder (1980)*

o.: *Mutirão – Säuberungsaktion am Abwasserbach (ca. 1990)*

m.: *Krippenspiel im Favela-Kindergarten (links: Renate Keller Ignacio, ca. 1984)*

u.: *Ute Craemer (ca. 1995)*

o.: *Favela Monte Azul, im Hintergrund die Hochhäuser des reichen Stadtteils Morumbi (ca. 1990)*

u.: *Ortskern Favela Monte Azul (2009, Quelle: Sebastian Knust)*

Ute und Edineias Tochter auf der Brücke über dem Abwasserbach (1990)

weil er es leid war, ständig überfallen und gedemütigt zu werden. Eines Tages hat er dann beschlossen, die Sache mit der Gerechtigkeit selbst in die Hand zu nehmen."

Zwei Wochen später trägt die laue Abendluft den Duft von gegrilltem Fleisch durch die Gassen der Favela. Lebhaftes Stimmengewirr vermischt sich mit *Forró*-Musik aus Lautsprechern, mehrere Paare tanzen, die Stimmung ist gut. Nêngos Fußballteam hat ein Turnier gewonnen, und die Feier, die er und seine Leute für die Favela organisiert haben, ist in vollem Gange. Erwachsene und Kinder sitzen auf dem Hof vor dem *Ambulatório* zusammen und plaudern; Kinder spielen, einige tanzen. Marihuana wird nicht geraucht, denn Nêngo duldet keine Drogen in der Favela – ein Umstand, der in hohem Maße bestimmend ist für das Schicksal der Favela Monte Azul. Der einzige Haken an der abendlichen Seligkeit: Das Bier geht zur Neige. „Paulo, du hast doch ein Auto", ruft jemand, „kannst du nicht Nachschub besorgen?"

„Die Leute wussten nichts von unserem Streit", erinnert sich Paulo. „Also sagte ich ‚*então, vamos*' – gut, gehen wir! Und dann saßen Nêngo und ich gemeinsam im Auto, denn er hatte das Bier bei einer Kneipe im Viertel schon bezahlt. Keiner von uns sagte ein Wort, bis auf ein paar Richtungsanweisungen. Ein paar Tage später kam er dann auf mich zu. Ich trat aus der Schreinerei, und da stand Nêngo und musste sich sichtlich überwinden mit mir zu sprechen. – ‚Paulo, ich muss mal mit dir reden.' Wir machten also einen kleinen Spaziergang unten durch die Favela, und er sagte: ‚Es ist mir sehr peinlich, was ich da neulich getan habe.' Er hatte Tränen in den Augen, und man sah ihm an, wie sehr er sich schämte. Ich sagte zu ihm: ‚Ich habe Respekt vor dir – egal, wie viele Leute du schon umgebracht hast. Ich respektiere dich als Mensch und weiß die Dinge zu schätzen, die du für die Gemeinschaft tust. Aber Angst habe ich vor dir nicht.'" Respekt ist Nêngo ein hoher Wert. Er verspricht, so etwas nicht wieder tun. Handschlag unter Männern.

„Die einzige Art, diese Leute nicht gegen uns aufzubringen, war, sie einzubinden", erzählt Ute. Sie ist überzeugt: „Wenn man wirklich Vertrauen in die Menschen setzt, dann ist das, wie ein Feuer anzufachen. Dann entstehen Mut, Willenskraft und Enthusiasmus." Die Mitarbeiter der *Associação* tragen und leben diese Überzeugung. Die Szene in der Donnerstagsversammlung wird zu den Akten gelegt. Statt mit Ablehnung wenden sie sich mit Vertrauen an Nêngo und holen ihn für die gemeinsame Sache ins Boot. Tadeo fährt fortan mit dem *justiçeiro* gemeinsam zur Bank, wenn er Geld für die *Associação* abheben geht. „Das waren große Summen, die Löhne aller, die an der Urbanisierung mitarbeiteten, und die musste ich sicher vom Centro Empresarial nach Monte Azul bringen. So fing das an mit uns – und bald war er immer irgendwo in der Nähe, wenn man ihn brauchte. Ich habe ihm dann vom Bewohnerkomitee erzählt und von den Urbanisierungsarbeiten. Zunächst hat er das nicht sehr ernst genommen, aber als dann die Arbeiten begannen, war er wirklich dabei und brachte auch noch drei von seinen Leuten mit."

Eine simple Tatsache befördert das Vertrauen der *bandidos* in nicht unbeträchtlichem Ausmaß: Die Tatsache, dass die *Associação* etwas für ihre Kinder tut. Auch Kriminelle können liebevolle Väter sein. „Eine kleine, nette Arbeit mit Kindern – da hat niemand etwas dagegen", sagt Ute heute. Das ungeheure

Potential des kleinen, unauffälligen Anfangs ist ihr erst viel später bewusst geworden.

Nêngo wird für die Urbanisierungsarbeiten unentbehrlich. Nicht nur, weil er in der Favela eine Autoritätsperson ist und die Bewohner zu motivieren weiß. Er ist, zum großen Glück für Monte Azul, ein *justiçeiro* mit Werten. Lange Jahre achtet er darauf, die Favela drogenfrei zu halten. „Er war unheimlich intelligent", erinnert sich Paulo, „und so gut in dem, was er tat, dass wir ihn zum Bauleiter machten. Dieser Typ hat nie studiert, aber wenn die Architekten und Ingenieure von der Stadt sich falsche Vorstellungen machten, dann stellte Nêngo sich vor sie hin und erklärte: ‚Das wird nicht klappen, und zwar aus diesem oder jenem Grund.' Er hatte Erfahrung mit Bauarbeiten in der Favela und konnte einschätzen, was unter solchen Bedingungen funktioniert und was nicht. Die Fachleute von der Stadt hatten diese Sachkenntnis nicht – die mussten ihm zuhören und kamen dann auch zu dem Schluss, dass er Recht hatte. Es hatten wirklich alle Respekt vor ihm."

Die Urbanisierungsarbeiten markieren auch für Nêngo persönlich eine Wende. Er nimmt seinen Taufnamen „Ricardo" wieder an, hört auf zu trinken und zu töten und lässt das kriminelle Leben hinter sich. Später macht er sich mit einer Baufirma selbständig. Sein Leben steuert auf ein Happy End zu, als er im Mai 2006 eines morgens mitten in der Favela erschossen wird – von berauschten Jugendlichen, denen er einst das Konsumieren von Drogen verboten hatte.

Stolz auf das Erreichte

Die Favela Monte Azul ist heute barrierefrei: In einer letzten Gemeinschaftsarbeit wurde im Jahr 2010 eine Rampe betoniert, die den Übergang von der Favela in den Stadtteil auch für Rollstuhlfahrer passierbar macht. Die Brücke zwischen Favela und Stadt ist damit auch im sichtbaren Raum geschlagen worden – über 30 Jahre nach Utes ersten kleinen Schritten. Die Urbanisierungsarbeiten in der Favela Monte Azul sind mit diesem Akt offiziell abgeschlossen. Hier hat eines der ersten und gleichzeitig eines der erfolgreichsten Slumsanierungsprojekte in São Paulo stattgefunden. Möglich geworden ist es dadurch, das alle zusammengearbeitet haben: Kinder, Frauen, Männer, Kriminelle, Stadtverwaltung, Sozialarbeiter.

Die größte Errungenschaft in Sachen Lebensqualität fiel in das Jahr 2004: Seitdem fließt das Abwasser durch einen unterirdischen Kanal. Wo früher eine stinkende Brühe den Unrat aus der Favela und den umliegenden Stadtteilen durch den Ort schob und das Trinkwasser verseuchte, ist ein bei jedem Wetter begehbarer Weg aus Betonplatten zur Hauptschlagader der Favela geworden. Am tiefsten Punkt der Siedlung, neben der durch ein gekacheltes Becken eingefassten Quelle, liegt heute ein Platz, der als Sportfeld und Freiluftbühne benutzt werden kann. Es gibt ein Planschbecken und einen Spielplatz, und wer vor der Bäckerei seinen *cafézinho* trinkt, hört, wenn er Glück hat, Geigenspiel aus einem der Häuser gegenüber klingen – Monte Azul hat heute auch eine Musikschule.

Die Favela Monte Azul ist mit dem ländlich-rückständig anmutenden Bretterbudenchaos aus den 70er Jahren nicht mehr vergleichbar. „Als ich die Favela 1975 kennenlernte", schreibt Ute in einer Festschrift der *Associação*, „schien sie mir das Abbild eines formlosen Organismus, so sehr hatten sich die Hütten inmitten des Schlamms vermehrt. Etwas Farbiges und doch Farbloses, braun und grau, aber voller Leben. Was für ein Potential! Gelebtes, kämpfendes, strampelndes Leben. Leben ohne Form. Ohne Organe, ohne Knochen, ohne Wirbelsäule.“ Dank der guten Zusammenarbeit zwischen Bewohnerkomitee, *Associação* und Stadtverwaltung ist es gelungen, diese Struktur zu schaffen, und dem amorphen Weichtier ein Skelett zu geben.

Die Bewohner von Monte Azul sind stolz auf ihre urbanisierte Favela. Dank der ausgestellten Pachturkunden leben sie heute in relativer Sicherheit. Wer immer es sich leisten kann, das in Brasilien so teure Baumaterial zu kaufen, baut in die Höhe. Viele der Männer sind Profis, was die Arbeit auf dem Bau angeht, und so setzt, wer ein Zimmer mehr braucht, ein Stockwerk auf das andere. Bauvorschriften interessieren in der Favela niemanden – die Häuslebauer können ihre Fantasie voll ausleben.

In Monte Azul hat etwas funktioniert, was in vielen anderen Favelas nicht klappen will. Vania Moura Ribeiro, die von der Stadt beauftragte Architektin, die gemeinsam mit den Favelabewohnern die Urbanisierungsarbeiten durchgeführt hat, ist sich sicher: „Ohne Nêngo wäre die Urbanisierung in dieser Form nicht durchführbar gewesen. Er sprach die Sprache der Leute aus der Favela und wusste sie zu motivieren. Er war eine geborene Führungsfigur. Jemand von außen kann eine solche Aufgabe gar nicht übernehmen.“ Sie bekräftigt allerdings auch die tragende Rolle der Organisation: „Ohne die *Associação* hätte es auch nicht funktioniert, auch die brauchte es. Eine minimale Struktur, ein Organ, dass diesen Prozess bündelt.“

Die *Associação* hat Vieles richtig gemacht. Aber: Sie hat auch Glück gehabt. Die Bedingungen in Monte Azul waren günstig. Wie viele glückliche Faktoren zusammenkommen müssen, damit großer Einsatz auch zu einem guten Ergebnis führt, wird am Beispiel der benachbarten Favela Peinha deutlich. Hier waren die Umstände weniger glücklich.

In der Favela Peinha war die gleiche *Associação* am Werk wie in Monte Azul. Umsichtige, engagierte Menschen, die dank der geglückten Urbanisierungsarbeiten in Monte Azul sogar bereits auf einen gewissen Erfahrungsschatz zurückgreifen konnten, haben jahrelang ihr Bestes gegeben. Und dennoch reihte sich in Sachen Urbanisierung ein Desaster an das nächste. „Die Einflüsse von außen waren einfach zu stark", sagt Ute heute. Sie meint damit die Tatsache, dass die Favela Peinha nach wie vor ein geostrategisch hochinteressanter Punkt ist – für Drogen- und Waffenhandel. Sie liegt direkt an der Stadtautobahn und ist voller Winkel und Verstecke. Das sollte sie auch bleiben. Die Drahtzieher zwielichtiger Geschäfte machten die Bemühungen der Mitarbeiter der *Associação* immer wieder mit drastischen Mitteln zunichte.

Auf die Frage nach dem Umgang mit dem Scheitern hält Ute einen Moment lang inne und gibt dann eine dieser Antworten, die hängen bleiben: „Wenn man das ‚Scheitern' nennt, dann geht man ja davon aus, dass es einen Endpunkt gibt. Einen Zeitpunkt, zu dem man weiß, ob eine Sache richtig oder falsch war. Ich glaube nicht, dass es diesen Punkt gibt, selbst im Tod nicht. Man muss etwas tun, darin liegt der Wert – was dabei herauskommt, weiß man nicht."

Den Mitarbeitern von Monte Azul hat sich stark eingeprägt, wie Ute immer wieder neue Wege zum Handeln fand, als sie nicht mehr weiter wussten. Nachdem eine Mitarbeiterin, die gerade unter größten Anstrengungen einen Vertrag mit der Stadt zur Urbanisierung in der Peinha möglich gemacht hatte, mit Waffengewalt aus der Favela vertrieben worden war, traute sich erst einmal niemand aus der *Associação* mehr in die Peinha. Die Mitarbeiter litten darunter, ihre Arbeit ruhen und ihre Leute im Stich lassen zu müssen. Ute schrieb in dieser Zeit ein Gebet für die Favela Peinha. Die Mitarbeiter von Monte Azul verabredeten sich, diese kleine Meditation morgens um sieben Uhr zu sprechen, egal wo sie gerade waren. „Das hat uns damals unglaublich Kraft gegeben", erinnert sich Sybille, die in dieser Zeit als Erzieherin in der Peinha arbeitete.

Möge das Gebet für die Bewohner der Peinha
für Kinder, Jugendliche und Erwachsene
Im Geiste erhört werden.
Möge die heilende Kraft Christi
Unsere Vorhaben durchleuchten und
Die zerstörerischen Kräfte verwandeln
Damit wir wahrhaftig arbeiten können
Und Vertrauen ausstrahlen für die Menschen um uns herum.

Exkurs

Entwicklungszusammenarbeit – zwischen Idealismus und Machtpolitik

Die Idee, unterentwickelte Länder fördern zu wollen, wurde erstmals im Jahr 1949 formuliert. Der amerikanische Präsident Harry S. Truman erklärte im Zusammenhang mit der Gründung der NATO (North Atlantic Treaty Organisation), dass die entwickelten Industrienationen künftig für die Entwicklung der „unterentwickelten Länder" – er sprach von zwei Dritteln der Menschheit – verantwortlich seien. Er griff damit auf Ideen zurück, die bereits im Versailler Friedensvertrag formuliert worden waren. Damit stand die Grundlage von Entwicklungspolitik im Raum. Ihre Paradigmen sollten sich in den folgenden Jahrzehnten mehrfach verschieben, analog zur jeweiligen weltpolitischen und -wirtschaftlichen Lage.

Die 50er Jahre gelten als Phase der außenpolitischen Instrumentalisierung von Entwicklungshilfe. Im Rahmen der Blockbildung (NATO und Warschauer Pakt) ist das primäre Ziel der westlichen Industrienationen „Containment" – Eindämmung des Kommunismus. Dementsprechend wird Entwicklungspolitik als geostrategisches Mittel eingesetzt.

Die 60er und 70er Jahre sind die Hochphase der globalen Modernisierung, und auch die Entwicklungspolitik nimmt in dieser Zeit weltweit an Fahrt auf. 1961 ruft US-Präsident John F. Kennedy das Jahrzehnt der Entwicklungshilfe aus. Schlüssel zum Wachstum scheint das Vorhandensein von ausreichend Kapital zu sein, und so versorgt man Regierungen von Entwicklungsländern mit finanziellen Mitteln und hofft auf einen „Trickle-down-Effekt": Wachstum und Wohlstand sollen von oben nach unten „durchsickern“. Im Rahmen der ersten Welthandelskonferenz gründen Entwicklungs- und Schwellenländer im Jahr 1964 die „Gruppe 77“. Ihr Ziel: die Position der Entwicklungsländer auf dem Weltmarkt zu verbessern und so ihre lokalen Märkte zu fördern. In Deutschland wird in dieser Zeit das Ministerium für Wirtschaft und Zusammenarbeit (heutiges BMZ) eingerichtet. In den USA gründet sich das Peace Corps, in Deutschland der Deutsche Entwicklungsdienst (DED).

Die Studie „Grenzen des Wachstums“ markiert im Jahr 1969 das Ende des globalen Fortschrittsoptimismus. Mit dem „Pearson-Bericht“ zeigt der gleichnamige Ökonom das Scheitern der bisherigen Entwicklungspolitik auf: Kapital sei nicht durchge- sondern wirkungslos versickert, Wachstum ausgeblieben und in vielen Fällen hätten anstelle der eigentlich Bedürftigen die Eliten profitiert. Weltbankchef und ehemaliger US-Außenminister Robert McNamara läutet darauf hin die zweite Dekade der Entwicklungshilfe ein, für die er die sogenannte „Grundbedürfnisstrategie“ formuliert. Ausgangspunkt ist nun der Gedanke, dass Wirtschaftswachstum und gesellschaftliche Entwicklung dann stattfinden, wenn die Grundbedürfnisse des Einzelnen befriedigt sind: Nahrung, Gesundheit, Freiheit, Selbstbestimmung werden zu Maximen der Weltbankprogramme. Ob das Ziel „gesellschaftliche Stabilität durch befriedigte Grundbedürfnisse“ humanistischer oder neokolonialer Natur ist – darüber lässt sich damals wie heute trefflich streiten.

Zu Beginn der 80er Jahre fordern Öl- und Weltwirtschaftskrise ihren Tribut: Viele Entwicklungsländer sind nahezu zahlungsunfähig. In diese Zeit fällt der von Altkanzler Willy Brandt vorgelegte Bericht der internationalen Nord-Süd-Kommission mit dem Titel „Das Überleben sichern. Gemeinsame Interessen der Industrie-

und Entwicklungsländer" – die Vision einer neuen Weltwirtschaftsordnung. 1987 halten mit dem „Brundland"-Bericht Begriffe wie „Nachhaltigkeit" und „institutioneller Wandel" Einzug in die Entwicklungspolitik.

Die 90er Jahre stehen im Zeichen dieses Nachhaltigkeitsgedankens. 1992 wird in Rio de Janeiro die „Agenda 21" aufgestellt, die ein entwicklungs- und umweltpolitisches Aktionsprogramm für das neue Jahrhundert sein will. Auch sie baut auf der Annahme auf, dass „Entwicklung" sich am Vorbild der westlichen Industrienationen orientiert. Gleichzeitig wird in diesem Jahrzehnt die Globalisierung weltweite Tatsache. Im Rahmen des „Washington Consensus" binden Weltbank und Internationaler Währungsfonds ihre Finanzhilfen für Entwicklungsländer nun an Bedingungen, die dem allgemein vorherrschenden neoliberalen Kurs folgen: Privatisierung des öffentlichen Sektors und exportorientiertes Wachstum sollen die Wirtschaften der Empfängerländer stabilisieren.

Im Jahr 2000 zieht der UN-Milleniumsgipfel eine verheerende Bilanz: Jeder fünfte Mensch weltweit lebt zu diesem Zeitpunkt in absoluter Armut, also von weniger als einem Dollar pro Tag. Mehr als 700 Millionen hungern, weitere Millionen führen ein Leben auf der Flucht. Die Staatengemeinschaft formuliert daraufhin die „Millenniumsziele", eine Selbstverpflichtung aller UN-Mitgliedsstaaten, die Ziele wie Reduzierung von Armut und Verbesserung der Gesundheitsversorgung weltweit enthält.

Es wird deutlich: Probleme der Entwicklungs- und Schwellenländer sind heute mehr denn je globaler Natur. Herausforderungen wie Migrationswellen, Zerstörung der Regenwälder und Folgen des Klimawandels betreffen den ganzen Planeten und lassen sich nicht allein vor Ort lösen. Neue Leitlinien der inzwischen zur „Entwicklungszusammenarbeit" umbenannten Entwicklungshilfe sind daher Ansätze im Sinne von „Glokalisierung" (Globalisierung plus Lokalisierung): Entwicklungspolitik soll partizipativ und auf Augenhöhe stattfinden, alle Beteiligten mit einbeziehen und dabei die jeweilige Geschichte, Herkunft und Kultur aller Akteure berücksichtigen und ihre jeweiligen Ressourcen mit einkalkulieren. Armutsbekämpfung wird zum obersten Ziel.

Seit dem Jahr 2000 ist eine Periode massiver Kritik an den beschriebenen Konzepten angebrochen, über entwicklungspolitische Ziele herrscht heftige Uneinigkeit. Besonders massive Kritik kommt gerade aus den „Entwicklungsländern" selbst: Der kenianische Wirtschaftsexperte James Shikwati zum Beispiel plädiert dafür, die sogenannte Entwicklungshilfe komplett einzustellen. Sachhilfen wie Lebensmittel und Kleiderspenden seien kontraproduktiv und zerstörten lokale Märkte; Finanzhilfen versickerten im Filz der Korruption und kämen allein den Eliten zugute. Diese Haltung wiederum provoziert massive Gegenkritik. Es ist von einer „Post-Entwicklungs-Dekade" die Rede: Alles wird in Frage gestellt, alles ist offen.

Die Praxis zeigt, dass in den letzten Jahrzehnten vor allem solche Entwicklungsprogramme Erfolge verzeichnen, die in den Schwellenländern selbst entwickelt und von ihnen auch bezahlt werden. Brasilien zum Beispiel hat seit 2003 begonnen, die Umverteilung von Ressourcen nach und nach in Angriff zu nehmen: Sozialhilfeprogramme wie *Bolsa Família* tragen dort dazu bei, extreme Armut zu reduzieren.

GEWALT

–

Kein Schatten ohne Licht

Auch der Bösewicht,
der uns widerstrebet
Er auch ward gewebet
einst aus Licht.
nach Christian Morgenstern

An einem Abend im Dezember 1986 klingelt es an Utes Tür. Wieder einmal öffnet sie – und wieder einmal lässt sie einen Menschen in ihr Haus, der ihr Leben nachhaltig verändern wird.

Es ist Ronaldo. Noch blasser als sonst, vibrierend und verschwitzt vor Spannung. Das schwarze Kraushaar hängt ihm strähnig ins Gesicht, seine Augen huschen nervös hin und her. „Die Polizei ist hinter mir her, Ute. Bitte, kann ich heute Nacht hier schlafen?" Seine Fingerspitzen sind schneeweiß, so fest hat er den Plastikbeutel um die Hand gewickelt, in dem sein gesamtes Hab und Gut steckt.

Ute überlegt nicht lange. In ihrem müden Gesicht ist gut sichtbar, was sie denkt. Ihr ist klar, dass Ronaldo vor Polizisten wegläuft, die routinemäßig foltern, um Geständnisse zu erpressen. Es ist eine der wenigen Zeiten in Utes Leben, in denen sie ihr Haus für sich hat – der Schuppen im hinteren Teil ihres Gartens steht leer, seit die Letzten ausgezogen sind, und auch freiwillige Helfer wohnen im Augenblick nicht bei ihr. – „In Ordnung, für eine Nacht. Komm rein."

Ute kennt den Sechzehnjährigen, seit er ein Kind ist. Ronaldo war in ihrer *Escolinha*-Gruppe, der Jüngste einer großen Geschwisterschar. Ein dünnes, eher ruhiges Kerlchen, an dem das Auffälligste war, dass er immer Hunger hatte und bergeweise Haferflocken verschlingen konnte. Noch vor einem Jahr hatte er hingebungsvoll dabei geholfen, Wege in der Favela zu pflastern. Das letzte Mal, als Ute ihn gesehen hatte, war er mit seinen Kumpels durch die Favela gelaufen, einen brandneuen, vermutlich von geklautem Geld gekauften Walkman auf den Ohren, an einem Joint ziehend.

Schon seit ein paar Jahren war Ute und ihren Mitarbeitern aufgefallen, dass das Drogenproblem in und um Monte Azul immer massiver wurde. Im Jahresbericht von 1985 schildert Ute das Klima, in dem es gedeiht: Die chaotische Gemengelage aus plötzlicher Massenarbeitslosigkeit, galoppierender Inflation, kilometerlangen Verkehrsstaus, Streiks in öffentlichen Krankenhäusern, Dürreperioden im Nordosten. „Immer mehr Menschen werden kriminell und drogensüchtig", schreibt sie, „immer mehr Menschen rauben, immer mehr Kinder stehen an den Ampeln und betteln, wobei viele mit dem ergatterten Geld nicht nur Lebensmittel kaufen, sondern auch Leim zum Schnüffeln. Immer deutlicher steht uns vor Augen, dass eine Favela der Schuttabladeplatz der Zivilisation ist – oder, wie eine Bewohnerin sagte: ‚die Rumpelkammer der Stadt.'"

Schutt meint Ute auch im übertragenen Sinne: Der Ausschuss der Gesellschaft findet in den Favelas leicht Unterschlupf. Wer etwas auf dem Kerbholz hat, taucht hier unter, Drogensüchtige aus der Umgebung rauchen hier in den 80er Jahren die Einstiegsdroge Marihuana, unbehelligt von der Polizei. Das Drogenproblem gelangt aus der Mitte der Gesellschaft in die Peripherie der Stadt: Die Drogen, die die Mittel- und Oberschicht konsumiert, werden in den Favelas verkauft. Wer hier lebt und keinen regulären Job bekommt, weil er arm und ungebildet ist, hat im Drogengeschäft durchaus Karrierechancen.

Im Jahr 1985 war es zu einem Vorfall gekommen, der die Bewohner von Monte Azul in besonderem Maße auf Trab halten sollte: Im Zentrum der Favela hatte gerade eine Hütte den Besitzer gewechselt. Der neue Eigentümer war ein paar Wochen in den Nordosten zu seiner Familie gefahren und hatte den Fehler begangen, sein neues Heim für kurze Zeit leer stehen zu lassen. Platz ist das höchste Gut in der Enge eines Slums, und so wird jede Leerstelle umgehend aufgefülllt. Schnell hatten sich Jugendliche aus der Favela und dem angrenzenden Stadtteil in der Hütte installiert. Ronaldo und Sirene, Suzane, Edineia und Vinicio waren die ersten.

Edineia war damals fünfzehn. Sie erinnert sich noch gut an diese Zeit: „Als der neue Besitzer der Hütte kam und einziehen wollte, haben wir uns alle zusammen mit einer Waffe in der Hand in die Tür gestellt und ihn nicht mehr reingelassen. Wir haben die Hütte in unsere Gewalt gebracht, und dann haben wir alle unsere Freunde angeschleppt, lauter verrückte Leute. Wir haben jeden Tag Gras geraucht und alles genommen, was sonst noch auftauchte. Leim geschnüffelt,

Marihuana geraucht, Kokain, Haschisch, Crack genommen. Die Jungs gingen auf Raubzüge, damit wir zu essen hatten. Es war immer alles voller Leute, es kamen auch immer mehr richtig schwere Jungs, Mörder und Drogenhändler. Ungefähr fünf Monate lang war das total toll – aber dann gab es immer mehr Streit, und dann auch viele Tote."

Zur gleichen Zeit häufen sich die Diebstähle in den Kindergärten. Es ist nur zu offensichtlich, wer sich da bedient. Auch die Hütten der Nachbarn sind vor den Jugendlichen nicht sicher. „Ich sehe heute noch den Vinicio vor mir, wie er mit einem Fernseher durch die Favela läuft, am helllichten Tag. Den hatte er dem Nachbarn geklaut", erzählt Ute, noch heute halb amüsiert, halb empört. „Tagsüber waren die Hütten ja leer, die Leute waren arbeiten. Die Jugendlichen waren schon ziemlich unverschämt, wie sie da ihr eigenes Nest beschmutzt haben."

Die Favelabewohner sind aufgebracht, denn die Halbstarken bedienen sich in ihren Hütten wie im Supermarkt. Die *bandidos* nehmen sich, was sie zu brauchen meinen: Turnschuhe, Radios, Kleidungsstücke. In den Kindergärten fehlen die teuren Gaskartuschen, die die Erzieherinnen zum Kochen brauchen. Immer häufiger finden diese, wenn sie morgens zur Arbeit kommen, heilloses Durcheinander vor: Möbel sind umgestoßen, Schränke aufgerissen, Lebensmittel und Gegenstände fehlen – „und oft hatte jemand mitten in den Raum geschissen, wie um sein Revier zu markieren", erzählt Ute. Die Empörung ist groß, was die Teenager jedoch nicht beeindruckt. Mehr und mehr Drogen und die damit verbundene Beschaffungskriminalität beginnen in die Favela zu sickern, obwohl Nêngo, der *justiçeiro,* dagegen alles unternimmt, was in seiner Macht steht. Chacrinha, ein junger Drogendealer aus dem angrenzenden Stadtviertel, missachtet das „Gesetz“, streicht in der unteren Favela umher und verkauft Heroin. Anders als heute hat sich der Handel mit Drogen in den 80er Jahren noch nicht organisiert. Die Hüttenbesetzer sitzen unten in der Favela herum, zwischen spielenden Kindern, und stellen ihre Coolness und ihre Waffen zur Schau. „Die hatten schweres Gerät, ziemlich gute Waffen“, erinnert sich Ute. „Wahrscheinlich hatten sie die sogar von der Polizei – mit denen waren sie offenbar verbandelt.“ Mehrere Bewohner von Monte Azul erzählen, dass in dieser Zeit die Polizei wöchentlich in der Favela vorbeikam, um ihr Schmiergeld einzustreichen. Die Anwohner selbst empören sich zwar, schauen jedoch weg – zu groß ist die Angst, selbst eine Kugel abzubekommen oder mit den falschen Leuten gesehen zu werden.

Ute ist die Einzige, die es wagt, ihren Fuß in die Hütte der Jugendlichen zu setzen. Sie ist in dieser Zeit für den Bau eines neuen Kindergartens im Zentrum der Favela verantwortlich und kommt jeden Morgen auf ihrem Gang zur Baustelle bei ihnen vorbei. Anders als die anderen Bewohner grüßt sie freundlich und sucht das Gespräch. „Ute hatte als einzige keine Angst vor uns“, erinnert sich Edineia.

Ute Craemer ist fortan regelmäßig unten an der Hütte zu sehen. Sie will verstehen, warum diese Halbstarken tun, was sie tun. „Zunächst habe ich mich ja auch sehr geärgert“, erzählt sie. „Da haben wir diese Kindergärten gebaut, mit den Leuten und für die Leute, und dann kommen die Jugendlichen aus der eigenen Favela und knacken die Türen auf, und schon ist die Gaskartusche weg. Es hat auch wenig gebracht, die Türen mit Eisenstangen zu stabilisieren. Ich habe eine Weile gebraucht, bis ich verstanden habe, dass das gar nicht in dem Sinne Raubüberfälle waren, sondern dass wir es mit einem Drogenproblem zu tun hatten. Die waren einfach abhängig."

Die Jugendlichen brauchen immer mehr Geld, und sie schrecken vor nichts zurück.

Suzane erinnert sich: „Wir hatten einen 38er Revolver, mit dem haben wir Autofahrer angehalten und ausgeraubt. Einmal sogar direkt vor dem Schultor. Manchmal waren wir richtig über uns selbst erschrocken. Oft kamen wir verletzt nach Hause, aber immer mit Geld. Und dann haben wir richtig viele Drogen genommen."

So geht es monatelang. Bis eines Tages jemand die Jugendlichen anzeigt, wie immer anonym. Ute ist in dieser Zeit in Deutschland auf einer Vortragsreise, und erfährt erst bei ihrer Rückkehr von einer Szene „wie aus dem Vietnamkrieg", wie ein Bewohner erzählt. Die Militärpolizei lässt ein ganzes Heer von Hubschraubern über der Favela kreisen. Hütten gehen unter dem Luftdruck der Rotorblätter in die Knie; Eternit- und Holzdächer werden in die Luft gehoben, als seien sie aus Pappe. Eine schwer bewaffnete Einheit der *Polícia Militar* stürmt die Favela. Die fünf Halbstarken, die sich in der Hütte verschanzt haben, werden von allen Seiten umzingelt und dann abgeführt.

Auf der Wache geht es den Jugendlichen schlecht. „Die haben mich geschlagen," erzählt Edineia, „obwohl ich schwanger war." Die Mädchen lässt die Polizei laufen. Die Jungen kommen, weil sie noch minderjährig sind, in eine Aufbewahrungsanstalt der FEBEM (*Fundação Estadal do Bemestar do Menor* – „Staatliche Einrichtung für das Wohlergehen

Minderjähriger"). Diese für Folter und Überbelegung bekannten Anstalten sind ursprünglich als Anlaufstelle für Straßenkinder gut gemeint gewesen, verkommen im Laufe der Jahre jedoch zu überfüllten, schlecht geführten Jugendgefängnissen. Rehabilitiert wird hier niemand – eher erhält, wer in diesen Einrichtungen einsitzt, eine solide Ausbildung in Sachen Kriminalität. Noch im Jahr 2005 gibt es in diesen Anstalten über 50 Aufstände von Insassen, jeder dritte davon in der Einheit Tatuapé, wo zu dieser Zeit 1,8 Millionen Jugendliche aufbewahrt werden. Im Jahr 2006 reagiert die FEBEM auf dieses Imageproblem, indem sie sich in Fundação CASA umbenennt (*Centro de Atendimento Socioeducativo ao Adolescente* – „Zentrum für sozioedukative Jugendbetreuung").

Zurück zu jenem Abend in Utes Haus, Ende 1986. Ute hat Tee gekocht und einen Teller mit Haferflocken vor Ronaldo auf den Tisch gestellt. Sein Atem geht nun ruhiger, und er erzählt Ute, was vorgefallen ist:

„Wir wurden in einem Streifenwagen auf die Wache gebracht. Da wurden wir verhört, und dann brachte man uns in die FEBEM. Nach einigen Tagen konnten wir aber von dort fliehen. Wir standen im Hof an einer Mauer, spielten mit einem Schlüssel an der Wand herum und merkten, dass es ganz leicht war, in das weiche Material ein kleines Loch zu bohren. Also haben wir das Loch immer größer gemacht, und Falcão, der dünnste, schlüpfte hindurch. Wir anderen stellten uns vor das Loch. Einer von uns war sehr dick, der passte nicht durch, deswegen mussten wir noch eine ganze Weile weiterbohren, bis das Loch so groß war, dass er auch durchpasste. Wir sind runtergesprungen, die Mauer war hoch, und Valcir brach sich den Arm. Wir nahmen den Bus nach Capão Redondo. Ich habe mich dann bis nach Monte Azul durchgeschlagen, zum Haus meiner Mutter. Das war an dem Tag, als du aus Deutschland wiedergekommen bist, und es zur Feier einen *forró* gab. Meine Mutter war so erleichtert, dass ich wieder da war, dass sie an diesem *forró* richtig viel getanzt hat. Am nächsten Tag kam die Polizei. Meine Mutter tat so, als ob sie von nichts wüsste; sie blieb ganz ruhig und sagte: ‚Mein Sohn ist gestorben.' – ‚Mag ja sein, aber dann ist er vorher noch aus dem Gefängnis abgehauen!' Ich bin dann zu meinem Bruder geflohen, der außerhalb der Favela lebt, und da bin ich eine Weile geblieben."

Bei seinem Bruder hatte Ronaldo allerdings nicht lange bleiben können, und so hatte er sich an eben diesem Abend zu Utes Haus in Vila das Belezas geschlichen. Die Nacht verbringt er in ihrem Gartenhäuschen. Der nächste Morgen ist sonnig und lässt die Hitze des Tages schon früh ahnen. Als Ute nach Ronaldo schauen will, traut sie ihren Augen nicht: „Ich ging in den Garten und sah dort den Vinicio, wie er gerade eine Decke zusammenlegte." Vinicio, einen blasshäutigen Rotschopf, kennt sie gut – er ist einer der Rädelsführer der Hausbesetzer unten in der Favela. Offensichtlich hatte er ebenfalls in ihrem Gartenhäuschen geschlafen. „Ich fand das wirklich die Höhe", erzählt Ute, „und ging hin, um mit ihm zu sprechen. Nicht mehr ganz so überrascht war ich, als ich dann auch noch Sirene und Edineia aus dem Häuschen kommen sah." Edineias Schwangerschaft ist nicht zu übersehen. Ute redet mit den Jugendlichen, lässt sich die ganze Geschichte erzählen. Und erlaubt ihnen schließlich, vorerst in ihrem Gartenhäuschen Quartier zu beziehen – „unter zwei

Bedingungen. Erstens: Keine Drogen in meinem Haus. Und zweitens: Hier wird gearbeitet und Geld verdient."

Zunächst sind die Jugendlichen einfach nur dankbar, in Sicherheit zu sein. Sie helfen im Garten und im Haus und freuen sich über alles wie kleine Kinder. Ute sucht nach Möglichkeiten, ihnen Heimarbeit zu organisieren, damit sie ihr eigenes Geld verdienen können. Im Laufe der Wochen aber wird Ronaldo immer nervöser. Er ist auf Entzug. Läuft auf und ab wie ein Tiger im Käfig, zerreißt Geld, schmeißt in einem Wutanfall sein Transistorradio an die Wand, schimpft und flucht. Auf die Straße kann er nicht; er wird noch immer von der Polizei gesucht. Immer wieder zieht er heimlich los, um sich in der Schreinerei Leim zu besorgen und schnüffelt dann die ganze Nacht. Ab und zu erinnert Ute ihn vorsichtig daran, dass er nicht für immer in ihrem Schuppen wohnen kann. Dann dreht er durch, will am liebsten auf der Stelle sterben, oder aber sich eine Waffe besorgen und losziehen, oder sich doch lieber gleich der Polizei stellen. „Es gab Höhen und Tiefen, und viel Angst", erzählt Ute. „Vor allem Ronaldo war sehr nervös, er bekam so richtige Attacken, sprach dann nur davon, sich eine Waffe zu schnappen und abzuhauen, sein Ding zu machen. Er hatte nichts mehr zu verlieren, und es war ihm egal, ob er nun sterben würde oder nicht. Es dauerte eine ganze Weile, bis ich einschätzen konnte, was er ernst meinte und was nicht. Manchmal lag ich die halbe Nacht wach, aus Sorge, was als Nächstes passieren würde."

Ute sorgt sich zu Recht. Ronaldo wendet sich im Rausch durchaus auch gegen sie. Er will Geld von ihr, rastet aus, zerschlägt Möbel und Fenster.

Was tun mit einem Menschen in diesem Zustand? In ihrem

Tagebuch schreibt Ute sich selbst Mut herbei: „Immer wieder mit ihm sprechen, ihn beruhigen, ihm zeigen, was der nächste Schritt sein kann, um sein Leben wieder ins Lot zu bringen. Der allernächste Schritt, und nicht gleich alle auf einmal, was man ja dann sowieso nicht schaffen kann. Wie schwach sind doch diese Revolverhelden, ganz anders als man es sich erst vorstellt. Nichts von männlicher Stärke, Mut, Festigkeit – nein, genau das Gegenteil: hin und her geschüttelt von ihrem aus dem Körper heraufsteigenden Launen, völlig abhängig von ihrer Umgebung, durchlässig für das, was sie umgibt, sowohl das Gute wie das Schlechte. Sie können sich freuen an einem schönen Bild oder an der Erinnerung an einen Ausflug in ihrer *Escolinha*-Zeit – und genauso kippen sie sofort um, wenn sie in schlechte Gesellschaft geraten. Sie sind schwach, nicht schlecht."

Die Monate gehen ins Land. Die Mädchen beginnen, in der Weberei von Monte Azul zu arbeiten. Ute selbst ist tagsüber viel unterwegs: Sie gibt Fortbildungen für die *Escolinha*-Erzieher und betreut die freiwilligen Helfer. Am meisten Zeit nimmt die Verantwortung für die Bauarbeiten in der Favela in Anspruch: Baumaterial will herbeiorganisiert werden, Arbeiten müssen überwacht, Listen geschrieben, Leute bei der Stange gehalten werden. Im Jahr 1987 bekommt Ute für ihre Arbeit das Bundesverdienstkreuz verliehen. Ein Akt, um dem weder sie selbst noch der Generalkonsul, der es verleiht, großes Aufhebens macht: „Es gab noch nicht einmal ein Glas Sekt", erinnert sich Ute. Sie hat ein gespaltenes Verhältnis zu Preisen und Auszeichnungen: „Das hilft zwar beim Fundraising, aber eigentlich ist das wie Noten kriegen. Da wird jemand rausgegriffen, unter Hunderten von anderen, die ähnlich arbeiten und diesen Preis wahrscheinlich auch verdienen, aber eben aus irgendwelchen Gründen nicht gewürdigt werden.“ Utes Ambivalenz in Hinblick auf öffentliche Anerkennung ist deutlich. Sie hasst es, im Mittelpunkt zu stehen und die Aufmerksamkeit auf sich zu ziehen. Gleichzeitig nimmt sie sehr deutlich wahr, wenn Anerkennung für Monte Azul ausbleibt, wie zum Beispiel in ihrem anthroposophischen Lesekreis: „Da hat keiner nachgefragt, wofür ich das Bundesverdienstkreuz bekommen habe, oder sich irgendwie interessiert.“

Alle haben viel zu tun, und dennoch wachsen die ungebetenen Gäste mit Ute zu einer Art Wohngemeinschaft zusammen. Im Gartenhäuschen haben die Jugendlichen einen eigenen Herd, das Bad wird gemeinsam benutzt. Man trifft einander zufällig oder denkt aneinander in Form von kleinen Zeichen – Obst, das unvermittelt irgendwo steht, ein Blümchen, ein Topf mit Essen. Immer wieder sitzt die ungewöhnliche WG zu Mahlzeiten oder zum Teetrinken zusammen. Edineia und Sirene entdecken ihre häusliche Ader; sie lieben es, das Gartenhäuschen zu dekorieren und herauszuputzen. Sobald Ute für ein paar Tage verreist, bedienen die Mädchen sich in ihrem Wohnzimmer, um die eigenen vier Wände zu verschönern: Kissen, schöne Steine, Bilder, Blumenvasen wandern ins Gartenhäuschen. Und, kurz bevor Ute wiederkommt, wieder zurück ins Wohnhaus.

Die Mitarbeiter der *Associacão* sind gar nicht glücklich über diese Entwicklungen. „Wir haben uns große Sorgen um Ute gemacht“, erzählt Paulo. „Wir fanden, sie geht zu weit.“ In der Favela sind die Anwohner erbost darüber, dass die Jugendlichen ungeschoren davonkommen, und schwören Rache. Doch

Ute lässt sich von ihrer Überzeugung nicht abbringen. „Ich finde, die Leute müssen sich an bestimmte Dinge gewöhnen. Zum Beispiel daran, dass man Leute nicht umbringt."

Und die Kritik ihrer Mitarbeiter? An dieser Stelle zieht Ute eine klare Grenze: „Das ist meine Privatsache. Ob ich einen Ehemann habe oder einen Liebhaber, oder eben Jugendliche in meinem Schuppen – das geht niemanden etwas an."

Die Frage, ob die Teenager bei ihr bleiben können, stellt sich für Ute zu keinem Zeitpunkt. „Ich habe sie ja nie gerufen – sie kamen einfach." Dieser Satz gilt für viele wichtige Begegnungen in Utes Leben. Heute sagt sie über diese Phase in ihrem Leben: „Im Nachhinein ist mir ganz klar, dass ich diese Erfahrung machen musste. Ich musste einfach mal am eigenen Leib erleben wie das ist, wenn im allernächsten Umfeld jemand kriminell ist. Ich musste wissen, wie das ist, wenn Leute Drogen nehmen; das musste Teil von meinem Erfahrungsschatz werden. Natürlich war das sehr extrem, dass die gleich bei mir wohnten – aber ich glaube, das war ganz wichtig."

In ihr Tagebuch schreibt Ute in dieser Zeit: „Je besser ich diese Menschen kennenlerne, desto mehr frage ich mich: „Was ist in ihrem Leben vorgefallen, dass sie so geworden sind? Was hat man ihnen angetan? Wenn Suzane oder Edineia aus ihrem Leben erzählen, ist so offensichtlich: Es ist der Mangel an Liebe in der Kindheit, der eine solche innere Schwäche nach sich zieht."

Wenn Edineia heute über ihre Kindheit und Jugend spricht, fließen die Tränen.

„Ich bin in der Favela aufgewachsen. Meine Eltern sind aus Paraná. Meinen Vater kenne ich nicht; meine acht Geschwister und ich sind mit meiner Großmutter aufgewachsen. Meine Mutter hat geputzt, um Geld zu verdienen. Ich bin die Älteste und habe die Hausarbeit gemacht: Mit fünf Jahren habe ich angefangen, Blechkanister von der Quelle nach Hause zu schleppen und die Wäsche der Familie zu waschen: Windeln, Kleider, Hosen, Laken. Mein kleiner Bruder hat mir geholfen. Er hat Holz gesammelt, damit wir Feuer machen konnten zum Kochen. Er hatte einen Karren gebaut, mit dem ging er auf den Markt und arbeitete als Träger. Vom Markt brachte er uns zu Essen mit: weggeworfene Apfelsinen, Möhren, Maniok, Salat. Manchmal auch Fleischknochen oder einen Fischkopf für Suppe. Meine Mutter kam immer erst sehr spät nach Hause, und dann hat sie uns geschlagen. Einmal hat sie mir mit einer Waffe auf den Kopf gehauen und gebrüllt, ich sei schuld an ihrem Unglück. Sie fand, ich hätte alles falsch gemacht.

Zur Schule bin ich nie wirklich gegangen. Meine Großmutter wollte, dass ich hingehe, aber ich bin lieber zu Freundinnen gegangen. Bis heute kann ich nur mit Mühe lesen und schreiben. Als ich vierzehn war, fing ich an auszugehen. Ich lernte Vinicio kennen und wurde schwanger. Meine Tage verbrachte ich mit den anderen in der Hütte in der Favela, wir nahmen Drogen und rauchten Gras."

Gold unterm Bärenpelz

Ute schreibt in dieser Zeit in ihr Tagebuch: „Je besser ich verstehe, was im Leben dieser Jugendlichen passiert ist, desto weniger schwer fällt es mir, mit ihnen zusammenzuleben. Manchmal ist es anstrengend, aber ich mag das Leben mit ihnen." Durch den immer engeren Kontakt mit Ronaldo und den anderen entsteht in ihr ein Bild: „Es ist, als hätten sie ein Loch, ein Vakuum an der Stelle, wo bei anderen Menschen die moralische Kraft wohnt, das Gewissen. Mir wird immer klarer, dass diese *bandidos* nicht stark oder mutig sind, auch keine Machos. Sie sind schwach, sogar sehr schwach, und ihren Neurosen völlig ausgeliefert. Sie werden von ihren Launen hin und her geworfen, von ihren Lastern und ihrer Umwelt. Alles geht durch sie hindurch; und es gibt in ihnen nichts, was sie den Bildern von Brutalität und Immoralität entgegensetzen könnten, die ihnen aus dem Fernsehen oder dem Leben in der Stadt ständig entgegenkommen."

Auf die Frage, woher sie die Kraft und den Willen genommen habe, sich selbst im privaten Zuhause noch solchen Anstrengungen auszusetzen, antwortet Ute: „Ich glaube, dass in der menschlichen Seele ein immerwährender Kampf zwischen Gut und Böse stattfindet. Trotzdem ist der Wesenskern des Menschen gut. Wir alle haben einen unzerstörbaren geistigen Kern. Wer ein Neugeborenes sieht, erlebt diesen Kern in seiner Ursprünglichkeit. Dieser gute Kern kann aber eine schwierige, unbeherrschte Hülle haben. Es geht darum, das Böse zu verwandeln. Menschen verändern sich, wenn wir den Mut aufbringen, sie zu lieben." Ute bezieht Kraft aus dieser tiefen Überzeugung. Letztlich ist ihre private Herausforderung eine verschärfte Variante des Problems, vor dem auch die *Associação* steht. Im Jahresbrief von 1985 formuliert Ute: „Wie kann man gleichzeitig sich durchdringen mit den einzelnen Schicksalen der Menschen – betroffen sein, mitfühlend, mitlebend bis zum Mit-Leiden, ohne sich selbst zu verlieren?" Antworten findet sie in der gemeinsamen Reflexion mit den Mitarbeitern von Monte Azul, in Lese- und Gesprächskreisen, die sich mit diesem Thema befassen. Ute ist überzeugt: „Der

Mensch kann sich in dem Maße verändern, in dem wir an ihn glauben." Sie sagt aber auch: „Ich mache mir nicht die Illusion zu glauben, dass diese Menschen eines Tages ‚normal' werden. Das sind zutiefst verletzte Seelen. Ein Leben reicht gar nicht aus, um das zu heilen. Man muss da in größeren Zusammenhängen denken. Es braucht Mut, an diese Leute zu glauben. Ich finde es hilfreich zu glauben, dass der Samen, den wir in diesem Leben säen, in der Zukunft aufgehen wird. Vielleicht erst in 20 oder 30 Jahren, und manchmal vielleicht auch erst in einem anderen Leben."

Edineia und Suzane erweisen sich als handwerklich sehr begabt und verdienen ihr Geld in der Weberei von Monte Azul. Ronaldo und Vinicio hingegen werden immer noch von der Polizei gesucht und sitzen bei Ute fest, als freiwillige Gefangene. „Meine Sorge war: Wie beschäftige ich die? Und wie verhindere ich, dass da jetzt in meinem Garten Drogen zirkulieren? Das muss man sich mal vorstellen – die waren auf Entzug, in meinem Garten. Ich hatte zur Bedingung gemacht, dass sie keine Drogen nehmen, solange sie bei mir wohnen. Das war ja einfach illegal, da wären sie gleich wieder ins Gefängnis gekommen. Leider hat das nicht geklappt – ich weiß, dass sie da ab und zu ganz schön gepafft haben. Immer musste man aufpassen..."

Ute gelingt es, Aufträge für Ronaldo und Vinicio zu organisieren, und die beiden fangen an für ihren Lebensunterhalt zu arbeiten. Ronaldo hat gelernt, aus Holzabfällen der Schreinerei Körbe zu flechten, und Vinicio entdeckt sein Talent fürs Batiken. Gearbeitet wird auf Utes Veranda. Die Mitarbeiter der *Associação* helfen dabei, die Produkte der beiden Jungen zu verkaufen.

Zudem bittet Ute einen befreundeten Rechtsanwalt, den ehemaligen Präsidenten der *Associação,* Ayrton Pimentel, um Unterstützung für Ronaldo. Er erinnert sich noch lebhaft daran, wie sie mit diesem Anliegen zu ihm kam. „Dieser Ronaldo war ein *bicho,* ein Untier! Und Ute erzählt mir von ihm und sagt: ‚Ayrton, das ist ein ganz sensibler Junge. Du glaubst nicht, was der als Kind für schöne Bilder gemalt hat!' Mir sind fast die Tränen gekommen, als sie das so gesagt hat. In dem Moment ist mir erst so richtig klar geworden, in welchem enormen Ausmaß Ute an die Menschen glaubt. Sie hat eine Vision davon, was den Menschen ausmacht. Und diese Vision ist für sie keine Theorie, sondern eine Praxis. Eine Praxis des Zusammenlebens, des Glaubens und Vertrauens in das Gegenüber und seine Würde."

Ayrton setzt sich auf der Polizeistation für Ronaldo ein. Er argumentiert mit der Minderjährigkeit des Jungen, und mit diversen Plänen für Therapie und Resozialisierung, in die Ronaldo eingewilligt habe. Der zuständige Beamte benennt die Dinge klar: „*Ele está na lista*" – „Er steht auf der Liste." Er meint damit die inoffizielle Todesliste der Polizei. Für Ayrton ist es keine Überraschung, dass die Polizei Ronaldo nicht sucht, um ihn einzusperren, sondern um ihn umzubringen. „Die Polizei tötet in Brasilien jeden Tag, das ist bis heute normal", so Ayrton, „ – in der Polizeistatistik tauchen diese Toten dann als *morte de resistência,* als Tod durch Notwehr, auf."

Der Beamte setzt hinzu, dass auch die Favelabewohner es bald nicht mehr dulden würden, dass Ronaldo ungestraft davonkommt und weiter sein Unwesen treibt. „Ich dachte: Das stimmt. Niemand erträgt diesen Typen – nur Ute! Und die hat ihn zu sich nach Hause geholt. Wir haben mit ihm weitergemacht und ihm geholfen, aber wir hatten immer Angst dabei. Vor allem um Ute."

Staatliche Gewalt als Erbe der Militärdikatur

Brasilien ist eines der gewalttätigsten Länder der Welt. Eine tragende Rolle in dieser traurigen Statistik spielt die Gewalt durch staatliche Institutionen. Die Polizei ist Teil des massiven Gewaltproblems und trägt dazu bei, es zu erhalten und zu verschärfen. Sie tritt als Unterdrücker auf und wird von der Bevölkerung gefürchtet. Seit 1988 hat Brasilien eine demokratische Verfassung, die sich auch zu den Menschenrechten bekennt – allerdings gelten diese bei weitem nicht für alle Brasilianer. Auf Polizeiwachen und Gefängnissen sind Verhörmethoden wie Waterboarding und Elektroschocks nach wie vor Gang und Gäbe.

Eine Erklärung für die alltägliche Gewalt durch Institutionen ist die Kontinuität von Strukturen seit der Diktatur. Die Militärregierung reagierte in den 80er Jahren auf den Druck durch die Opposition, indem sie den Übergang zur Demokratie selbst einleitete. Ihre eigenen Leute machte sie mit einer Generalamnestie unangreifbar. So sind die Strukturen der Justiz und der öffentlichen Sicherheit Brasiliens aus der Diktaturzeit zwar umbenannt, dabei aber unverändert in die Demokratie übernommen worden. Funktionäre, die während der Diktatur Oppositionelle verfolgten und folterten, blieben unbestraft und besetzen zum Teil bis heute Positionen in der für ihre Brutalität bekannten Militärpolizei, in

Politik und Justiz. Nach dem politischen Systemwechsel blieb die Militärpolizei erhalten und mit der Aufgabe betraut, Verbrechen zu bekämpfen, während die zahlenmäßig weit unterlegene *Polícia Civil* („Zivilpolizei") sie aufklären soll. Diese Rollenverteilung folgt einer Tradition, die schon seit Kolonialzeiten besteht. Problematisch ist unter anderem, dass sie zu einem Konkurrenzverhältnis führt – Behörden kommen sich in die Quere oder machen doppelte Arbeit. Ein besonders blutiges Beispiel für die militärische Kontinuität seit der Diktatur ist in São Paulo die der Militärpolizei zugeordnete Spezialeinheit ROTA: Sie patrouilliert schwer bewaffnet in den Außenbezirken der Stadt und hat Anweisung, hart und gnadenlos gegen jeden mutmaßlichen Verbrecher vorzugehen. Gouverneur Luís Antonio Fleury, auch genannt „der Schlächter", sagte öffentlich im Jahr 1990: *„Wenn mehr Menschen durch die Polizei sterben, ist das ein Zeichen für deren Effektivität"* (Folha de São Paulo). Von den stark rechtslastigen brasilianischen Medien werden die Einsätze der Polizei heroisiert. Im Jahr 1992 tötete die Militärpolizei in São Paulo so viele Zivilisten wie nie zuvor: Fast 1500 Menschen kamen durch Schüsse von Seiten der Polizei ums Leben, das sind acht mal so viele wie unter dem südafrikanischen Apartheidsregime in seinem gewalttätigsten Jahr. In den frühen 90er Jahren machte die Brutalität der brasilianischen Polizei mehrfach international Schlagzeilen: Der blutige Sturm auf das Gefängnis Cirandiru im Jahr 1992, und ein Jahr später das Massaker an Straßenkindern vor der Candelária-Kirche in Rio de Janeiro sind nur zwei Beispiele. Die Diktatur ist abgeschafft, die Gewalt durch den Staat jedoch besteht weiter.

Dank wiederholter Fürsprache durch Ute und Ayrton ist Ronaldo einige Zeit später doch wieder auf freiem Fuß und zieht zurück in die Favela. Er kommt bei seiner Mutter unter, in einer Holzhütte in der Nähe der Quelle. Der Bau des neuen Kindergartens ist noch nicht abgeschlossen, und so bittet Ute den Baumeister Farias, Ronaldo zu beschäftigen. „Aber nur, weil du es bist", willigt dieser ungern ein. Es ist nicht das erste Mal, dass Ute ihre Verantwortlichkeit für den Bau nutzt, um ihm schwere Jungs unterzuschieben. „Der Ärmste" schmunzelt sie, „der musste mit dieser ganzen Bande arbeiten!" Die Jungen haben morgens um sieben Uhr anzutreten, und Ute sorgt höchstpersönlich dafür, dass Ronaldo in die Puschen kommt. Jeden Morgen um kurz vor sieben steht sie vor seiner Hütte und klopft ihn aus den Federn. Ein paar Monate scheint alles auf einem guten Weg – dann ist Ronaldo eines Tages verschwunden.

In den kommenden Jahren taucht er immer wieder bei Ute auf, wohnt eine Weile bei ihr und verschwindet dann wieder. Mittlerweile ist er ein erwachsener Mann und wird mit jedem Besuch unangenehmer und bedrohlicher. Immer ist er bewaffnet, immer sehr nervös, und immer braucht er dringend Geld. Ronaldos Verhalten ist unberechenbar. Einmal zerschlägt er alle Fenster in Utes Haus, ein anderes Mal bedroht er sie mit einem Revolver. Ute, wie hältst du so etwas nur aus? Warum hast du immer weiter gemacht? Auf so eine Frage hin legt sie den Kopf leicht schräg und wählt ihre Worte mit Bedacht. „Ich mache mir da keine Illusionen – nicht immer sieht man konkrete Resultate. Jedenfalls nicht in dieser Inkarnation. Manchmal ist das einzige, was man tun kann, einen Samen zu setzen und ihn zu pflegen, auch wenn man die Früchte nie sehen wird. Aber davon darf man sich nicht abhalten lassen, weiter zu pflanzen!“

Die Jugendlichen sind nicht die einzigen kriminellen Elemente, die bei Ute ein und aus gehen. Wenn Leute aus der Favela zum abendlichen Beisammensein oder zu Festen in Utes Haus kommen, dann sind immer auch *bandidos* dabei. „Ute hat nie jemanden weggeschickt“, erzählt Elizete. Sie hat bereits in den 70er Jahren als Kind bei Ute gewohnt. In den 80ern kommt sie, von ihrem Mann frisch getrennt, noch einmal für eine Zeit bei ihr unter. „Ute hat immer alle gleich behandelt“, erinnert sich Elizete, „und den Kriminellen war sie ein Gegenüber. Das war denen sehr wichtig, sie sind immer erhobenen Hauptes bei Ute wieder weggegangen. Bei ihr fühlten sie sich als Menschen, und nicht wie der Abschaum, als den die Polizei und die Gesellschaft sie behandelten.“ Auch den *bandidos* stellt Ute allerdings eine Bedingung: Vor dem Feiern, an der Türschwelle, werden die Waffen abgegeben.

Wie Ronaldo verschwindet auch Vinicio in unregelmäßigen Abständen von der Bildfläche und im Gefängnis. Ab und an schaut er bei Ute vorbei, um Edineia und die gemeinsame Tochter zu besuchen. Edineia und Suzane wohnen nach wie vor bei Ute; nach ein paar Monaten kommt noch Edineias Schwester Sirene dazu. Edineia ist wieder schwanger. Die Mädchen fühlen sich wohl bei Ute. Sie wollen den Absprung wirklich schaffen, ein ehrliches Leben führen und keine Drogen mehr nehmen. Sobald Ronaldo und Vinicio auftauchen, sind die Frauen in ständiger Alarmbereitschaft. „Wenn ich die beiden zur Begrüßung umarmt habe, habe ich immer unauffällig nachgefühlt, ob sie bewaffnet sind“, erzählt Elizete. Mit ihrer unerschrockenen Art ist sie Utes große Stütze in dieser herausfordernden Zeit.

So vergehen Jahre. Als Vinicio eines Tages wieder einmal auftaucht, hat er sich im Gefängnis mit HIV infiziert. Die Gefängnisse von São Paulo sind bis heute oft mehr als doppelt belegt; Tuberkulose, HIV, Lepra gehören zum Alltag des Strafvollzugs. Vinicio wird schwer krank, später auch depressiv, er magert stark ab und kann eines Tages nur noch liegen. Ute besucht ihn im Haus der Familie und verbringt in seinen letzten Wochen noch einmal viel Zeit mit ihm.

Edineia und Suzane werden noch ein paar Jahre bei Ute wohnen. Edineia hat ihr erstes Kind zur Adoption freigegeben, das zweite, ein Junge, wird Utes Patenkind. Ganz werden Drogen und Gewalt aus dem Leben der beiden jungen Frauen nie verschwinden. Aber sie haben nun eine Richtschnur, eine Achse, an der sie sich ausrichten können, wenn das Leben sie wieder aus der Bahn wirft. „Ute hat uns den richtigen Weg gezeigt", sagt Suzane Jahre später. „Das war sicher oft für sie genauso schwer wie für uns."

1990 muss Edineia mit ansehen, wie Ronaldo von den *justiçeiros* der Favela getötet wird. Er war soweit gegangen, selbst Verwandte der führenden *bandidos* zu erpressen, um an Geld zu kommen. Die Herren der Favela haben angekündigt, dass es kein Pardon für ihn geben würde, selbst das Datum der geplanten Exekution geben sie bekannt. Edineia und Suzane haben ein Fest geplant und wollen sich nicht aus Utes Garten vertreiben lassen. Ute und Elizete sind bereits auf ihre langgeplante Vortragsreise nach Japan aufgebrochen, als es passiert: Ein Abend, der mit *churrasco*, Musik und jungen Leuten ein fröhlicher hätte werden können, endet damit, dass Ronaldo tot in Utes Garten liegt.

Gewalt in São Paulo

Brasilien ist eines der gewalttätigsten Länder der Erde: Im Jahr 2013 starben nach offiziellen Zahlen um die 55.000 Brasilianer durch eine Schusswaffe. Seit den 80er Jahren hat sich die Gewalt mehr als vervierfacht. Dieses Problem potenziert sich in den Städten, und es betrifft vor allem Jugendliche aus sozial benachteiligten Verhältnissen: Im Jahr 1995 starben in São Paulo 430 Jugendliche im Verkehr, etwa fünfmal so viele Gleichaltrige kamen im gleichen Zeitraum durch Waffengewalt zu Tode.

Mord ist in Brasilien die häufigste Todesursache unter jungen Leuten. Soziologen führen dieses Phänomen auf die „unsichtbare" Gewalt durch Vernachlässigung und Ausgrenzung zurück: auf fehlende Investitionen des Staates in Gesundheit, Bildung, öffentliche Leistungen und Gewaltpräventionsprogramme. Durch die schlechten Schulen und den stark sozial selektiven Zugang zu Hochschulbildung bleibt die Jugend der Peripherien und Favelas in São Paulo auf der Strecke. Gesellschaftlicher Aufstieg ist so gut wie unmöglich, und so geraten auf der Suche nach Perspektiven viele junge Leute ins Drogengeschäft. Mord ist eine gängige Form, Konflikte zu lösen – die Justiz genießt kein Vertrauen, und nicht zuletzt die Polizei selbst ist für viele der Todesfälle durch Schusswaffen verantwortlich. Diese Gemengelage führt gebietsweise zu bürgerkriegsähnlichen Zuständen. In diesem Land sterben zwischen 2004 und 2007 mehr Menschen durch Waffengewalt als im gleichen Zeitraum im Irakkrieg.

Heute passiert in São Paulo alle 30 Minuten ein Mord, alle drei Minuten ein brutaler Raubüberfall. Lediglich jeder zehnte Mord kommt vor Gericht, jeder zweite davon wird aufgeklärt. Der Soziologe Oscar Vieira fasst zusammen: „So halten sich die Armen nicht an die Gesetze, weil ihre Rechte permanent vom Gesetz mit Füßen getreten werden, und die Reichen halten sich nicht an die Gesetze, weil sie sich diese erkaufen können."

BRÜCKEN

–

Kultur und Identität

Der Mensch lebt nicht vom Brot allein.

Matthäus 4,4

Die Favela Monte Azul liegt in der Südzone von São Paulo. In unmittelbarer Nähe befindet sich der Bezirk Jardim Ângela, der um die Jahrtausendwende von der UNESCO als gewalttätigster Stadtteil der Welt eingestuft wurde. Padre Jaime, ein engagierter irischer Geistlicher, der in diesem Bezirk Sozialarbeit betreibt, berichtet in den späten 90er Jahren immer wieder in den Medien davon, dass tägliche Bestattungen einen Großteil seiner Arbeit ausmachen. Die Bezirke Capão Redondo, Jardim São Luis – zu dem auch Monte Azul gehört – und Jardim Ângela werden noch im Jahr 2012 im Sprachgebrauch der Zivilpolizei São Paulos als „Todesdreieck" bezeichnet. Allein im Jahr 2001 kommen in diesem Teil der Stadt über 700 Menschen durch Schusswaffen um. Die meisten Toten, die Padre Jaime auf dem Friedhof von São Luis unter die Erde bringt, sind junge Männer.

Umso erstaunlicher liest sich ein Artikel des international renommierten brasilianischen Journalisten Gilberto Dimenstein vom 22. Oktober 2006 in der Tageszeitung Folha de São Paulo. In der zweiten Jahreshälfte 2006, so steht dort zu lesen, sei in der Favela Monte Azul keine einzige Gewalttat registriert worden.

Dieser Umstand ist umso bemerkenswerter, als im selben Jahr eine Welle der Gewalt die Stadt erschütterte. Im Mai 2006 demonstrierte das *Primeiro Comando da Capital* (PCC), ein einflussreicher Arm des organisierten Verbrechens in Brasilien, seine Macht: Eine Woche lang terrorisierte es geballt den öffentlichen Raum. Zahlreiche Anschläge auf Polizeireviere, Banken, Gerichte und Omnibusse verbreiteten Angst und Panik.

Drogenhandel und organisiertes Verbrechen

Bis in die 60er Jahre hinein ist Drogenhandel in Brasilien eher ein Randphänomen. Erst in den 70er Jahren wird der Staat zum Transitland auf der Route des Kokains von den bolivianischen Anden zum Hafen von Rio de Janeiro, und die brasilianische Ober- und Mittelschicht beginnt, Kokain zu konsumieren. Ein Heer von Jugendlichen ohne Perspektive auf dem Arbeitsmarkt ist leicht als billige und willige Arbeitskraft zu rekrutieren und wird für Boten- und Aufpasseraufgaben eingesetzt. Seit Mitte der 90er Jahre ist der Drogenhandel im Staat São Paulo fest in der Hand des organisierten Verbrechens. Das PCC (*Primeiro Comando da Capital*, „Erstes Hauptstadtkommando") versorgt die Gesellschaft mit Marihuana, Kokain und Crack und ist ein etablierter Player im internationalen Drogenhandel.

Der Ruf nach der harten Hand ist laut in Brasilien. Das führt dazu, dass selbst Jugendliche, die erstmalig beim Verkauf von Marihuana erwischt werden, mit drei Jahren Gefängnis rechnen müssen. Viele sitzen dort auf Verdacht jahrelang, ohne je verurteilt worden zu sein, und verlassen das Gefängnis später als gut ausgebildete Schwerverbrecher. Nur die USA, China und Russland sperren mehr Menschen ein als Brasilien – hier sitzen im Jahr 2012 über 500.000 Gefangene ein, fast fünfmal so viele wie noch in den 90er Jahren. Die Gefängnisse sind meist doppelt oder dreifach belegt; immer öfter wird über routinemäßige Gewalt und Folter durch das Wachpersonal berichtet, über unbehandelte Geschwüre und offene Tuberkulose. Im Jahr 1992 kommt es im Carandiru-Gefängnis von São Paulo zu einem regelrechten Massaker; ein Jahr später gründet sich aus einer Häftlings-Fußballmannschaft das PCC. Das Statut dieser kriminellen Vereinigung liest sich wie eine Charta der Menschenrechte: Das Netzwerk fordert Frieden, Gerechtigkeit, Freiheit und Gleichheit für die Unterdrückten in den Gefängnissen. Die Vereinigung funktioniert nach dem Prinzip einer Lebensversicherung: Wer sich den Schutz der Organisation erkauft, wird von ihr versorgt. Das Netzwerk liefert Nahrungs- und Hygieneartikel, schützt vor Übergriffen und Folter und unterstützt auch die Familien der Insassen. Wer beitritt, verkauft allerdings seine Seele: Die Mitglieder verpflichten sich, auch nach ihrer Freilassung für die Gruppe zu arbeiten und weiter Schutzgelder zu bezahlen. Der brasilianische Staat hat lange versucht, die Existenz des PCC zu leugnen. Im Jahr 2001 demonstrierte das Netzwerk in einer Superrebellion seine Macht: In 29 Gefängnissen rebellierten zeitgleich 28.000 Insassen – die staatliche Gewalt war angesichts dieser Massen machtlos. Auf Versuche der Regierung, die Macht des Netzwerkes zu brechen, reagiert dieses mit maßloser Gewalt: Im Mai 2006 wurden in einer konzertierten Aktion Omnibusse angezündet, Polizisten erschossen und Banken überfallen. Das Zentrum von São Paulo versank eine ganze Woche lang im Chaos; innerhalb nur einer Woche starben in São Paulo 122 Menschen.

Experten gehen davon aus, dass das PCC heute die meisten Gefängnisse von São Paulo kontrolliert und in weiteren brasilianischen Bundesstaaten aktiv ist. Schätzungen zufolge hat das Netzwerk circa 50.000 Mitglieder, rekrutiert zum großen Teil aus einer Armada von perspektivlosen Jugendlichen. Rehabilitation kommt bis heute im brasilianischen Strafvollzug nicht vor.

Reinaldo Correa, im Jahr 2006 Hauptverantwortlicher für die Polizeistationen der Südzone von São Paulo, wird in Dimensteins Artikel mit den Worten zitiert: „Das hier war mal eine der wildesten Gegenden der Stadt, Brasiliens, ja sogar der Welt."

„War", sagt Correa – es hat sich also etwas getan in der südlichen Peripherie. Im Jahr 2006 waren „nur" noch halb so viele Tote zu verzeichnen wie fünf Jahre zuvor. Dank Menschen wie Ute Craemer und Padre Jaime, die mit Eigeninitiative vorangehen, setzt sich nach und nach auch in

Politik und Verwaltung die Erkenntnis durch: Prävention ist wirksamer als Reaktion, wenn man das Übel der Gewalt an der Wurzel packen will. Gelingende Prävention setzt an der Basis an – im täglichen Leben der *comunidade.* Genau das ist es, woran in der Favela Monte Azul bereits seit den 70er Jahren gearbeitet wird.

Das Ausmaß des Vertrauens, schreibt Dimenstein weiter, das die Bewohner von São Paulo in den dort herrschenden Frieden haben, lasse sich daran ablesen, dass jedes Jahr eine Gruppe von Waldorfschülern, also Kindern der oberen Mittelschicht, eine Woche in Monte Azul verbringe und dort auch übernachte. Die Eltern dieser Kinder fürchten offenbar nicht um das Leben ihrer Sprösslinge. Angesichts der Tatsache, dass die Mittel- und Oberschicht viel Geld in hohe Zäune, Wachpersonal und Sicherheitstechnologie investiert, um sich vor der Gefahr aus den Favelas zu schützen, erschließt sich die Botschaft, die in dieser Praxis liegt. Es gehe, fasst Dimenstein klarsichtig zusammen, um das höchste Gut einer Gesellschaft: Das Vertrauen der Menschen untereinander. In Brasilien ist es bislang dünn gesät.

Das „Kunstwerk“ der Gewaltfreiheit, das in der Favela Monte Azul geschaffen wurde, ist ein komplexes Gebilde. Wie die *Associação* selbst setzt es sich aus den unterschiedlichsten Aktivitäten und Phänomenen zusammen, die eines gemeinsam haben: Sie sind darauf ausgelegt, Selbstbewusstein und Identität des Einzelnen und damit gesunde, konstruktive Kräfte in der Gesellschaft zu stärken. Es ist die Resilienz vieler Einzelner, die die Resilienz einer Gesellschaft ausmacht.

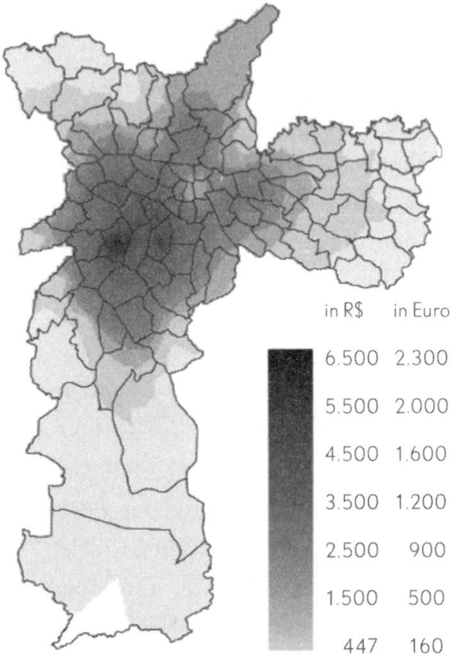

Durchschnittliches
Einkommen der
Verantwortlichen
für einen Haushalt
(Stand 2000)

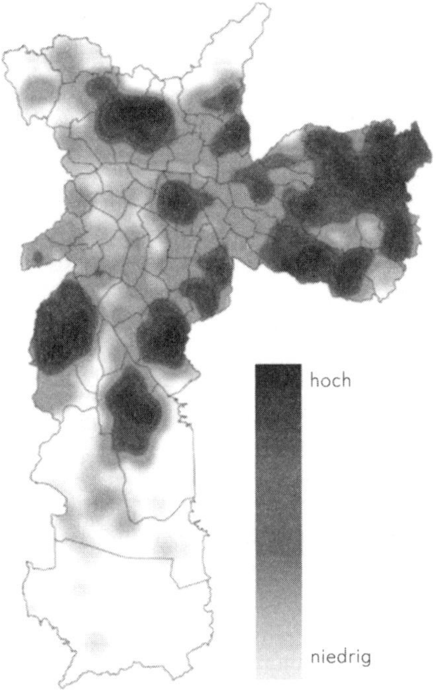

Mordrate in São Paulo
(Stand 2000)

Abbildungen: Sebastian Knust

Ein weithin sichtbares Symbol für den Erfolg der beschriebenen Gewaltfreiheit ist das *Centro Cultural.* Das Kulturzentrum der *Associação* wurde 1991 auf dem Gelände der ersten *Escolinha* gebaut. Für die künstlerischen Bedürfnisse und Aktivitäten der Favelabewohner und Mitarbeiter sollte es endlich auch einen physischen Raum geben. Theater spielen, Singen, Malen – alles, was dem Menschen Ausdruck seiner Individualität ermöglicht, war für Ute immer schon selbstverständlicher Teil ihrer Arbeit. Die Kinder bei ihr daheim kannten in den 70er Jahren noch nicht einmal das Wort – aber sie wollten immerzu *treato* („Theater", falsch ausgesprochen) machen. „Die Leute fragen mich immer: ‚Warum soll denn ein Favelabewohner Theater spielen?' Da kann ich nur sagen: ‚Warum denn nicht? Der Mensch lebt nicht vom Brot allein.' Ich finde es sehr angemessen, von den eigenen Bedürfnissen auf die der anderen zu schließen. Ich will ja auch nicht nur essen. Und wenn ich nicht nur essen will, warum sollte es dann für die anderen nur Essen geben? Wenn ich gerne spiele und lese und male und mal einen Film angucke – warum sollten die anderen das nicht wollen? Es gibt ein Urbedürfnis nach Schönheit, nach Ruhe, nach Ausdruck. In allen Menschen."

Die gängigen Prioritäten in der Entwicklungszusammenarbeit und Sozialarbeit findet sie verquer und „richtig unmenschlich": „Die Theorie ist ja immer: Erst kommt das Materielle, und dann der ‚Rest', die Kultur. Und das stimmt radikal nicht! Da wird immer die gleiche Unterscheidung gemacht: Auf der einen Seite sind da die gebildeten Leute – das sind ja auch die, die diese Ideen entwickeln. Und dann gibt es noch die, denen diese Ideen gar nicht kommen können, weil sie ja auf dem Land oder im Dreck leben. Die Leute mit den Ideen finden immer, man müsse den anderen erst mal beibringen sich zu waschen. Wenn ich das schon höre! ‚*Se tem que dar aula de higiene*'", äfft Ute den viel zu oft gehörten Kommentar nach und wird – das ist selten der Fall – richtig bissig. Sie weiß: „Gib einem Brasilianer eine Dusche, und er wird sie fünf mal am Tag benutzen!"

Für Ute steht fest: Materielle Unterstützung und die Gelegenheit zu künstlerischem Ausdruck, zu geistigem Wachstum, müssen ineinandergreifen. „Die Kultur ist nicht der Überbau – sie ist die Basis. Das ist genauso wichtig wie jeden Tag etwas zu essen zu haben."

Diese Überzeugung zieht sich durch die gesamte Arbeit in Monte Azul und findet im *Centro Cultural* ihre bauliche Umsetzung. Während die Favela durch die Urbanisierungsarbeiten an die Infrastruktur der Stadt angeschlossen wird, entsteht mit dem Kulturzentrum ein Raum für eine weitere Lebensgrundlage. An einem Ort, an dem extreme Platznot herrscht, ein zweistöckiges Gebäude für kulturelle Aktivitäten zu reservieren, sagt etwas über Prioritäten aus. Genau auf der Grenze zwischen Favela und Stadtteil Monte Azul entsteht heute ein Gebäude mit zahlreichen Räumen – und einer professionellen Theaterbühne samt hochwertigem Holzboden. Das mag heute, wo jeder Theaterregisseur, der etwas auf sich hält, sich auch in einem Sozialprojekt engagiert, nicht weiter spektakulär klingen. In den 90er Jahren ist es etwas noch nie Dagewesenes. Die Überzeugung dahinter: „Behandle einen *favelado* (abwertend für „Favelabewohner") wie einen Bürger, und er wird einer werden!"

Endlich ist ausreichend Platz für die vielfältigen kulturellen Aktivitäten in Monte Azul. Cido bekommt für seine Theaterkurse einen Ort; die unterschiedlichsten Musik-, Mal- und Tanzgruppen kommen ins *Centro Cultural,* um hier zu proben und auch aufzuführen. Auch Utes selbst geschriebene Stücke kommen hier auf die Bretter, die die Welt bedeuten. Amaurí Falsetti, Sozialarbeiter und Regisseur in Personalunion, steckt viel Energie in den Aufbau einer professionellen Theatergruppe. Das Ensemble gastiert im Laufe der Jahre auch international und feiert lateinamerikaweit Erfolge.

Das Kulturzentrum blüht und gedeiht, und mit ihm die Vielfalt in der Favela. Cido, der schon seit den 70er Jahren in Utes Haus Tanz- und Theaterkurse gegeben hat, wird für viele Jungen aus der Favela zu einem Rollenmodell. „Das war ganz wichtig für uns", erinnert sich Nelson, der die 90er Jahre als Teenager erlebte und viel Zeit im *Centro Cultural* verbrachte. „Er hat uns vorgelebt, dass man auch als Mann weiche Seiten haben darf. Wir haben gelernt, dass andere zu akzeptieren auch bedeutet, sich selbst zu akzeptieren, wie man halt ist: ob schwarz, weiß, arm, dumm, schlau oder schwul – egal."

Eine Brücke über den Pinheiros

Das kulturelle Angebot in Monte Azul ist in den 90er Jahren das einzige weit und breit in der Peripherie von São Paulo, und so wird es schnell auch für die Bevölkerung der umliegenden Stadtteile attraktiv. In den Tanz- und Theatergruppen mischen sich soziale Zugehörigkeiten, und bald schon treffen im *Centro Cultural* Welten aufeinander. Das ist nicht nur für diejenigen ein Gewinn, die in der Favela leben. Aline stammt aus einer Mittelschichtsfamilie in der Nähe der Favela. Über ihre Teenagerjahre in der Theatergruppe von Monte Azul sagt sie heute: „Das hat mein Leben verändert. Ich habe so viele Tote gesehen, so viel Gewalt – Theater spielen zu können, mich ausdrücken zu können, war ein Mittel um zu überleben.“ Heute lebt Aline in Köln und macht Theaterarbeit mit Migranten.

Im Laufe weniger Jahre entwickelt sich das *Centro Cultural* zu einem wichtigen Aufführungsort in São Paulo. Aglaia Pusch ist die Frau der Kontakte: Sie holt brasilianische und internationale Stars ins Kulturzentrum von Monte Azul: Helden der brasilianischen Musik wie Zé Geraldo und Renato Teixeira treten hier auf, aber auch in Deutschland bekannte Stars wie Moritz Bleibtreu oder der Regisseur Johann Kresnik. Produktionen von Rang und Namen gastieren in Monte Azul – „es gab so einen Aberglauben“, erzählt Amaurí, „dass eine Premiere in Monte Azul Glück bringt.“ Den Bewohnern der Favela auf jeden Fall: Bis in die 90er Jahre hinein spielte sich das kulturelle Leben ausschließlich im Zentrum ab, in einer anderen Welt. Lange Anfahrtswege und teure Eintrittspreise machten die Orte der Hochkultur so gut wie unerreichbar. Nun bringt das *Centro Cultural* einen bislang unerreichbaren kulturellen Reichtum in die Peripherie, und auf der Bühne von Monte Azul gastieren die Stuttgarter Symphoniker. Der Eintritt ist für Bewohner der Favela kostenlos.

Das Team im Kulturzentrum ist hochengagiert, und Ute lässt den Kollegen freie Hand. „Sie hat Vieles in Frage gestellt“, erzählt Aglaia heute, „aber immer hatte sie extrem großes Vertrauen. Sie hat einen machen lassen. Ute ist eine Frau, die Initiative immer unterstützt.“

Das Bühnenprogramm im *Centro Cultural* lockt bald schon Gäste aus der Umgebung an, die sich ansonsten hüten, die Demarkationslinie zur Favela zu übertreten. Aber auch *Paulistas* aus weit abgelegenen Teilen der Stadt machen sich auf den langen Weg in die Peripherie, um Gastspiele in Monte Azul zu besuchen. Viele überwinden auf diese Weise zum ersten Mal die Angstgrenze, die der Fluss Pinheiros markiert. Im Anschluss an die Aufführungen finden Publikumsdiskussionen über die Inhalte statt, unterschiedliche soziale Schichten kommen ins Gespräch und tauschen sich aus. Das ist Brückenbau ganz in Utes Sinn. Im Jahr 2009 wird die Favela-Bühne von den Lesern der Zeitung Folha de São Paulo zu einem der beliebtesten Aufführungsorte São Paulos gewählt – in einer Stadt, in der die Bewohner wohlhabender Viertel in einer Favela nichts als Mord und Totschlag vermuten. Anders als heute gibt es damals noch keine Orte für Subkultur. Monte Azul ist auch in diesem Sinne Pionier: Ein Ort für alle.

Das medienwirksame *Centro Cultural* wird zu einer Referenz in São Paulo, Brasilien und ganz Lateinamerika. Die *Associacão* profitiert von der medialen Aufmerksamkeit: Monte Azul wird in Brasilien zum leuchtenden Vorbild gelingender Sozialarbeit und inspiriert die Gründung vieler anderer ähnlich gelagerter Projekte. Dieser Brückenschlag kommt den Favelabewohnern, aber auch der brasilianischen Gesellschaft zugute. „Monte Azul hat damals landesweit soziales Bewusstsein geschaffen“, fasst Amaurí zusammen.

Widersprüche

Große polierte Autos parken zuhauf in den steilen Straßen um das *Centro Cultural*. Hoher Besuch ist häufig in den 90er Jahren. Nicht jede(r) fühlt sich damit wohl. Aglaia Pusch erinnert sich noch gut an eine bestimmte Premierenfeier im *Centro Cultural.* „Da steht der Direktor des Goetheinstituts neben Ute am Buffet, und was macht sie? Spricht die nötigen zwei Sätze und dreht ihm dann den Rücken zu. Das ist doch unglaublich!" Noch heute schüttelt Aglaia den Kopf über Utes spröde Art „wichtigen" Menschen gegenüber. Schließlich sind Kontakte zu Menschen mit Verbindungen eine wichtige Währung für eine Organisation, die auf Spendengelder angewiesen ist. Ute selbst erklärt freimütig, was sie an solchen Gesprächen nicht leiden kann: „Da kommt dann Besuch, und ich werde vorgeschickt: ‚Hier, das ist die Ute.' Ich finde: Es sollen doch die mit den Leuten sprechen, die am besten Bescheid wissen. Warum soll ich das tun, wenn andere es viel besser können? Ich mache das doch hier nicht alleine." Ihre Abneigung dagegen, im Mittelpunkt zu stehen, rechtfertigt sie mit einem Nachhaltigkeitsargument: „Mir ist wichtig, dass die Leute Monte Azul sehen, und nicht mich. Deshalb versuche ich immer, andere Namen zu fördern. Ich bin leider immer noch das bekannteste Gesicht – aber irgendwann werde ich nicht mehr da sein."

Ein Schatten fällt auf das Glück der Hochkultur, als die Aufführungen im *Centro Cultural* immer avantgardistischer und provokativer werden. Ute erinnert sich mit Grauen an die Auswüchse der kulturellen Professionalisierung: „Man wollte modernes Theater machen. Da wurde dann auch gerne nackt gespielt, auch im Hof – es wurde geschissen und masturbiert." Ute, die keine Aufführung verpasst, ist die erste, die bei solchen Anlässen den Saal verlässt und so ihrer Missbilligung Ausdruck verleiht. Sie ekelt sich fürchterlich, wie sie sagt, und fürchtet, in Ohnmacht zu fallen. Für sie ist, bei aller Liebe zur

Kunst, die Grenze da erreicht, wo die pädagogische Arbeit leidet: „Die Leute aus der Favela und aus der Umgebung haben sich schrecklich aufgeregt. Und das ist dann der Punkt, wo es tatsächlich kritisch wird: Schließlich machen wir in erster Linie Sozialarbeit – wir haben einen Ruf zu verlieren. Die Leute nehmen ihre Kinder aus der *Escolinha,* wenn sie hier einen nackten Mann im Hof sehen. Man muss bedenken, dass das die 90er Jahre waren; da waren die Leute hier noch viel prüder als heute, vor allem die aus dem Norden." Es gibt interne Auseinandersetzungen, und schließlich beschließen Amaurí und Aglaia, für ihre professionellen Pläne ein eigenes Theater zu gründen: Die *Paideia* in Santo Amaro.

Auch wenn in Monte Azul heute immer mal wieder Bedauern darüber laut wird, dass im *Centro Cultural* viel weniger los sei als früher – für Ute ist es in seiner heutigen Form das, was es sein soll: ein Kulturzentrum im Rahmen von Sozialer Arbeit. „Das Soziale muss der erste Zweck sein", sagt sie. Der Sinn der einstigen Strahlkraft hat sich für Ute erfüllt: Heute gibt es eine starke Kulturbewegung in der Peripherie – die Kultur hat aus dem *Centro Cultural* hinaus ihren Weg in die Umgebung gefunden. So hat zum Beispiel Diko, ein Spross der Favela und ehemaliger Mitarbeiter der *Associação,* in einer Nebenstraße einen Independent-Club mit Kulturprogramm eröffnet. „Marginale Literatur" aus der Peripherie São Paulos ist heute ein Phänomen, das es sogar ins deutsche Kulturradio schafft.

Nelson, der die 90er Jahre in Monte Azul als Teenager erlebt hat, fasst zusammen, was die Kombination aus räumlichem und kulturellem, äußerem und innerem Wachstum der Favela

– durch die Urbanisierungsarbeiten und das Kulturzentrum – für die Bewohner bedeutet hat: „Wir mussten uns nicht mehr schämen, dass wir aus der Favela sind. Ganz im Gegenteil: Monte Azul war plötzlich überall bekannt. Es war großartig, sagen zu können: ‚Ich bin aus Monte Azul!'" Noch 20 Jahre später werden seine Augen feucht, als er einen Satz sagt, der nachhallt: „Die haben uns damals wirklich von der Favela getrennt. Nicht räumlich, aber im Kopf. Wir sind zwar immer noch in der Favela – aber sie ist nicht mehr in uns."

Soziales Kunstwerk

Die sozialen Kleb- und Bindekräfte von Kulturarbeit zeigen sich nicht nur in konkret sichtbarer, an einen Veranstaltungsort gebundener Form. „Kultur" ist für Ute Craemer „alles, was die Seele pflegt oder kultiviert", alles, was in diesem Sinne dazu beiträgt, die Resilienzkräfte im Menschen zu stärken. Und dies nicht nur bei denen, die betreut werden und denen geholfen wird, sondern auch bei den Mitarbeitern selbst. Auch hier drückt sich Utes Haltung aus, dass Sozialarbeit keine Einbahnstraße ist – sondern eine Hilfe zur Persönlichkeitsentwicklung für alle, die daran beteiligt sind. Die Überzeugung, dass auch die Helfenden von ihrem Einsatz profitieren, begleitet sie seit ihrer Zeit als Entwicklungshelferin in den 60er Jahren. Die Organisationskultur der *Associação* reflektiert diese Überzeugung. In der NGO herrscht ein Klima, das Regina, eine langjährige Mitarbeiterin, so beschreibt: „Ich hatte abends gar nicht das Bedürfnis heimzugehen, so zu Hause habe ich mich gefühlt."

Ein Mitarbeiter von Monte Azul verdient weniger als an einer vergleichbaren Stelle in einer staatlichen Einrichtung. Wer in der *Associação* arbeitet, tut das, weil er hier etwas bekommt, das ihm mehr wert ist als Geld: einen Sinn. Und eine Gemeinschaft, die mit vereinten Kräften für diesen Sinn einsteht. Zuhause fühlt man sich dort, wo man als Person gesehen und gewertschätzt wird. Wo man wachsen und die eigenen Möglichkeiten erweitern kann. Raum für persönliches Wachstum, eingebettet in eine Gemeinschaft, das gibt Kraft – und die braucht man für Soziale Arbeit. Besonders wenn sich diese, wie in Monte Azul, extremer Gewalt und Chaos entgegenstellt. Dem zutiefst menschlichen Bedürfnis nach Entwicklung einen Raum zu geben, ist der Organisation ein Anliegen. „Wir sehen unsere Mitarbeiter nicht als Produktivkräfte in einer Funktion“, bekräftigt Renate, „sondern als Menschen, die ihren Rhythmus haben, ihre Grenzen und ihre Möglichkeiten.“

Gemeinsames Lernen ist von den ersten Schritten an Bestandteil der Arbeit in Monte Azul. Schon Anfang der 80er Jahre kam die Frage auf, wie man die Kräfte der Mitarbeiter, und damit die der Gemeinschaft, besser erhalten und pflegen könnte. Eine Antwort darauf hat die *Associação* im Format des „Integrationstags“ gefunden, der seit 1996 einmal im Monat stattfindet.

Zur *Integração* kommen alle Mitarbeiter zusammen. Nach dem gemeinsamen Frühstück wird das bekannte Franziskus-Gebet gesungen: „Herr mach mich zu einem Werkzeug deines Friedens.“ Anschließend wird inhaltlich zu Themen gearbeitet, die nicht unbedingt direkt mit der Sozialen Arbeit, immer aber mit dem Leben der Mitarbeiter zu tun haben. Nach einem

Input wird in Kleingruppen gearbeitet, die Ergebnisse werden künstlerisch umgesetzt und im Anschluss dem Plenum präsentiert. So bekommt jeder Einzelne die Gelegenheit sich auszudrücken und zu zeigen. Alle sehen alle, alle werden gesehen, einmal im Monat. Das hält den sozialen Organismus zusammen, über viele diverse Aufgabengebiete und über drei Standorte hinweg: Monte Azul, Peinha und den circa zehn Kilometer entfernten Stadtteil Horizonte Azul. Für die Organisation bedeutet die *Integração* eine beträchtliche Investition: An diesem Tag stehen in der *Associação* alle Räder still, und alle 230 Mitarbeiter werden von ihren Aufgaben freigestellt, um teilnehmen zu können. „Das ist das Herzstück unserer Arbeit“, fasst Renate zusammen. Sie hat nicht nur die Kindergärten und die Musikschule mit aufgebaut, sondern auch wesentlich dazu beigetragen, die Praxis in Sachen Mitarbeiterentwicklung in der Organisation zu verankern. Seit Ende der 90er Jahre trägt das instiutionalisierte Bemühen um die Entwicklung des Einzelnen und der Gemeinschaft den Namen *Escola Oficina Social,* ins Deutsche nur sperrig als „Soziale Bildungswerkstatt“ übersetzbar. Die Mitarbeiter, die heute noch zu circa 60 Prozent Bewohner der Favela sind, sollen hier mit- und voneinander lernen. „Ein echtes Interesse für den anderen als Person setzen wir voraus“, sagt Renate. In die Praxis umgesetzt wird dieser Wert, indem jeder Mitarbeiter einen *orientador* hat: einen anderen Mitarbeiter, mit dem er in regelmäßigen Abständen Gespräche führt. Mit diesem Gegenüber werden Entwicklungsfelder festgelegt und überprüft, Probleme und Fragen erörtert. Das fördert nicht nur die Selbstreflexion der Mitarbeiter, sondern auch die persönlichen Beziehungen untereinander – und damit die Keimzelle der Gemeinschaft, die die Sozialarbeit in Monte Azul trägt.

Die Probe ist um. Ute legt das Blatt mit dem Liedtext zur Seite, drückt auf dem ungemütlichen Schulstühlchen das Kreuz durch und macht den Nacken lang. „Und jetzt", wendet sie sich an die anderen, „gehen wir zu Dona Jacy und singen für sie!" Zustimmendes Gemurmel im Saal, die Sänger packen ihre Sachen, und die Gruppe setzt sich in Bewegung. Die Dunkelheit hat sich bereits kühl über die Favela gelegt an diesem Abend im Oktober 2013. Dona Jacy wohnt am äußersten Rand der Favela, da wo sich der Ort auch heute noch ein wenig unheimlich anfühlt. Edson geht auf der Gitarre klimpernd voran, die Gruppe folgt ihm durch die engen Gassen, plaudernd und summend.

Dona Jacys Zimmer ist so klein, dass gar nicht alle Besucher hineinpassen. Der 55-jährige Edson legt sein zerfurchtes Gesicht in noch tiefere Falten, greift in die Saiten und legt all seine Hingabe in den Schwung seines rechten Handgelenks, der dem alten Instrument scheppernde Akkorde entlockt. „*Vinticinco de Dezembro, cuando o galo deu o sinal…*" –„Am 25. Dezember, als der Hahn das Zeichen gab…" Kraftvoller Gesang kommt aus 15 Kehlen, mit jeder Zeile wird er voller. Dona Jacys Freude macht Gänsehaut. Seit Tagen ist die 76-Jährige nicht mehr aufgestanden; ihre Familie rechnet damit, dass der Lebenswille, den sie ihrem Lungenleiden entgegensetzt, noch für ein paar Wochen reichen wird. Sprechen kann sie schon nicht mehr; ihr ganzes Leben lang hat sie Kette geraucht. Und dabei verlässlich wiederholt: „*Folia* werde ich singen, bis ich umfalle!" In dem Moment, in dem die vetrauten Töne an ihr Ohr dringen, die Melodien ihrer Kindheit, setzt sie sich im

Bett auf. Jetzt steht sie tatsächlich mitten im Zimmer – die Schläuche, die von der Sauerstoffflasche zu ihrer Nase führen, sind bedenklich gespannt – und wiegt sich zur Melodie, ein entrücktes Lächeln auf dem eingefallenen Gesicht.

Ihre Tochter schaut ein wenig ängstlich, aber Dona Jacy ist selig wie schon lange nicht mehr. Alle Herzen in diesem kleinen Raum ohne Fenster sind voll bis zum Überlaufen.

Wieder einmal waren es die Kinder, durch die Ute in Kontakt kam mit etwas, das für sie und für die Favela Monte Azul wichtig werden sollte: mit der *Folia de Reis*, „Freude der Könige" – der brasilianischen Variante des Dreikönigssingens. Für das Weihnachtsfest 1979 hatte sie mit den Kindern der *Escolinha* und den Erzieherinnen ein Weihnachtsspiel eingeübt. Ganz unten in der Favela sollte es aufgeführt werden, vor dem ersten Brotbackofen von Monte Azul, denn dort war am meisten Platz. Leider auch am meisten Matsch, denn es hatte seit Tagen ununterbrochen geregnet. Dennoch wollte niemand sich das Weihnachtsspiel entgehen lassen, und alle waren gekommen: Männer, Frauen, Kinder. Die kräftige kleine Jura als Maria musste all ihre Würde aufbringen, um gegen das Lampenfieber und die Schlammspritzer auf ihren Kleidern anzuspielen. Als Regenschutz hielt ein Hirte ihr ein großes Bananenblatt über das wellige Haar. Der Schlussakkord des letzten Liedes war gerade am Verklingen, als der alte Antônio, einer der ersten Bewohner der Favela, vor seine Hütte trat. Ein großes Lachen stand auf seinem gegerbten Gesicht mit den deutlich indianischen Zügen – „Sowas Ähnliches kenn ich auch!", rief er, schnappte sich eine Gitarre, schlug ein paar Akkorde an und begann lauthals zu singen: *„Viemos de longe, queremos ver o deus menino de Nazaré"* – „Von weit her kommen wir, das Jesuskind zu sehen…" Ein Zuschauer nach dem anderen setzte mit ein, immer mehr Menschen sangen den Refrain mit, und voller Überraschung stellten die Sänger fest: Sie kannten alle das gleiche Lied!

Die Bewohner von Monte Azul hatten etwas gemeinsam, ohne es zu wissen: Die Tradition der *Folia de Reis.* Die meisten von ihnen waren in den 70er und 80er Jahren aus dem Landesinneren – aus Bahia, Minas Gerais, Paraná oder dem Staat São Paulo – in die Stadt und damit in die Favela gekommen. In all diesen endlos weiten Landstrichen ist die Tradition der *folia* verbreitet. Der Brauch folgt dort strikten Regeln und zieht sich in der Weihnachtszeit über Tage, ja manchmal über Wochen, bis zum Dreikönigstag hin.

Jajá, die im *Ambulatório* arbeitete, war sofort Feuer und Flamme. Sie kommt aus einer Familie von *foliões,* die in ihrem Heimatdorf in Minas Gerais diese Tradition quasi hauptamtlich gehütet hat. Die *folia*-Lieder werden traditionellerweise vom Vater auf den Sohn vererbt, aber Jajá kannte sie alle auswendig und konnte sie den anderen beibringen.

Jajá, Antônio und seine Familie ließen die *folia*-Tradition wieder aufleben. Dona Jacy – kettenrauchend, aber bei bester Stimme – war von der ersten Stunde an begeistert dabei. Noch im gleichen Jahr zogen die neuen *foliões* zum ersten Mal mit Gitarren und Tambourinen durch die Kindergärten von Monte Azul. Noch heute werden sie dort von den Kindern freudig begrüßt und, wie es sich gehört, mit selbstgebackenen *biscoitos,* Keksen aus Maniokmehl, versorgt.

Im Jahr 1993 erfüllt sich für Ute ein Herzenswunsch: Sie lernt die *Folia de Reis* im Original kennen. Geni, eine Mitarbeiterin der *Associação*, will in diesem Jahr das erste Mal, seit sie nach Monte Azul gekommen ist, in ihre Heimat zurückkehren und ihre Familie im Norden von Minas Gerais besuchen. Inzwischen hat sie vier Kinder geboren, die ihre Familie endlich kennenlernen soll. Geni lädt Ute ein, Weihnachten bei ihr zu Hause in Santa Helena zu verbringen, zwei Tage Busfahrt und einen Tagesmarsch von São Paulo entfernt.

Kaum haben die beiden Frauen sich den Reisestaub aus den Kleidern geklopft, setzt sich ein Trupp aus 14 Männern in Bewegung. Ute und Geni wandern mit, auch wenn traditionellerweise nur Männer die *folia* singen. Über Berge, Täler, Wälder und Bäche geht es, drei Tage beziehungsweise Nächte lang. Tagsüber wird es im brasilianischen Landesinneren unerträglich heiß, und so nutzen die *foliões* die Kühle der Nacht, um von Hütte zu Hütte über Land zu ziehen. Geschmückt mit Hüten aus weißem Ziegenleder bewegt sich der mal schwatzende, mal schweigende, mal singende Zug durch die Landschaft; Gitarren, Tamborine und Rasseln begleiten den Gesang. Auch Ute schützt ihren Kopf mit einem Viehzüchter-Hut und singt die Refrains mit, nur unterbrochen von nächtlichen Bachüberquerungen, bei denen sich alle Beteiligten nasse Füße holen.

Ein Firmament voller funkelnder Sterne erhellt den Weg. Als der Zug gegen Mitternacht an eine Hütte kommt, bringt der Akkordeonspieler sein Instrument in Position, die Gitarre wird gestimmt, und das Lied zur Ankunft angeschlagen: „*O de casa o de fora, menino vai ver...*“ – „Wer mag das sein, Kind, geh schauen, wer da ist“. Im Inneren der Hütte regt sich etwas. Der Schein einer Kerosinlampe ist durchs Fenster zu sehen, und schließlich öffnet eine Frau die Tür, duckt sich, um den Hund festzuhalten und lässt die Gruppe eintreten. Der Geruch von Feuer und Erde kommt den Sängern entgegen. Die Hütte ist winzig klein, kaum passen alle hinein; ein Holzherd mit Wasserkessel und ein Bett voll mit Kindern füllt sie fast aus. Die *foliões* stimmen ein Lied nach dem anderen an – und schließlich auch eines, das nicht von der Geburt Jesu handelt, sondern von leeren Mägen. Die Kinder schauen vom Bett her aus großen Augen zu den Besuchern auf und lauschen, während ihre Mutter die Glut neu entfacht und Kaffeewasser aufsetzt. Erst als den Sängern der Duft von frisch gebrühtem Kaffee in die Nase zieht, halten sie inne: Von einer kleinen Keksmahlzeit lassen sie sich gern unterbrechen.

Mit „*Vamos dar a despedida*" – „Und so verabschieden wir uns" – zieht die Gruppe weiter. Der heilige Weg durch die Nacht ist noch lang.

Auf dem Land ist die *folia* Männersache. In Monte Azul hingegen sind die *foliões* der Gruppe *Estrela Guia da Paz* – „Leitstern des Friedens" – vor allem Frauen und Kinder. Immer zwei Personen übernehmen hier die Leitung: Sie sammeln die Kinder und Bewohner der Favela ein und animieren sie jedes Jahr ab September zum Üben, sie organisieren die Proben und Auftritte. Das Singen in Kindergärten, Altersheimen, Jugendgefängnissen und an allen möglichen Orten, wo die *folia* Menschen Freude bringt, ist in Monte Azul zu einer festen Tradition geworden. Die Gruppe komponiert selbst neue Lieder, 1998 entsteht eine eigene CD-Aufnahme. „Das ist ganz schön viel Arbeit", sagt Ute, die gemeinsam mit Eva sieben Jahre lang die Leitung innehatte und die Tradition der *folia* in der Favela tatsächlich neu etablieren konnte. Alle sieben Jahre wird die Fahne nun weitergereicht, und zwei andere Frauen übernehmen den Vorsitz. „Wenn man das den

Männern überlässt, stirbt das aus", kommentiert Ute knapp. Traditionen, die bleiben wollen, müssen mit der Zeit gehen.

1997 entwickelt Ute ein Weihnachts-Theaterstück, das nur aus *folia*-Liedern besteht. Für jedes wichtige Element der Weihnachtsgeschichte gibt es ein Lied: Für die Verkündigung, die Geburt Jesu, die Hirten auf dem Felde, die Heiligen Drei Könige. Die Proben sind nicht immer einfach: „Diese Musiker, die trinken ja immer", erzählt Ute. „Wenn sie singen oder Gitarre spielen sollen, dann muss vorher ein *pinga* rein, ein Schnaps. All diese angeduselten Männer immmer, das war nicht so leicht", denkt sie laut zurück, und lacht dieses kurze, trockene Lachen, das so typisch für sie ist. „Wie so oft hatten wir das Gefühl: Das wird alles nicht klappen, das wird keine Ordnung, keine Reihenfolge ergeben, und das wird alles schief und krumm. Und dann haben wir aufgeführt, und es war richtig wunderbar. Die Premiere fand im Amphitheater der Peinha statt, und wir waren alle selbst ganz erstaunt, wie gut das lief. Ein voller Erfolg."

Fragt man die Bewohner von Monte Azul danach, was ihnen die *Folia de Reis* bedeutet, bekommt man immer wieder zu hören: „Alles. Dass wir jetzt asphaltierte Wege haben und ein Therapiezentrum und einen kanalisierten Abwasserbach, das ist toll. Aber das Wichtigste war, dass Ute uns die *folia* zurückgebracht hat."

Wer in einer Favela wohnt, ist in die Stadt gekommen um dort zu arbeiten und sich eine neue Existenz aufzubauen. Zurückgelassen haben die Zuwanderer ein entbehrungsreiches und oft rückständiges Leben auf dem Land – aber auch eine Heimat. In der Stadt ringen sie darum, ihr Glück zu machen und echte Städter zu werden. Hier sind diejenigen Talente und Tätigkeiten etwas wert, die sich zu Geld machen lassen. Die Bräuche aus der Heimat erscheinen schnell rückständig, wenn man sein Geld damit verdient, Fenster einzusetzen oder die spiegelnden Marmorböden einer Bank zu polieren. So verkümmern die kulturellen Wurzeln. Was bleibt, ist die brennende *saudade* – die ewige Sehnsucht des Migranten nach der Heimat. Umso größer ist die Freude der Bewohner von Monte Azul, mit den *folia*-Liedern die Melodien ihrer Kindheit wieder in ihr Leben zu holen. In der *folia* tut man sich zusammen, man singt gemeinsam und bezieht sich dabei auf die Weihnachtsgeschichte – eine Geschichte, die von Hoffnung erzählt.

Ute hat diesen kulturellen Schatz nicht nur ausgegraben und ihn den Menschen von Monate Azul zurückgebracht – sie trägt ihn auch in andere Gesellschaftsschichten und macht ihn bekannt. So wurde im Jahr 2010 die *folia*-Gruppe von Monte Azul eingeladen, im Abgeordnetenhaus von São Paulo zu singen. Die katholische Kirche erkennt das volkstümliche Ritual offiziell nicht an; dennoch werden die Sänger aus Monte Azul jedes Jahr in der Adventszeit eingeladen, in den Kirchen der Umgebung zu singen.

Die brasilianische Seele

Ute Craemer liebt es, Schätze zu heben. Mit der *Folia de Reis* ist sie auf einen Brauch gestoßen, der zu einem Herzstück ihrer Arbeit und damit ihres Lebens geworden ist. Sie belässt es jedoch nicht dabei, brasilianische Brauchtümer wiederzubeleben. Es ist ihr ein Anliegen, die Kultur, in der sie lebt, in ihrer Vielfalt kennenzulernen und sich in ihren Dienst zu stellen. „Die Ute macht sich zum Organ", fasst Peter Guttenhöfer zusammen, innovativer Waldorfpädagoge und ein langjähriger Freund und Wegbegleiter. In diesem Sinne ist auch die Studiengruppe zu verstehen, die Ute Ende der 80er Jahre ins Leben gerufen hat: *Pindorama* beschäftigt sich seit 1988 mit der Kultur der Ureinwohner Brasiliens.

Brasilien hat, so sagt es die offizielle Statistik, nach Ghana die zweitgrößte schwarze Bevölkerung weltweit. „Das ist aber ein Irrtum", betont Ute. „Die Leute mögen schwarze Haut haben – aber das Blut, das in ihren Adern fließt, ist absolut gemischt: portugiesisch, französisch, indigen. Typisch für Brasilien ist ja gerade, dass eben niemand hier mehr einer Rasse zuzuordnen ist." Das Land ist ein Schmelztigel der Ethnien und Nationen, hier mischt sich DNA aus allen Teilen der Welt: schwarz und weiß, europäisch, asiatisch, indigen. Blondes Kraushaar mit Schlitzaugen ist eine durchaus typische brasilianische Kombination. Genauso bunt durcheinandergerührt ist die Kultur des Landes. Diese Fähigkeit, sich das Fremde einzuverleiben und es zu verwandeln, wird gern als typisch brasilianisch beschrieben. Ob in Stefan Zweigs „Brasilien" oder im „Anthropophagischen Manifest" des brasilianischen Intellektuellen Oswald de Andrade – seit Anfang des 20. Jahrhunderts hat sich der Topos des Amalgamierens als typisches Wesensmerkmal der brasilianischen Kultur gefestigt.

Und doch: Der gesellschaftliche Diskurs bildet diese Vielfalt nicht ab. Die Aufarbeitung der Sklaverei seit den 70er Jahren hat dafür gesorgt, dass die aus Afrika importierte Kultur der Sklaven mittlerweile ihren festen Platz in der Öffentlichkeit hat. Über die Sklavenkulte *Macumba und Candomblé* gibt es viel Literatur; das Bewusstsein um die afrikanischen Wurzeln ist allgegenwärtig. Über die Ureinwohner des Landes, die indigenen Kulturen, schweigen die Geschichts- und Schulbücher sich indessen aus; in der öffentlichen Debatte kommen sie noch immer kaum vor. „Ute, wann ist Deutschland entdeckt worden?“ Diese Frage stellten die Kinder der Eingewanderten immer wieder. Sie hat ihr sehr zu denken gegeben. Die Brasilianer selbst fühlen sich als Bewohner eines Landes, das erst zu existieren begann, als es durch andere entdeckt wurde.„Die gängige Meinung ist, dass die Indios in der Steinzeit lebten, als die Portugiesen kamen“, empört sich Ute, „und das ist einfach nicht wahr. *Pindorama* versucht zusammenzutragen: Was gab es schon? Das wollen wir retten.“ Noch gibt es zu diesem Thema wenig Literatur – das Interesse der Brasilianer an diesem Teil ihrer Wurzeln ist nach wie vor gering.

Brasilien: Land der kulturellen Vielfalt

„Es gibt nichts, was es nicht gibt." – Für Brasilien ist dieser Satz tatsächlich wahr. Die eindrucksvolle ethnische und kulturelle Vielfalt reflektiert die Geschichte des Landes. Als im Jahr 1500 die Portugiesen den Subkontinent „entdeckten", siedelten hier bereits unzählige indigene Gruppen. Später brachten die in Massen eingeführten afrikanischen Sklaven und noch später Immigranten aus allen Teilen der Welt ihre Kulturen mit. Anders als die USA ist

Brasilien keine „salad bowl" (Salatschüssel), in der die verschiedenen Kulturen ihre Eigenarten sehr stark bewahren und sich in ethnisch definierten Gruppen voneinander abgrenzen. Eher ist das Land ein kultureller „melting pot" (Schmelztigel), in dem die verschiedensten Einflüsse sich vermengen und vermischen.

Die ersten Einwanderer Brasiliens waren Portugiesen. Ab 1.500 siedelten sie sich vor allem an den Küsten an und mischten sich stark mit der einheimischen Bevölkerung, vor allem mit den *Tupí* und *Guaraní*. Ebenfalls ab 1.500 wurden nach und nach mehrere Millionen Afrikaner als Sklaven ins Land geholt.

Hungersnöte und politische Unruhen spülten im 19. Jahrhundert Millionen von Europäern nach Brasilien: Italiener, Spanier, Polen und Ukrainer suchten Arbeit auf den boomenden Kaffeeplantagen – aber auch viele Deutsche. Gerade letztere wurden zum Teil ganz gezielt als Siedler angeworben. Über 300.000 Deutsche ließen sich vor allem im Südwesten des Landes nieder. In den Staaten Paraná, Rio Grande do Sul und Santa Catarina sind heute circa 40 Prozent der Bevölkerung deutscher Herkunft; in vielen Gemeinden ist Deutsch sogar zweite Amtssprache neben Portugiesisch. Aus Kleinasien kamen Libanesen und Syrer, aus Fernost Koreaner und besonders viele Japaner, die sich vor allem in São Paulo und Paraná niederließen.

Die indigene Bevölkerung Brasiliens wurde über fünf Jahrhunderte hinweg ausgerottet, versklavt, durch eingeschleppte Krankheiten dezimiert oder in ihrer Kultur ignoriert. Als die ersten portugiesischen Siedler eintrafen, lebten circa fünf bis sechs Millionen Indigene in Brasilien. Heute sind es noch etwa 400.000. Kultur und Wissen der Ureinwohner sind zum großen Teil verloren gegangen – 100.000 bis 200.000 Indigene leben heute in Städten, die meisten anderen kämpfen um ihr Land oder leben unter oft menschenunwürdigen Bedingungen in Reservaten.

Ute, der Schatzsucherin, geht es um mehr als das Sammeln von historischen Fakten. Ihr ist wichtig, der *alma brasileira* auf die Spur zu kommen, der „brasilianischen Seele“. Gibt es einen brasilianischen Nationalcharakter, jenseits der gängigen Klischees? Eine Qualität, eine Gestimmtheit oder einen Charakterzug, den man als genuin brasilianisch bezeichnen kann? Diese Suche geht mit einer zutiefst anthroposophischen Frage einher, die Ute wichtig ist: Welche spezielle Aufgabe hat dieses Land; in welcher Art und Weise kann es zur Entwicklung der Menschheit beitragen? Die ungeheure Gastfreundschaft, das selbstverständliche Aufnehmen und Einbinden von Fremden, der ungehemmte Synkretismus brasilianischer Religion, die sprichwörtliche brasilianische Diplomatie – nach den Wurzeln solch „typisch brasilianischer“ Eigenheiten macht sich die Studiengruppe *Pindorama* auf die Suche. Benannt ist sie nach dem „Land der Palmen“ der *Tupí.*

Auch für Nicht-Anthroposophen ist interessant, was die Gruppe zu Tage fördert. So hält sie zum Beispiel engen Kontakt zum Indigenen Kaka Werá Jecupé vom Stamm *Tapuia* im Amazonasgebiet. Er ist studierter Anthropologe, dazu eingeweiht in den Kult der *Guaraní,* und versorgt die Gruppe mit aufschlussreichen Quellen und Details.

Klang der Völker

Die Ureinwohner Brasiliens, die *Tupí* und *Guaraní,* waren Händler und Geschichtenerzähler, die weite Teile Lateinamerikas bereisten. Die *Pindorama*-Gruppe hat über diese Völkergemeinschaft Folgendes zusammengetragen:

Die *Tupí* und *Guaraní* nahmen auf ihren Reisen von jedem Volk, mit dem sie in Kontakt kamen, ein paar Wörter in ihre Sprache auf. So konnten sie allen Völkern friedlich begegnen. Auf diese Art und Weise trieben sie Handel und verbreiteten ihre Kosmogonie, und so schufen sie eine kulturelle, ökonomische und soziale Brücke zwischen dem Amazonasbecken, dem Atlantik und dem Andenraum. Sie legten Wege und Handelsrouten an, die sie zur Markierung mit einem speziellen Gras bepflanzten. Die Portugiesen nutzten später diese Wege der Ureinwohner, um das riesenhafte Land zu erschließen und zu kolonialisieren.

Für die *Tupí* ist der Mensch der Ausdruck einer göttlichen Musik. Diese Musik manifestiert sich in der menschlichen Sprache. „*Tupí*" bedeutet: Klang, der sich niedergelassen hat.

Die Sprache der *Tupí* trägt also diesen Ursprung, einen Ton eines jeden Volkes in sich – „gewissermaßen die spirituelle Essenz Lateinamerikas", wie Marlí Pereira es ausdrückt. „Und durch den Klang der Sprache vermittelt sich dieses Miteinander, das verbindende Element. Als Qualität, die den gesamten Raum durchdringt, in dem diese Sprache erklingt." Marlí, Historikerin und Schuldirektorin, ist eine von Utes treuesten Mitstreiterinnen auf der Suche nach der brasilianischen Identität. Sie hat über Jahre hinweg unermüdlich gelesen und geforscht, zusammengetragen und Konferenzen organisiert.

Angestiftet worden ist sie dazu von Ute Craemer, die sie 1982 auf einem Lehrgang kennenlernte. „Das ist Ute", lacht sie, „diese Frau geht durch die Welt und verteilt Aufgaben!"

Marlí führt aus, dass sich im „brasilianischen Charakter" die zwei sehr verschiedenen Grundqualitäten der *Tupí* und *Guaraní* wiederfinden: Die *Tupí* haben eine sehr aufnehmende Qualität, „die wandern umher, gehen nach vorne, und nehmen alles auf, was sie antreffen. Die *Guaraní* hingegen hüten das Land. Sie bleiben und leisten Widerstand, sie hüten schweigend einen heiligen Ort. Das ist ihre Mission, sie sind sehr an die Erde gebunden."

Noch heute ist der Einfluss dieser Sprache auf das brasilianische Portugiesisch groß. Das im gesamten Küstenbereich Brasiliens gesprochene *Tupí* wurde in der Kolonialzeit von den portugiesischen Jesuiten dazu eingesetzt, das Land zu „zivilisieren" und zu erschließen. Sie schufen aus verschiedenen Dialekten das *Tupí geral,* eine Art Querschnitts-*Tupí,* das noch bis ins 18. Jahrhundert hinein als lingua franca des kontinentgroßen Brasilien diente. Erst im 19. Jahrhundert wurde es von den Portugiesen verboten. Auch in São Paulo tragen unzählige Orte Namen, die auf *Tupí-Guaraní* ihre Bedeutung verraten. Die Tatsache, dass kaum ein Bewohner der Stadt weiß, was sich hinter diesen Namen verbirgt, ist Ute ein echter Dorn im Auge: „Man sollte den Kindern ein bisschen *Guaraní* beibringen, damit sie zumindest wissen, was die Namen über die Orte sagen, an denen sie leben und sich bewegen." *Iguaçu, M'Boi Mirim* – das sind alles sprechende Bezeichnungen. „*Mirim* heißt klein, *M'Boi* heißt Schlange, *guaçu* ist das Wasser; so schwierig ist das ja schließlich alles nicht. Wir leben in einem Land und in einer Sprache, wo wir von den Resten dieser Kultur umgeben sind. Momentan spricht man in der Waldorfschule einmal in der dritten Klasse über das Thema, am Tag des Indio. Da nimmt man dann die Maniok- und die Guaranálegende durch, aber dann spricht man nie wieder über das Thema. Wir wollen, dass sich das ändert."

Kultursensible Pädagogik

Lehrpläne so zu gestalten, dass sie die brasilianische Kultur nicht erst ab der Conquista vermitteln, ist Ute ein großes Anliegen. Die *Pindorama*-Gruppe hat aus diesem Grund bereits zahlreiche Bücher veröffentlicht. *Valorizando o Indio* – „Den Indio wertschätzen" – zum Beispiel enthält Material für Lehrer, die indigene Kulturen in ihren Unterricht einbauen wollen. Ein neues brasilianisches Gesetz bestätigt diesen Ansatz, indem es die Themen „Afrika" und „Indigene Völker Brasiliens" in den Lehrplänen der staatlichen Schulen verankert. Das ist Wind in Utes Segel. „Die Pädagogik ist ja ein sehr konkretes Feld, wo man in Sachen Bewusstsein für solche Dinge etwas tun kann. Die öffentlichen Schulen werden staatlich kontrolliert und müssen solche Dinge daher umsetzen, Lehrer müssen Kurse dazu machen. Aber die Privatschulen kümmern sich bislang viel zu wenig darum."

Dass gerade die Waldorfpädagogik, deren Philosophie die Arbeit in Monte Azul trägt, sich wenig aus diesem Thema macht, will Ute nicht ohne Weiteres hinnehmen. „Da muss man viele Dinge verändern, ohne den großen Duktus zu verlieren", findet sie – und macht sich an die Arbeit. Das waldorfpädagogische Curriculum wurde Anfang des 20. Jahrhunderts von Rudolf Steiner entwickelt, es ist also in den didaktischen Hinweisen auf den deutschen Kulturkreis zugeschnitten. Einen Waldorf-Lehrplan kultursensibel umzuschreiben ist jedoch leichter gesagt als getan.

So steht zum Beispiel an Waldorfschulen in der ersten Klasse „Stricken“ auf dem Lehrplan. Aber muss man in Nordbrasilien, unter sengender Sonne, unbedingt stricken? Traditionellerweise hat in diesen Breiten das Häkeln eine starke Tradition. Stricken aber ist gut fürs Gehirn. Durch die gleichzeitige Bewegung der beiden Hände vernetzen sich Synapsen der beiden Gehirnhälften. Dieser Effekt wiederum fördert das mathematische Verständnis, und deshalb wird in der ersten Klasse gestrickt. „Man muss sich immer überlegen: Was will man bewirken?“, fasst Ute zusammen. Es geht darum, Inhalte nicht einfach beliebig auszutauschen, sondern nach Dingen zu suchen, die die ursprüngliche Intention beibehalten, und gleichzeitig in den jeweiligen Kulturkreis passen.

Die Schätze der brasilianischen Kultur zu heben und sie zu ehren – es scheint, als sei das für Ute nicht nur ein Ausdruck von tiefem persönlichem Interesse. Vielleicht ist es auch eine Form, Danke zu sagen. Für Ute war Brasilien das Land, in dem sie sich zum ersten Mal in ihrem Leben nicht als Fremde fühlen musste. Sie, die durch ihre bewegte Kindheit und Jugend auf drei Kontinenten immer die Rolle der Ausländerin innehatte, fühlte sich in Brasilien vom ersten Moment an freundlich auf- und angenommen. „In Brasilien wurde ich einfach als Mensch empfangen, nicht als Ausländer“, sagt sie, und erzählt von ihrem ersten Abend in Brasilien, den sie nie vergessen wird. Als sie, vom Deutschen Entwicklungsdienst geschickt, in Londrina ankam. Wenige Stunden nach ihrer Ankunft fand sie sich bereits auf der Hochzeit von Cidos Schwester wieder und von einem Kind zum Tanzen aufgefordert – sie war „mittendrin." Das ist Brasilien.

SCHICKSAL

–

Jahrtausendwende

Man muss die Ereignisse
seines Lebens
für sich beanspruchen,
um sich selbst zu gehören.
Anne Wilson-Schaef

São Paulo ist eine Stadt der tausend Kulturen – aber auch der Angst. Das in Deutschland selbstverständliche Maß an Sicherheit gehört hier in den Bereich des Märchenhaften. Wer in dieser Stadt aufwächst, lernt, permanent die Unterscheidung zwischen gefährlich und ungefährlich zu treffen. Wege, Orte und Handlungen daraufhin zu befragen, ob sie sicher sind. Diese Straße oder jenen Stadtteil zu meiden, hier oder dort auf keinen Fall alleine hinzugehen, und nach Einbruch der Dunkelheit am besten keinen Fuß mehr vor die Tür zu setzen. Kleinere und größere Überfälle sind an der Tagesordnung. Wer das Haus verlässt, überlegt, was er mitnimmt: Was kann geklaut, was einem potentiellen Angreifer sofort in die Hand gedrückt werden – in der Hoffnung, dass ihm das als Beute ausreicht und er schnell das Weite sucht?

An einem Abend im November 1999 trifft es auch Ute. Kleinere Diebstähle und Überfälle kennt sie seit Jahren, „da gewöhnt man sich irgendwann dran", aber dieses Mal trifft es sie hart.

In der Falle

Ute ist nach einem langen Tag mit Büroarbeit, Fernsehinterview und Mitarbeitertreffen nach Hause gekommen. Aus dem Haus in der Rua Aristodelmo Gazotti ist sie im Jahr 1992 ausgezogen. Nach dem Tod ihrer Eltern hat sie ihre kleine Erbschaft in ein Eigenheim gesteckt, das ein befreundeter Architekt, ein ehemaliger Freiwilliger, nach ihren Wünschen entworfen hat. Nun bewohnt sie ein schönes weißes Haus mit runden Ecken und ohne Innenwände in der Straße, die um die Favela herumführt und an der auch das *Centro Cultural* liegt. Nach vielen Jahren ohne einzige ruhige Minute hat die Gründerin von Monte Azul eine bewusste Entscheidung für mehr Privatsphäre in ihrem Leben getroffen. „Das Beste an diesem Haus ist: Alles ist offen, keiner kann mehr bei mir wohnen! Das war die einzige Möglichkeit zu sagen, dass wirklich kein Platz ist: umzuziehen und ein Haus wie dieses zu bauen." Gäste hat sie nach wie vor, aber sie bringt sie in einer Art Gartenhaus auf dem Grundstück unter und bindet sie weniger in ihr Leben ein.

Ute ist gerade dabei, einen langen ereignisreichen Tag von sich abzustreifen, als sie unvermittelt von einem lauten Klopfen aufgeschreckt wird. Sie öffnet das Guck-Fensterchen zum Hof an der Haustür und erschrickt: Im Schein der Außenlampe ist eine vermummte Gestalt zu sehen, die Stefan, dem deutschen *voluntário,* der zu dieser Zeit im Gartenhäuschen lebt, eine Pistole an den Kopf hält. Der Mann mit der Waffe blafft sie an, die Tür aufzumachen. Ute gehorcht.

Im nächsten Moment stürmen drei Männer ins Haus. „Der eine war völlig betrunken“, erinnert sich Ute, „er fuchtelte mit seinem Revolver herum und schrie: ‚Wo ist das Geld?‘ Die dachten, ich hätte einen prall gefüllten Safe im Haus, und den wollten sie sich holen. Ich bin dann hoch ins Dachgeschoss gestürzt und habe aus meinem Versteck eine Brieftasche mit Geld geholt, aber das machte ihn erst richtig wütend – das war nicht die Größenordnung, die er sich vorgestellt hatte.“ Der andere Einbrecher bohrt seinen Revolver in Stefans Rücken. Die 200 Dollar, die Ute im Haus hat, stellen die *bandidos* nicht zufrieden. Stefan und Ute werden unter Gewaltandrohung ins Badezimmer gedrängt und dort festgehalten, während die beiden anderen Männer durchs Haus poltern und auf ihrer Suche nach Geld alles umstoßen und durcheinanderwerfen, was ihnen im Weg ist. Gesa, eine ehemalige Freiwillige, die zu dieser Zeit in einem anderen Haus auf dem Grundstück wohnt, wird gemeinsam mit ihrem kleinen Kind ebenfalls zu den beiden ins Bad gesperrt. Zu viert sitzen die Geiseln auf dem gekachelten Boden, bewacht von einem der drei Eindringlinge. „Das war der Netteste. Er gab uns Decken, es war ja richtig kalt. Und er sagte, die wirklich gefährlichen Jungs stünden gerade draußen auf der Straße.“ Man hört es kräftig rumpeln im Haus; die Einbrecher werden sichtlich nervöser. Ihnen scheint einiges zu blühen, wenn sie ihren Auftrag nicht erfüllen. Die Konstellation ist typisch: Die Jungs an der „Front“ sind meist die harmloseren. Wer unter 18 ist, fällt noch unter das Jugendstrafrecht, und so werden die

Jüngsten vorgeschickt. Die eigentlichen Drahtzieher machen sich nicht die Hände schmutzig; sie verteilen Auftragsarbeiten.

Ute, Stefan, Gesa und ihr Kind sitzen im Badezimmer und hören die Einbrecher vor der Tür diskutieren: „*Vamos matar*" – „Töten wir sie!" In dieser lebensbedrohlichen Lage bleiben die Eingesperrten erstaunlich ruhig. „Da war irgendwie eine heilige Ruhe", erinnert sich Gesa. „Ich war einfach total wach. Wir mussten ja jede Sekunde alles extrem aufmerksam beobachten und ständig überlegen: Wie kommen wir aus dieser Situation wieder raus? Man musste aufpassen, wie man sich in diesem Badezimmer positionierte, denn die Tür war ja nicht schusssicher. Wir wussten nie, was als Nächstes passieren würde, und wir wurden mit einer Waffe bedroht. Aber erstaunlicherweise blieben wir ganz ruhig dabei, da war wirklich eine Art Licht um uns." Währenddessen geht die Hausdurchsuchung weiter; die drei Eindringlinge drehen alles um, was nicht niet- und nagelfest ist.

Irgendwann nach Mitternacht findet Ute die Worte, die dem Schrecken ein vorläufiges Ende setzen: „*Vamos fazer um acordo*" – „Lasst uns eine Vereinbarung treffen."

Ute sichert zu, Lösegeld für sich selbst aufzutreiben und verspricht, den Betrag am nächsten Tag in einer vereinbarten öffentlichen Telefonzelle zu hinterlegen. Von dem jungen Geiselnehmer im Bad hat sie mittlerweile erfahren, dass die Einbrecher mit ihrem Geld einen Kumpanen von der Polizei freikaufen wollen.

Die Polizei ruft Ute an diesem Abend nicht. Dass diese ohnehin meist mit den *bandidos* unter einer Decke steckt, weiß sie aus Erfahrung. Sie geht zu Bett, als wäre nichts geschehen.

Erst am nächsten Morgen, nachdem die „Studiengruppe zur Sozialen Frage“ in ihrem Haus zum Ende gekommen ist, erzählt sie Renate von dem Vorfall. Die versprochene Summe leiht Ute sich fürs Erste von der *Associação,* später greift sie auf das Erbe ihres Vaters zurück.

Am frühen Abend, nach erfolgter Geldübergabe, bekommt Ute einen Anruf vom Bandenchef persönlich. „Dem hab ich aber erstmal Bescheid gesagt“, erinnert sich Ute. „Es war ganz deutlich, dass er aus dem *interior,* dem Landesinneren, war. Vom Tonfall her war das ganz klar jemand wie die Leute aus der Favela, irgendwo aus Minas oder Bahia. Also habe ich ihm mal erklärt, dass er seinen eigenen Leuten schadet, wenn er so etwas macht. Und dass wir hier mit 170 Mitarbeitern daran arbeiten, dass niemand mehr so ein Leben als *bandido* führen muss. Er war dann auch ganz meiner Meinung und erzählte mir, dass er das Geld nutzen wolle, um gemeinsam mit seinen zehn Männern in den Nordosten zurückzugehen.“

Dem verlorenen Geld trauert Ute nicht nach. „Irgendwie fand ich das nicht schlimm – immerhin würde es vielleicht bald zehn Kriminelle weniger in São Paulo geben.“

Die Sache ist mit der Übergabe des Geldes jedoch nicht erledigt. Wenige Tage später klingelt bei Ute spät abends das Telefon. Ein anonymer Anrufer fordert mehr Geld; vermummte Gestalten auf Motorrädern kreisen auf der Straße vor Utes Haus und brüllen Drohungen.

Unter den Bewohnern der Favela wächst die Wut. Es ist ein offenes Geheimnis: Einer der Drahtzieher dieser Erpressungen ist aus der Favela Monte Azul. Er hat den Überfall geplant und die relevanten Informationen an die anderen *bandidos* von außerhalb weitergegeben. Jetzt spielt er sich als Held auf, prahlt mit seiner Tat und knattert mit einem von Utes Geld gekauften Motorrad in der Favela herum. Alllen ist klar, dass es Rache geben wird. Dass – wie gewöhnlich – die *justiçeiros* die Sache in die Hand nehmen werden.

Genau das möchte Ute verhindern. Sie will nicht, dass es Tote gibt, und sie will sich selbst und die *Associação* nicht mit den *justiçeiros* in Verbindung gebracht wissen. Es soll nicht so aussehen, als stünde sie unter dem Schutz der inoffiziellen Gesetzgeber. Deshalb meldet sie den Vorfall der Polizei – aus Prinzip.

„Das System der öffentlichen Sicherheit ist ein totales Desaster", fasst Paulo Ignacio zusammen, bei dem Ute sich Rat holt. „Wir haben heute eine gut ausgerüstete Polizei und einen Geheimdienst, der sehr effektiv sein könnte, aber der reale Effekt geht gegen null." Der Schreinermeister und Leiter der Urbanisierungsarbeiten fasst zusammen, worin sich Millionen von Brasilianern einig sind: „Das liegt an der Korruption, die alle Ebenen durchdringt: Polizisten, Beamte, Staatssekretäre."

In São Paulo sterben mehr Menschen durch Waffengewalt als durch Verkehrsunfälle. Nur die wenigsten dieser Verbrechen werden angezeigt, in den seltensten Fällen werden sie aufgeklärt. „Was in den Favelas passiert", sagt Paulo, „interessiert die Eliten nicht. Sobald die Entführungen, Überfälle und Morde in irgendeiner Form diejenigen betreffen, die in den Medien auftauchen – reiche Leute, Politiker oder Künstler – nehmen die Interventionen beeindruckende Ausmaße an. Was die da alles mobilisieren! Da kommen sie dann mit Hubschraubern; dann schalten sich auch die polizeilichen Geheimdienste ein, untersuchen den Fall und sind dann auch in der Lage, ihn aufzuklären. Wenn in der Peripherie jemand stirbt, interessiert das niemanden."

Gestorben ist in diesem Fall niemand, und reich ist Ute auch nicht. Dennoch möchte sie, dass die Polizei handelt. Ayrton Pimentel, der Anwalt, der Ute und den Bewohnern der Favela schon oft zur Seite gestanden hat, lässt erneut seine Beziehungen spielen.

Gemeinsam mit Ute spricht er an oberster Stelle vor und bittet darum, dass man sich der Sache annehmen solle, bevor die *justiçeiros* es tun. Auch der Polizei ist der Drahtzieher aus der Favela längst als Störenfried und mehrfacher Vergewaltiger bekannt. Man verspricht, sich um den Fall zu kümmern.

Es geschieht jedoch nichts. Ute wird weiterhin mit nächtlichen Anrufen belästigt. Es ist nicht auszuhalten: „Jedes Mal, wenn das Telefon klingelte, hatte ich Angst, dass mich da wieder jemand bedroht und mein Haus zerdeppern will. Und irgendwann war klar, dass das kein Ende nehmen würde." Sechs zermürbende Wochen später beschließt sie, unterzutauchen.

Zunächst kann Ute in einem Zimmerchen in der Anthroposophischen Gesellschaft unterkommen. Die letzten Wochen vor Weihnachten verbringt sie im Haus von Regina Helena, einer befreundeten Ärztin im gepflegten Stadtteil Alto da Boa Vista. Sie muss vorsichtig sein, verlässt das Haus kaum. Ihr unfreiwilliger Hausarrest hat durchaus auch seine guten Seiten: Plötzlich hat Ute so viel Zeit wie nie. Sie kommt zum Schreiben und zum Malen; es gibt gutes Essen, einen schönen Garten und gute Gesellschaft. Ihre Gastgeberin führt ein offenes Haus, „eine Art Kulturzentrum", in dem Künstler und Intellektuelle ein- und ausgehen. „Eigentlich war das wunderbar dort“, findet Ute im Nachhinein, „ich habe mich da sehr frei gefühlt, aber auch sicher.“ Den Kontakt zu Monte Azul hält sie über Renate und Marisa; auch die *Grupo de Metas,* das strategische Führungsorgan der *Associação,* trifft sich in dieser Zeit im Haus der Gastgeberin.

Während Ute bei Dona Helena wohnt, wächst in Monte Azul der Unmut der *justiçeiros.* Eines Tages im Dezember stehen Nêngo und zwei seiner Männer ohne Ankündigung in Ayrtons Kanzlei und bauen sich vor seinem Schreibtisch auf. Sie sind gekommen, weil die Polizei bislang keinen Finger gerührt hat und die Unruhe in der Favela zunimmt. „Wie sieht das aus mit dem Fall von Dona Ute?“ – „Die Polizei wird sich kümmern, wir sind da hinterher!“ , beschwichtigt Ayrton die drei und telefoniert in ihrer Gegenwart mit der zuständigen Polizeidienststelle: „Hier ist keine Zeit mehr zu verlieren, die Leute in der Favela werden wirklich ungeduldig, die halten das nicht mehr aus.“ Zum wiederholten Mal verspricht die Polizei, noch am selben Tag zu handeln. Nêngo prophezeit: „Selbst wenn die ihn festnehmen – zwei Tage später läuft er wieder frei herum. An dem Tag, an dem der wieder in der Favela auftaucht, *ele vai subir,* machen wir ihn kalt.“

Es kommt, wie Nêngo es kommen sieht: Die Polizei nimmt den Täter fest; bereits zwei Tage später ist er wieder auf freiem Fuß. Eine Freiheit, die er allerdings nicht lange genießt – die *justiçeiros* stellen Recht und Ordnung auf ihre Weise wieder her.

Ute ist bereits in Europa, als sie von diesem Mord erfährt, den sie so gern verhindert hätte. Für sie ist durch das unfreiwillige Exil eine neue Etappe angebrochen. Da die Lage sich nicht entspannen wollte, während sie in Dona Elenas Haus wohnte, hat sie beschlossen, nach Europa zu fahren. Und Dinge zu tun, für die sonst nie Zeit ist.

Den Jahreswechsel zum neuen Jahrtausend verbringt Ute auf der „Northern Conference“ im schwedischen Järna, wo sie Brasilien vertritt. Das Leuchten der schwedischen Luziakränze, die um Mitternacht den verschneiten Wald erhellen, verkörpert das, was die Teilnehmer dieser Konferenz in die Welt bringen wollen. Ute kommt hier mit Aktivisten aus der ganzen Welt zusammen, die ihr in den folgenden Jahren immer wieder begegnen werden. So trifft sie zum Beispiel auf Nicanor Perlas, den philippinischen Umweltaktivisten und Globalisierungsgestalter, dem im Jahr 2003 der Alternative Nobelpreis verliehen wird. Den Teilnehmern der „Northern Conference“ geht es darum, Spiritualität und zivilgesellschaftliches Handeln weltweit in Zusammenhang zu bringen. Sie alle fühlen sich persönlich angesprochen vom menschlichen Leid in der Welt, und für sie alle ist die Anthroposophie eine wichtige Inspiration, um diesem Leiden tätiges Handeln entgegenzusetzen. Für Ute bedeutet diese Zusammenkunft einen reflexiven Quantensprung – sie ermöglicht ihr, das eigene Handeln in einen globalen Zusammenhang zu stellen: Die von Perlas beschriebenen „Cultural Creatives“ verstehen sich als Akteure einer Zivilgesellschaft, die ein gestaltendes Gegengewicht sein will angesichts geballter globaler Macht in Form von übermächtigen Institutionen. „Zum ersten Mal hatte ich das Gefühl: Wir sind nicht allein mit dem, was wir in Monte Azul tun“, erinnert sich Ute.

Anthroposophie

Die Anthroposophie (wörtlich: *„Weisheit vom Menschen"*) wurde zu Beginn des 20. Jahrhunderts von Rudolf Steiner (1861-1925) begründet. Sie versteht sich zum einen als Menschenbild, zum anderen als Erkenntnisweg. Steiners Lehre knüpft an Elemente der christlichen Mystik, der idealistischen Philosophie und der indisch inspirierten Theosophie an. Kritiker werfen ihm daher hemmungslosen Synkretismus vor.

Die Anthroposophie versteht den Menschen als ein körperliches, seelisches und geistiges Wesen, das, ebenso wie die Welt als Ganzes, in ständiger Entwicklung begriffen ist. Als Schulungsweg verschreibt sie sich den Erkenntnisprinzipien Beobachtung und Reflexion, um das Irdische im Kosmischen und das Kosmische im Irdischen zu erkennen und zu verstehen. Das Individuum ist verantwortlich dafür, seine eigene Existenz, die Formen des Zusammenlebens und seine konkrete Umwelt zu gestalten. Rüstzeug für diese Aufgabe muss der Mensch sich im Laufe seines Lebens aneignen. Zu diesem Zweck hat Steiner einen Meditations- und Übungsweg erarbeitet. Das Menschenbild, das der Einzelne seinen Handlungen zugrunde legt, entscheidet darüber, welche Wirklichkeit er schafft. Der Mensch stellt sich so in einen schöpferischen Zusammenhang mit dem Weltganzen.

Rudolf Steiner hat zahlreiche Schriften und Vorträge verfasst, in denen er seine Ansätze zu den unterschiedlichsten Fragen der menschlichen Existenz darlegt. Die Anthroposophie hat sich zu einer weltweiten Bewegung entwickelt, die ihre Erkenntnisse auf die verschiedensten Lebensbereiche überträgt. Bekannte Beispiele für die Anwendung der Steinerschen Impulse sind die Waldorfschulen und Camphills (Pädagogik), anthroposophische Medizin und Pflege, biologisch-dynamische Landwirtschaft oder im Finanzwesen die deutsche GLS-Gemeinschaftsbank.

Bekannte Anthroposophen aus der Kulturgeschichte sind zum Beispiel Josef Beuys, Wassily Kandinsky, Franz Marc, Paul Klee, Michael Ende und Christian Morgenstern.

Im Anschluss an die Northern Conference verbringt Ute einige Monate am Emerson College, einem anthroposophischen Bildungszentrum in Sussex, im Südosten Englands. Sie ahnt, dass ihre Arbeit internationaler werden wird und will ihr Englisch verbessern. Hier kann sie sich, wie in ihrer Jugend, wieder einmal dem Sprachenlernen widmen. Im Anschluss unternimmt sie Reisen nach Spanien und Korea, wo sie Konferenzen besucht und Vorträge hält; sie beginnt, ein Netzwerk zu knüpfen, das in den kommenden Jahren an Bedeutung gewinnen wird. Es ist eine hochinteressante und anregende Zeit für Ute – „und doch saß ich irgendwie zwischen allen Stühlen“, erinnert sie sich. Aus der Ferne verfolgt sie die Entwicklungen in Monte Azul mit, liest Protokolle von Planungs- und Strategietreffen, die sie per Email geschickt bekommt. Sie erfährt von überschwemmten Kindergärten und Geldmangel, und kann doch nichts zur Lösung dieser Probleme beitragen. „Ich dachte immer nur: wie furchtbar! Wie die Dinge wieder in Ordnung kamen, kam dann ja meist gar nicht bei mir an.“ Auch mit grundlegenden Lebensfragen und Zweifeln hat Ute in dieser Zeit zu tun. „Ich fand mich ins neue Jahrtausend katapultiert und auf die Probe gestellt: Hat dieses ganze Werkeln seit einem Vierteljahrhundert wirklich einen Sinn gehabt? Lohnt sich das, dass man da sein Leben aufs Spiel setzt? Wenn gerade die Bevölkerungsschicht, für die man das alles tut, einen dann mit Waffengewalt bedroht?"

Auch körperlich geht das viele Reisen und das Leben aus dem Koffer Ute an die Substanz. Als sie im November 2000 nach Monte Azul zurückkehrt, wird sie umgehend so krank, dass sie die Stunden, in denen das 21-jährige Bestehen der *Associação* gefeiert wird, mit hohem Fieber im Bett verbringen muss. Monte Azul ist volljährig geworden – und Ute ist nicht dabei.

Monte Azul wird flügge

Ein Jahr ist vergangen, seit Ute Ende 1999 erst ihr Haus in Monte Azul und dann São Paulo verlassen musste. Die *Associação* war gezwungen, ohne ihre Gründerin auszukommen – und mittlerweile hat sie es gelernt. Das Leben, das Ute hinter sich gelassen hat, wird sie in der alten Form nicht wieder aufnehmen. Sie übernimmt nun mehr und mehr beratende Tätigkeiten für Monte Azul und überlässt das operative Geschäft denjenigen, die nachgerückt sind und ihre Aufgaben übernommen haben. Ute erlebt diese Veränderung als positiv. Die Organisation hat bewiesen und auch selbst ein Bewusstsein dafür bekommen, dass sie auf eigenen Beinen stehen kann. Das eröffnet der Gründerin ungewohnten Bewegungsspielraum, den sie intensiv zu nutzen weiß: Es beginnt eine im wahrsten Sinne des Wortes bewegte Phase des weltweiten Reisens und Vernetzens.

Für Beobachter von außen ist die Leichtigkeit, mit der Ute Craemer die Verantwortung für konkrete Aufgaben in Monte Azul loslässt, erstaunlich. „Pioniere neigen dazu, die von ihnen gegründeten Organisationen sehr auf sich selbst zu zentralisieren und von der eigenen Person abhängig zu machen“, fasst Paulo Kayo, Geschäftsführer der Software AG Stiftung Brasilien, die soziale Projekte fördert und berät, seine über die Jahre gemachten Beobachtungen zusammen. Auf Gründung und Wachstumsphase folge daher in vielen Einrichtungen Stagnation. Er stellt fest: „Ute ist die einzige Pionierin, die ich kenne, die das geschafft hat – ihre Organisation auf eigene Beine zu stellen, sodass sie unabhängig von ihr laufen und sich weiterentwickeln kann.“

Vierzehn Jahre nach Überfall und unfreiwilligem Exil blickt Ute zurück auf diesen radikalen Einschnitt in ihrem Leben. Was ihr zugestoßen ist, fügt sich für sie in ein sinnhaftes Ganzes. Sie beschreibt eine Unruhe und Unzufriedenheit, „etwas Graues“, das im Jahr 1999 über ihrem Leben gelegen habe. Und das, obwohl die Dinge in Monte Azul sich sehr positiv entwickelten. „Ich sah, dass das alles funktionierte: Die Treffen und Gruppen, die Ausbildung, die Mitarbeiterentwicklung. Das hatten wir alles aufgebaut, und es funktionierte gut. Ich hätte da einfach sterben können, mit einem guten Gefühl. Aber ich war ja nunmal immer noch lebendig.“ Sie erinnert sich, dass sie durchaus Ideen hatte, was sie tun und wo es hingehen könnte. „Aber das waren alles so vage Vorstellungen. Ein ganz unangenehmes Gefühl, wenn man nicht weiß, wie es weitergeht.“ Zur schmerzhaften Unklarheit in Bezug auf die eigene Rolle kam noch ein Abschied, der Ute an die Nieren ging: von Angela Gehrke da Silva. Die deutsche Hebamme hatte in den 80er und 90er Jahren in der Favela humanitäre Geburtshilfe geleistet und damit brasilienweit Maßstäbe gesetzt. Als sie im Jahr 1999 zum zweiten Mal schwer krank wurde, beschloss sie, nach Deutschland zurückzugehen, um sich dort behandeln zu lassen. Sie hatte nur noch wenige Monate zu leben. „Das war alles so tragisch", erinnert sich Ute. „Sie war ja so ein wichtiger Teil von Monte Azul."

Zu ihrer eigenen Orientierungslosigkeit in dieser Zeit sagt sie: „Mir war klar: Etwas muss sich verändern – aber ich wusste nicht, was." Es liegt Leichtigkeit in ihrer Stimme, als sie hinzufügt: „Das alles hat sich ja dann dadurch gelöst, dass die lieben Räuber mich rausgeschossen haben."

Wenn Ute Craemer über ihr Leben reflektiert, dann wird deutlich: Nie sieht sie ihren Lebensweg als rein private Angelegenheit. Die eigene Biografie bezieht sie stets auf ein größeres Ganzes; sie stellt ihr Leben in die Anliegen einer Allgemeinheit hinein. In Folge des Überfalls macht sie sich daran, der Natur der „Gegenkräfte" auf den Grund zu gehen, die sie so deutlich wahrnimmt. So beginnt sie im Jahr 2000, sich mit dem Manichäismus zu beschäftigen. „Es war wichtig für mich, das zu entdecken", sagt sie heute. „Im Nachhinein habe ich besser verstanden, was ich da eigentlich erlebt und getan habe." Der Manichäismus, wie die Anthroposophen ihn verstehen, beschreibt die menschliche Existenz als ein immerwährendes Ringen zwischen Licht und Finsternis, Gut und Böse, ausgetragen auf dem Schlachtfeld der menschlichen Seele. „Dieser Kampf zwischen den Kräften hat mich sehr beeindruckt", sagt Ute. „Das ist ja das, was man in den

Griff bekommen will in sich. Es hat keinen Sinn, das Böse zu bekämpfen. Aber man kann es verwandeln. Gesellschaft verändern ist möglich. Aber man kann das eigentlich nur in der Gruppe wirkungsvoll tun, als Einzelner hat man da keine Chance. Man muss den eigenen Blick schärfen: Wann sind Kräfte am Werk, die eine Gruppe zerstören wollen?“

Ihre eigene Mut- und Orientierungslosigkeit im Jahr 1999 steht für Ute ganz klar mit diesem Phänomen in Zusammenhang. Kräfte, die dem Guten, dem Aufbauenden und der Gemeinschaft entgegenwirken – der anthroposophische Manichäismus nennt sie „ahrimanisch“ – finden in der menschlichen Seele Nahrung. Sie schwächen das Selbstwertgefühl der Menschen und treiben sie in die Einsamkeit, isolieren sie von der Kraft der Gruppe. „Das ist ja etwas, dass man ganz oft beobachten kann: Da ist eine starke Gruppe, und dann fängt sie an sich zu zersprengen. Leute spalten sich ab und hacken aufeinander herum.“ In dem Überfall vom November 1999 sieht Ute jedoch keineswegs diese Kräfte am Werk. „Das Böse ist das, was nicht am richtigen Platz ist und nicht in der richtigen Zeit“, sagt sie. „Das Böse, das ich erlebt habe, war aber durchaus am richtigen Ort und zur richtigen Zeit. Und insofern war es etwas Gutes.“ Die Beschäftigung mit dem Manichäismus ist für Ute bis heute insofern bedeutsam, als dass sie ihr ermöglicht, ihre Arbeit in einem universellen Kontext zu sehen.

Fest steht, dass Ute den Ereignissen ihres Lebens sehr aktiv Sinn gibt, indem sie ihre persönliche Lebensgeschichte mit der Entwicklung der Gemeinschaft in Zusammenhang bringt. Durch die Begegnungen auf der „Northern Conference“ und danach, mit anderen Aktivisten der Zivilgesellschaft, erlebt sie quasi die globale Potenzierung dieses Vergemeinschaftungsgedankens. Sie lernt Aktivisten wie Truus Geraets, Ben Asharon, Orland Bishop kennen – allesamt Menschen, die die Möglichkeiten der Waldorfpädagogik nutzen, um an sozialen Schieflagen zu arbeiten und die Welt ein Stück gerechter und lebendiger zu machen.

Sie erlebt, dass es stärkt, um andere zu wissen, die die gleichen Ziele verfolgen. Der Austausch mit Akteuren und Gruppen weltweit wird ihr in den kommenden Jahren ein großes Anliegen. „Was eint uns, wo sind wir verschieden? Man kann vor Ort viel besser arbeiten, wenn man die globalen Zusammenhänge versteht."

Utes Pioniergeist sucht sich in den kommenden Jahren neue Einsatzfelder. Im Jahr 2000 lernt sie in Brüssel die Arbeit der „Alliance for Childhood" kennen und gründet bereits im Jahr darauf die „Aliança pela Infancia" in Brasilien. Der Auftakt ist fulminant. 150 Menschen aus der Friedensbewegung, aus verschiedenen Sozialinitiativen und der Waldorfbewegung kommen zusammen; die auch in Deutschland bekannte anthroposophische Kinderärztin Michaela Glöckler ist Gründungsmitglied der *Aliança.* Alle sind sich einig: Für den Schutz der Kindheit muss mehr getan werden. „Zum zweiten Treffen kamen dann nur noch fünf Leute", erinnert sich Ute. „Der häufigste Satz in dieser Zeit war: ‚Ich arbeite doch schon mit Kindern, wozu denn jetzt eine Allianz?' Aber das kannte ich ja nun schon. Es ist normal, dass es am Anfang eine Durststrecke gibt, dass da noch keiner an das glaubt, was da passieren soll. Neue Initiativen brauchen ihre Zeit."

IN PERSONA

–

Ute Craemer im Gespräch mit der Autorin

Wir sorgen uns, was morgen aus unserem Kind werden wird, und vergessen dabei, dass es heute schon jemand ist.
Stacia Tauscher

Seit der Northern Conference im Jahr 2000 verfolgst du konsequent die Idee eines weltweiten anthroposophischen Sozialforums. Wozu ist dir das wichtig?

Mein Anliegen ist, die anthroposophische Praxis, so wie sie heute gelebt wird, zu erweitern. Die Ideen, die da sind, noch weiter auf die Erde zu bringen. Die Anthroposophen haben ja viel übrig für Medizin, Landwirtschaft und Waldorfschulen. Das ist auch alles ganz toll. Aber die sozialen Initiativen werden zu wenig geschätzt, die werden als weniger relevant eingestuft. Ich finde, die Anthroposophen sollten mal wirklich aufwachen. Und verstehen, dass die Soziale Frage etwas Essenzielles ist, und nicht nur eine Randerscheinung. Ich möchte, dass Soziale Arbeit in der Waldorfpädagogik ihren legitimen Platz findet, und sich damit in der anthroposophischen Bewegung verankert. Die Soziale Frage war ja der Gründungsimpuls für die Waldorfbewegung. Die erste Waldorfschule wurde explizit als Schule für alle, für Arbeiterkinder und Bürgerkinder, gegründet! Das wird heute oft vergessen. Gemeinsam mit Truus Geraets, der Mitbegründerin der ersten Waldorfschule in einem südafrikanischen Township, bemühe ich mich darum, das wieder ins Bewusstsein zu bringen. Dazu organisieren wir seit Jahren Treffen und Konferenzen in aller Welt.

Schon lange plant ihr ein „World Social Forum" am Goetheanum in Dornach, dem Zentrum der Anthroposophie. Im Jahr 2015 soll es stattfinden. Was erhoffst du dir davon?

Wenn dieses Forum stattfindet, dann wird es hier in Brasilien leichter werden, mit unserer Form von Sozialarbeit wirklich Anerkennung zu finden. Momentan ist es noch so, dass nur dasjenige wirklich als Waldorfpädagogik anerkannt wird, was in Form einer Schule oder eines Kindergartens auftritt. Eine Initiative wie unsere *Escolinha* hat im Bund der Freien Waldorfschulen keinen Platz. Wir stehen also für uns, und die Arbeit wird in ihrem Wert nicht anerkannt. Gute Waldorfpädagogik braucht aber kein Klassenzimmer! Mir geht es da um einen erweiterten Begriff von Pädagogik. Die Essenz der Waldorfpädagogik liegt im Menschen- und Weltbild. Aus dieser Überzeugung heraus können die unterschiedlichsten Formen entstehen. Das kann sich in einem Waisenhaus abspielen, in einer Spielgruppe in der Favela, oder ganz einfach auf der Straße. Überall da, wo ein Erzieher sich mit einem durch diese Pädagogik vertieften Blick und seiner persönlichen Hingabe Kindern oder anderen Menschen zuwendet und ihr Leben erleichtert, bereichert und zum Blühen bringt.

Du setzt dich auch sehr dafür ein, an Waldorfschulen ein „Soziales Curriculum" zu verankern. Was ist dir daran so wichtig?

Auch das zielt in die gleiche Richtung wie das World Social Forum. Nur konkreter, auf der Ebene des Lehrplans. In Deutschland macht jeder Waldorfschüler in der Oberstufe ein Sozialpraktikum; in Brasilien gibt es das nicht. Dabei wäre das gerade hier so dringend nötig! Seit ich in diesem Land lebe – also seit den 70er Jahren – ist es mir ein Anliegen, Brücken zu bauen über die tiefen Gräben, die die Brasilianer voneinander trennen. Aus diesem Wunsch heraus ist ja auch die Arbeit in Monte Azul entstanden: Ich habe in meinem Haus meine Waldorfschüler mit Kindern aus der Favela zusammengebracht, damit sie sich begegnen und voneinander und aneinander etwas lernen. Man muss das erlebbar machen! Meine Idee ist, dass man solche Begegnungen in einem Land wie Brasilien schon früher anlegen muss. Lehrer sollten ihren Blick für diese Thematik schärfen und immer wieder kleine Aktionen in dieser Richtung einplanen, schon mit jüngeren Schülern. Das ist wichtig für die Entwicklung, für das Erwachsenwerden. In einem bestimmten Alter bekommt man ja plötzlich einen anderen Blick auf die Welt; Ungerechtigkeit widert einen an. Wenn Jugendliche sich sozial engagieren können, fühlen sie sich nützlich und erleben, dass sie etwas zu geben haben. Ein gutes Beispiel ist die Kooperation, die wir mit der *Escola Waldorf de São Paulo* haben: Seit sieben Jahren kommen die Elftklässler für eine Woche nach Horizonte Azul, einen sozial sehr benachteiligten Stadtteil in der

Nähe, in dem wir auch arbeiten. Tagsüber hospitieren sie in den Einrichtungen der *Associação*, abends gibt es dann Gesprächskreise und Aktionen, gemeinsam mit den Jugendlichen aus der Favela und dem angrenzenden Stadtteil. Das gehört zum Lehrplan; im Anschluss schreiben sie eine Hausarbeit über ihre Erfahrungen. So etwas sollte für alle Schulen verbindlich sein.

Warum ist dir eigentlich die Anthroposophie so wichtig? Du könntest doch auch ohne Anthroposophie Sozialarbeit machen.

Soziale Arbeit funktioniert nicht ohne Spiritualität. Es muss gar nicht unbedingt die Anthroposophie sein – aber man braucht eine spirituelle Quelle, aus der man schöpfen kann. Sonst wird das eine starre, unbewegliche Sache. Sonst brennt man aus.

Für mich persönlich ist die Anthroposophie eine Kraftquelle. Ein Weg, die Welt besser zu verstehen, in ihren Zusammenhängen und Entwicklungen. Dadurch wird auch der einzelne Mensch in seiner Tiefe verständlicher, mit seinen kreativen und aufbauenden Impulsen, aber auch den zerstörerischen. Mit denen haben wir es hier in der Favela ja oft zu tun. Der Versuch, die Zusammenhänge zu verstehen, ist für mich ein Weg, daran nicht zu verzweifeln. Die Anthroposophie hilft mir, hinter den äußeren Erscheinungen einen geistigen Kern zu vermuten. Und das wiederum hilft dabei, nicht über die Menschen zu urteilen, die Böses tun – höchstens über ihr Verhalten. Der Anthroposophie geht es darum, das Geistige im Menschen mit dem Geistigen im Kosmos zu verbinden. Das heißt aber nicht, dass wir einfach die Hände in den Schoß legen können und warten, dass der liebe Gott es richtet. Wir Menschen müssen etwas tun, damit die geistige Welt eingreifen kann. Die Anthroposophie ist eine Philosophie, die ganz konkrete Auswirkungen auf alle Lebensfelder hat: Pädagogik, Medizin, Landwirtschaft und so weiter. Für mich ist das ein großer Schatz – die Anthroposophie zeigt Wege auf und hilft, Ideen zum Handeln zu entwickeln. In der Arbeit, aber auch für die eigene Entwicklung. Ich entdecke da immer wieder Neues.

Du hast im Jahr 2001 die Aliança pela Infancia in Brasilien ins Leben gerufen, eine Art Verband zum Schutz der Kindheit. Wozu braucht es so eine Institution?

Ganz einfach: Wer die Welt verändern will, muss bei den Kindern anfangen. Interessanterweise sind Hitler und Gandhi sich an dieser Stelle einig – von beiden ist überliefert, dass sie sinngemäß gesagt haben: „Gebt mir die Kinder, den Rest könnt ihr behalten." Wer die Welt zum Guten verändern will, muss die jungen Menschen stärken. Die *Aliança pela Infancia* setzt sich für eine Kultur ein, die gewaltfrei und liebevoll mit Kindern umgeht. Sie macht auf ihre Rechte aufmerksam und will einen Raum des Zuhörens schaffen für die Stimme der Kinder, und mehr Bewusstsein für ihre Bedürfnisse.

Was macht die Aliança pela Infancia denn konkret?

Wir lancieren zum Beispiel Vorträge, Seminare und Artikel, die diesen liebevollen Umgang mit Kindern befördern. Momentan beschäftigen wir uns sehr mit dem Lebensanfang. Ein guter Start ins Leben ist so wichtig. Dazu gehören Themen wie natürliche Geburt, Stillen und so weiter. Wir geben Kurse für junge Mütter und Väter, für Krankenschwestern, Geburtshelferinnen und Erzieher.

Ein konkretes Kernstück der *Aliança* in ganz Brasilien ist die „Woche des Spielens". Da bieten wir an öffentlichen Orten ein Programm an, mit dem wir die Kultur des Spielens fördern wollen. Wir gewährleisten die Sicherheit – das ist wichtig in Brasilien – und dann kommen Kinder und Erwachsene zusammen und spielen. In Brasilien gibt es ja so viel Gewalt; es gibt gar keine öffentlichen Orte, wo Kinder einfach spielen können, beziehungsweise wo die Eltern die Kinder spielen lassen.

Ihr bringt den Eltern bei, wie man spielt?

Ja. Wir haben schnell gemerkt, dass viele das gar nicht können. Viele junge Eltern heute haben selbst schon gar nicht mehr gespielt in ihrer Kindheit. Oft wissen sie gar nicht so richtig, was sie mit ihren Kindern eigentlich machen sollen. Ganz extrem ist das in Familien der Oberschicht, wo die Kindermädchen alles übernehmen, inklusive Kindererziehung. Da wissen die Mütter zum Teil nicht, wie man eine Geschichte erzählt.

Was bringt die Aliança den Erwachsenen denn bei? Waldorfpädagogik?

Wir sprechen ganz gezielt Akteure außerhalb der Waldorfwelt an und richten uns an alle, die mit Kindern zu tun haben. Gute Pädagogik muss ja nicht Waldorfpädagogik sein. Bestimmte Dinge sollten garantiert sein, damit eine Pädagogik für das

Kind gut ist: freies und kreatives Spielen, gesunde organische Ernährung, wenn möglich eine natürliche Geburt. Das sind alles Dinge, die zum weltweiten Kulturgut gehören, die universell sind. Die Waldorfpädagogik hat das übernommen und weiterentwickelt. In der *Aliança* haben wir dafür den Begriff *pedagogia da arte da paz* geprägt – „Pädagogik der Friedenskunst". In der deutschen Übersetzung klingt das etwas umständlich – wir meinen damit eine humanisierte Pädagogik, die überall auf der Welt anwendbar ist, dem jeweiligen Kulturkreis angepasst.

Warum ist das Spielen so wichtig?

Uns geht es um das kreative Spielen, also um die Formen des Spielens, die nicht auf ein pädagogisches Ziel hinauslaufen, wie zum Beispiel Zahlen lernen. Das ist elementar. Im kreativen Spiel entwickeln Kinder ihre Fantasie. Die brauchen sie, damit sie später als Erwachsene schöpferisch sein und kreativ handeln können. Diese Transformation vom Spiel zum Handeln ist ganz wichtig. Durchs Spielen erwirbt man die Fähigkeit, die Dinge verwandeln zu können, und sie nicht auf eine Bedeutung, einen Begriff festzulegen. In diesem Sinne ist es auch wichtig, das Spielzeug möglichst wandlungsfähig zu halten, damit es die Fantasie anregt.

Spielen ist ja gut und schön – aber „'s Läbe isch koi Schlotz", wie der Schwabe weiß. Muss man Kinder nicht auch auf die Welt vorbereiten, die auf sie wartet? Zum Beispiel darauf, in einer leistungsorientierten Welt einen Beruf zu ergreifen?

Gerade die Unternehmen beschweren sich ja, dass sie keine

kreativen Leute mehr bekommen. Wir brauchen Menschen, die mit den ständig wechselnden Gegebenheiten unserer Welt umgehen können und in der Lage sind, in ihr zu handeln. Wer die Fantasie zu wenig entwickelt, wird tendenziell eher passiv und gut darin, Aufgaben zu erfüllen. Deshalb ist mir auch die Verschulung der frühen Kindheit so ein Dorn im Auge. Die öffentlichen Schulen in Brasilien stecken bis zu 40 Kinder mit den verschiedensten sozialen Hintergründen in einen Raum. Anstatt Klassen zu teilen und die Lehrer dabei zu unterstützen, dass sie sich in die Seele des Kindes einfühlen können, bekommt jeder Schüler einen Tablet-Computer in die Hand. Die bezahlen wir mit unseren Steuergeldern! Da ist kein Platz für Kreativität, für freies Spielen. Die Kinder werden in ein starres Gerüst hineingezwängt und sollen Knöpfchen drücken oder Bildschirme streicheln. Vielen Dingen werden Kinder heute viel zu früh ausgesetzt. Das macht ihr Denken stumpf. Zum Beispiel gibt es in Brasilien einen Gesetzesentwurf, der vorsieht, dass Kinder schon im Alter von fünf Jahren Lesen und Schreiben lernen sollen. Die *Aliança* versucht an solchen Stellen, auch politisch gegenzuhalten. Im Jahr 2010 ist es uns gelungen, dieses Gesetz vorerst zu verhindern.

„Frühförderung“ ist in Deutschland gerade in aller Munde. Was spricht denn dagegen, dass Kinder so früh wie möglich Lesen und Schreiben lernen?

Lesen und Schreiben sind abstrakte Prozesse. Jedes Kind vollzieht natürlicherweise in seiner individuellen Entwicklung die Entwicklung der Menschheitsgeschichte nach. Das sieht man auch an den Organen. Darum sollten Lernprozesse wie Lesen und Schreiben zum richtigen Zeitpunkt begonnen werden, und nicht dann, wenn die Organe des Kindes noch gar nicht richtig ausgereift sind. Deshalb ist Spielen auch wichtig für die Salutogenese, die Förderung von Gesundheit. Wenn Kinder in der frühen Kindheit nicht spielen, dann ist das für mich in gewisser Weise Körperverletzung. Der Sehsinn zum Beispiel ist völlig überlastet bei Kindern, die nur vorm Computer oder vorm Fernseher sitzen.

Also eine Kindheit im Kokon?

Kinder brauchen Hindernisse, keine Frage! Aber solche, die sie bewältigen können. Erwachsene bringen Kinder in Situationen, mit denen sie nicht umgehen können und die sie überfordern. Das macht sie krank. Spielzeug, Mode, Fernsehen – was sich da alles an Kinder richtet, ist nicht kindgerecht; meist wird vom Erwachsenen aus gedacht. Natürlich: Die Kinder von heute sind die Erwachsenen von morgen. Aber heute sind sie Kinder, und Kinder haben andere Bedürfnisse als Erwachsene. Wenn wir ihnen eine gute Basis für ihren Weg hinaus in die Welt geben wollen, müssen wir Dinge tun, die ihre Resilienz fördern. Damit meine ich so etwas wie eine psychosoziale Haut, die den Menschen in schwierigen Situationen schützt und ihm dabei hilft, seine innere Achse nicht zu verlieren.

Resilienz fördern – wie geht das?

Alles, was in Monte Azul getan wird, ist genau darauf ausgerichtet. Das fängt schon vor der Geburt an, wenn unser Geburtshaus „Casa Angela" Kurse für angehende Mütter gibt. Das Wichtigste im Leben eines Kindes ist eine Bezugsperson.

Kinder müssen sich in Zusammenhang mit der Welt erleben und sich darin sinnvoll eingebettet fühlen. Und sie brauchen ein überschaubares Umfeld, das sie überblicken und bewältigen können. Deshalb ist es so fatal, wenn ein Kind einfach einen Fernseher hingestellt bekommt: Es kann zwar auf die Knöpfe drücken, aber sein Nervensystem kann noch gar nicht verarbeiten, was ihm da entgegenkommt. Es ist wichtig, dass Kinder sich mit Dingen beschäftigen, die sie herausfordern, aber sie müssen ihrem jeweiligen Entwicklungsstand entsprechen. Die *Aliança* möchte die Augen für die Tatsache öffnen: Eine geschützte Kindheit ist wichtig. Sie ist die Basis für ein gutes und gesundes späteres Leben.

Was hat das alles denn noch mit deiner Arbeit in Monte Azul zu tun?

Ich habe ja immer noch diesen Favela-Stempel auf der Stirn. Die Ute, das ist immer „Favela“ und „Armut“. Das stimmt aber so gar nicht – ich habe ja auch vor meiner Arbeit in der Favela als Lehrerin an einer Schule gearbeitet. Mir geht es um das Kind an sich, egal ob arm oder reich. In Monte Azul habe ich das ganz konkret und mit armen Kindern umgesetzt. Die Idee der *Aliança* ist die Essenz dieses Impulses.

Du arbeitest seit Jahren vor allem konzeptionell. Fehlt dir da manchmal die direkte Arbeit mit den Kindern?

Ich habe ja jeden Tag direkten Kontakt zu Kindern. Im *Centro Cultural* hüpfen und zwitschern sie um mich herum. Und in der *Folia de Reis* machen jedes Jahr ganz viele Kinder mit. Ich achte bewusst darauf, den Kontakt nicht zu verlieren, zum

Beispiel lade ich regelmäßig Jugendliche zu mir nach Hause zu Gesprächsrunden ein. Ich berate ja auch die Erzieherinnen der *Escolinha* – da ist es wichtig zu wissen, wie die Kinder von heute sind. Ich finde ganz schrecklich, wie sich durch die Mitsprache der Stadtverwaltung eine Tendenz ins System einschleicht: Entweder haben die Leute koordinierende Aufgaben, oder sie sind Erzieher. Eine Kombination aus beidem wäre aber das Ideale – denn erst dann hat man eine lebendige Erfahrung davon, was es heißt, mit Kindern zu arbeiten. Ich würde das auch jedem raten, der auf der Theorie-Ebene zum Thema Kinder und Kindheit arbeitet: Verbindet euch mit Kindern, verbringt Zeit mit ihnen! Das wird sonst alles zu theoretisch. Auch die Verwaltung fordert sonst schnell zu viel von denen, die wirklich direkt mit den Kindern arbeiten.

Du bist jetzt 76, in einem Alter, wo andere Menschen seit zehn Jahren ihre Rente genießen. Hast du vor, dich irgendwann zur Ruhe zu setzen?

Was heißt denn schon „zur Ruhe setzen"? Soll ich rumsitzen und in die Luft gucken? Das ist ja nur so für jemanden, der seine Arbeit nicht mag und sich sein Leben lang darauf freut, sich irgendwann zur Ruhe zu setzen – um dann Depressionen zu kriegen. Ich habe immer gern gearbeitet, und ich werde sicher immer irgendetwas tun. Aber eben weniger, das wäre schon irgendwann schön. Ich arbeite ja bereits jetzt viel weniger als in den 80er oder 90er Jahren. Schon seit Jahren gehe ich, wann immer ich kann, nach dem Mittagessen nach Hause und lege mich in die Hängematte. Das ist wunderbar! Früher wäre das undenkbar gewesen.

Seit Gründung der Mahle-Stiftung Brasilien im Jahr 2006 bist du im Beirat der Stiftung. In diesem Gremium entscheidest du mit anderen darüber, welche Projekte finanziell gefördert werden, und welche nicht. Wie ist das, da auf der „anderen Seite" zu sitzen?

Das ist sehr spannend, aber auch schwierig. Wir bestimmen da über die Verwendung von sehr viel Geld. Und das sollen wir an Projekte verteilen, die ich zum Teil sehr gut kenne, zum Teil auch gar nicht. Und dann aber bitte eine gerechte Entscheidung treffen! Es ist sehr schwer einzuschätzen, ob ein Projekt gute Arbeit macht, wenn man es nicht kennt. Wenn der Projektantrag dürftig aussieht, ist es schwer zu sagen, ob das an der Arbeit selbst liegt, oder ob die Leute einfach nur nicht wissen, wie man so einen Projektantrag richtig schreibt. Ich kenne ja die Seite der Empfänger und weiß, dass man da in der Beurteilung ganz schnell Fehler macht. Projektanträge zu schreiben ist eine Wissenschaft für sich. Viele Menschen vergessen zum Beispiel völlig, ihre eigene Arbeitskraft zu beschreiben und in Zahlen auszudrücken, und dann sieht das schnell aus, als wollten sie sich zu hundert Prozent über die Stiftung finanzieren. Und es darf um Himmels willen nicht so aussehen, als wäre ein Projekt auf Jahre hinaus von Förderung abhängig; das wollen die Stiftungen gar nicht.

Ist es denn realistisch für soziale Projekte, finanziell je auf eigenen Beinen zu stehen?

Natürlich ist das Quatsch! Der Ausdruck „finanziell abhängig" ist meiner Meinung nach ohnehin irreführend. Man muss das so sehen: Es geht um ein gemeinsames Ziel, das alle verfolgen, jeder auf seine Art und mit dem, was er kann. Der eine arbeitet wunderbar mit Kindern, und der andere hat das Geld und kann diese Arbeit finanzieren.

Was ist für dich Bildungsqualität?

Für mich ist Bildung das, was den Menschen wirklich bildet. Und nicht das, was ihn verbildet. Gute Bildung bildet alles aus am Menschen, nicht nur einen Teil, den vielleicht die Wirtschaft gerade verstärkt braucht. In den romanischen Sprachen gibt es leider gar keine richtige Übersetzung für diesen Begriff „Bildung" – ohne die Konnotation von Zweckgebundenheit und Zielorientierung, also gerade nicht als Ausbildung oder Training auf ein bestimmtes Ziel hin. Das ist ein sehr deutscher Begriff, der dem Idealismus entstammt – mit das Beste, was Deutschland je hervorgebracht hat. Das sollte man hegen und pflegen! Das geht in Richtung Persönlichkeitsentwicklung, aber unbedingt mit einer Konsequenz: nicht Nabelschau betreiben, sondern das, was man lernt, in ein tätiges Handeln einfließen lassen. Das ist Bildung. Meiner Meinung nach hapert es in Sachen Schulsystem auch daran, dass der Staat, und neuerdings auch die Wirtschaft, sich da einmischen. Bildung sollte in der Hand der Zivilgesellschaft liegen.

Und der Bildungsauftrag des Staates?

Dem soll er dadurch nachkommen, dass er die Bildung finanziert. Wir zahlen schließlich Steuern. Inhaltlich sollte der Staat keinen Einfluss nehmen. Ich denke wirklich, dass die Zukunft da in partnerschaftlichen Modellen liegt, zwischen Staat und *Civil Society*. Die *Cultural Creatives*, wie Nicanor Perlas sie nennt, tun sich zusammen und kämpfen für Dinge, die ihnen wichtig sind. Das ist gesund, für den Einzelnen und auch für die Gesellschaft – dadurch entsteht Pluralität. Mir gefällt in diesem Zusammenhang das Wort „Ferment“: Ferment bringt etwas zum Gären. Es braucht nur wenig davon, aber erst durch dieses Wenige wird das Brot überhaupt essbar. Einige Wenige können viel in Bewegung bringen und verändern.

Was ist für dich die drängendste Frage unserer Zeit? Hast du ein besonderes Anliegen für die Zukunft?

Ich sehe eine Tendenz zur Verdorrung, die mir Sorgen macht. Der Mensch, die Kindheit trocknen innerlich immer mehr aus. Und gleichzeitig verdorrt die Erde. Da geht Lebenskraft verloren. Der Planet hat immer weniger Wälder und immer weniger Wasser; er verwüstet mehr und mehr – und parallel dazu „verwüstet“ auch der Mensch. Das ist eine mächtige Kraft. Der Mensch wird tendenziell immer automatischer, nur mehr reagierend, immer weniger aktiv handelnd. Gerade deshalb ist mir die erste Kindheit so wichtig. Man muss die Erde und die Menschen erst einmal lieben lernen, damit man sie später pflegen kann.

GEGENWART WAHRNEHMEN

–

Zukunft gestalten

Bildung verändert nicht die Welt.
Bildung verändert Menschen.
Menschen verändern die Welt.
Paulo Freire

Fast 40 Jahre ist es her, dass die ersten Kinder aus der Favela vor Ute Craemers Tür standen und ihre Frage stellten: „Hast du uns etwas zu geben?“ Die junge Lehrerin empfand diese Frage damals als eine Art kristallisiertes Bewusstsein der Welt, die sie umgab. Durch die Stimme der Kinder sprach auch ihr eigenes Unwohlsein, ihre Beunruhigung angesichts der in Brasilien so präsenten krassen sozialen Gegensätze. Ihre Antwort war zunächst eine ganz persönliche: „Ja!“

Was als kleine private Initiative begann, ist im Laufe der Jahre zu einer großen Organisation herangewachsen. Die *Associação Comunitária Monte Azul* beschäftigt heute, im Jahr 2014, etwa 250 Mitarbeiter. Kindergärten und -tagesstätten sind entstanden, Jugendarbeit und Berufsausbildungen werden angeboten. Kulturarbeit, medizinische Versorgung und Geburtshilfe kamen über die Jahre dazu, ökologischer

Landbau, eine Musikschule, eine eigene Waldorfschule. Mit diesen konkreten Angeboten erreicht die *Associação* heute circa 30.000 Menschen. Lange schon kommt die Soziale Arbeit nicht mehr nur den Bewohnern der Favela Monte Azul zugute. Seit 1983 arbeitet die *Associação* auch in der nahegelegenen Favela Peinha; 1984 kam noch der zehn Kilometer entfernte Stadtteil Horizonte Azul hinzu. Auch konzeptionelle Früchte trägt die Arbeit reichlich: Monte Azul war über die Jahre an der Gründung zahlreicher anderer sozialer Einrichtungen beteiligt. Mitarbeiter sind in Bildungs- und Gesundheitspolitik aktiv, und das Weiterbildungsinstitut *Mainumby* („Kolibri") bietet ein einzigartiges Fortbildungsprogramm an: Waldorfpädagogik für Sozialarbeiter.

Oktober 2012: Die Frau, die all dies angestoßen hat, sitzt an diesem Sonntagvormittag in ihrem Wohnzimmer und nimmt sich Zeit, das Gespräch weiterzuführen. Nicht nur Monte Azul, auch die Gründerin hat sich verändert. Mittlerweile gibt es so etwas wie Freizeit im Leben der 76-Jährigen. So richtig gerne opfert sie diese Stunden nicht – die Ruhe des Sonntags ist ihr heilig. Sie achtet darauf, die sonntäglichen Morgenstunden für Reflexion und Meditation zu reservieren. Dafür, sich einen Überblick zu verschaffen: über das, was war und das, was kommt.

Die Tür zum Wohnzimmer steht offen, das Morgenlicht malt ein Rechteck auf den schwarzen Natursteinboden und zeichnet die Schattensilhouetten von Palmblattwedeln aus dem Garten darauf. Die Vögel im Garten zwitschern so laut, dass sie auf jeder Tonaufnahme zu hören sein werden. Ute hat Nüsse auf den Tisch gestellt und Tee gekocht. Guten Earl

Grey – den einzigen Luxus, den sie sich leistet. Sie ruckelt sich zurecht in ihrem Stuhl und schlägt die Beine unter.

Die Associação heute

Was aus Monte Azul geworden ist?

„Zunächst einmal ist es unendlich riesig geworden“, findet Ute Craemer. Denn neben dem oben beschriebenen „kleinen“ Monte Azul, das soziale und kulturelle Angebote an drei Standorten macht, ist ein größeres herangewachsen. Eines, das 320.000 Menschen in der südlichen Peripherie von São Paulo erreicht. Die *Associação* ist mittlerweile nicht nur als Bildungsträger, sondern auch als Akteur im Gesundheitswesen zu einem wichtigen Partner der Stadt geworden. Im Auftrag des staatlichen Familiengesundheitsprogramms (*Estratégia Saúde da Família* = ESF) von São Paulo bildet die Organisation seit 2001 Gesundheitsberater aus und betreut multiprofessionelle Gesundheitsteams. Das ESF-Modell orientiert sich an kubanischen und kanadischen Konzepten zu präventiver Gesundheitsarbeit: Die Gesundheitsteams machen Hausbesuche und leisten in Kombination mit örtlichen Gesundheitsposten kostenlose Basisversorgung für die Bevölkerung. Als der Staat São Paulo dieses Programm einzuführen begann, suchte er nach verlässlichen Partnern und kam auf die *Associação.* Diese hatte sich durch den ganzheitlichen und präventiven Ansatz des *Ambulatório* bereits einen Namen gemacht und überzeugte zudem durch sorgfältige Buchführung. Nun bot sich die Gelegenheit, das im kleinen Rahmen erworbene Wissen auf den großen Maßstab zu übertragen. Die Tatsache, dass Monte Azul für diese Aufgabe ausgesucht wurde, zeigt: Die *Associação* ist ein wichtiger Teil des sozialen Gefüges der Stadt geworden. Die exponierte Funktion im ESF bietet der Organisation die Chance, über die Schulung und Betreuung der Gesundheitsteams auch ins öffentliche Gesundheitssystem hineinzuwirken. „Das ist schön", findet Ute, „eine weitere Stelle, an der der Geist von Monte Azul weit über die Favela hinaus weht."

Die Arbeit der *Associação* strahlt aus. Luiz Carlos Merege, Koordinator des Instituto Getulio Vargas für Studien im NGO-Bereich in São Paulo, bemüht sich nicht, seinen Enthusiasmus zu verbergen: „Was die da machen, ist in Brasilien einzigartig und vorbildlich. Ich habe nie vorher und nie nachher eine Organisation gesehen, die so viel positiven Einfluss ausgeübt und so viele positive Impulse gesetzt hat wie Monte Azul."

In der Tat hat die Arbeit von Monte Azul inzwischen weite Kreise gezogen. Von Monte Azul inspirierte Menschen haben soziale Einrichtungen in São Paulo und anderen Teilen Brasiliens gegründet; Mitarbeiter von Monte Azul engagieren sich in politischen Gremien und tragen ihre Überzeugungen und ihr Fachwissen in die Institutionen der Stadt und des Staates.

Lia Diskin, Direktorin von *Palas Athena*, dem durch die UNESCO geförderten Institut für Friedenskultur in São Paulo, findet, dass der Einfluss von Monte Azul sogar noch weiter reicht. Sie ist sich sicher: „Monte Azul hat eine neue Architektur von sozialer Intervention entwickelt, die einen enorm positiven Effekt auf ganz Brasilien gehabt hat. Und von hier aus auf ganz Lateinamerika." Was das Neue ist, das da in Monte Azul entsteht? Das sei nicht einfach zu beschreiben, findet Lia Diskin. „Ideen sind ja keine Objekte. Bei Objekten weiß man, wo sie herkommen, wer sie hergestellt hat. Mit Ideen ist das anders, Ideen sind fluide. Diese ganze Strecke, die Ute zurückgelegt hat – durch all die Institutionen: waldorfpädagogische, medizinische, ministerielle, politische. Auf diesem Weg hat sie es ja immer mit Personen zu tun gehabt, die dadurch mit den Ideen von Monte Azul in Berührung gekommen sind. Die mussten Anträge lesen, Dinge überprüfen, zulassen oder ablehnen. Das hinterlässt Spuren. Auf diese Art und Weise ergibt sich ein Pingpong-Effekt. Ein Same, der sich kaum lokalisieren lässt, befruchtet so ein ganzes Erdreich an Ideen."

Beziehung als Keimzelle

Es klingelt. Ute dreht sich zu einem kleinen Monitor, der ihr zeigt, wer unten vor dem Tor steht. Nach dem Überfall von 1999 haben alle Freunde sie gedrängt, sich das Gerät anzuschaffen. Ihr Gesicht leuchtet auf – „Das ist Sarah. Die will sich bestimmt verabschieden." Es summt in der Leitung, das metallische Klacken des Tors ist bis ins Haus hörbar. Kurz darauf steht Sarah in der Tür: Bunte Fadenzöpfe im rotblonden Haarschopf, dunkle Augenringe im glücklichen Gesicht. Die letzte Nacht hat sie durchgefeiert. Ein Jahr lang hat die Achtzehnjährige aus Stuttgart in Monte Azul in einem Kindergarten gearbeitet und mit anderen Freiwilligen einen Kinderzirkus aufgebaut. In ein paar Stunden muss sie los zum Flughafen. Der Gefühlscocktail aus Euphorie und Abschiedsschmerz steht ihr ins Gesicht geschrieben. „Die hier ist für dich" – mit diesen Worten reicht sie Ute eine aus dickem blauen Garn gehäkelte Mütze, wie sie derzeit Berliner

Hipster tragen. Ute nimmt das Geschenk freudig entgegen und setzt sich die Mütze gleich auf. Dann gießt sie Sarah Tee ein, schaut sie aufmerksam an und fragt: „Und – wie ist das für dich, nach Haus zu fahren?"

Über 1.000 Freiwillige aus aller Welt sind seit den 80er Jahren nach Monte Azul gekommen. Jedes Jahr sind es etwa 20 internationale Freiwillige und Praktikanten aller Altersstufen, die für einige Wochen, Monate oder Jahre in der *Associação* mitarbeiten und das Leben in der Favela bereichern. Auch sie selbst machen hier eine einzigartige Lernerfahrung. Wenn die Freiwilligen wieder nach Hause fahren, tragen sie die Inspiration aus Monte Azul in ihre Heimatländer. Sie haben erlebt, was es heißt, in einer zutiefst gespaltenen Gesellschaft eine Brücke zu schlagen – durch die Begegnung zwischen Einzelnen. Der von zurückgekehrten deutschen *Volus* gegründete Verein Monte Azul International e.V. hat sich zur Aufgabe gemacht, diese Erfahrung lebendig zu halten und zu stärken, und gleichzeitig den Austausch zwischen Brasilien und Deutschland zu stärken. Sarah ist froh zu wissen, dass sie die anderen deutschen Freiwilligen im Mai auf dem jährlichen großen Volu-Treffen wiedersehen wird.

Dass Helfen keine einseitige Sache ist, ist für Ute Craemer der zentrale Aspekt von Entwicklungszusammenarbeit. Der paternalistische Gestus, der sich im Vorgänger-Begriff „Entwicklungshilfe" offenbart, stieß ihr bereits in den 60er Jahren bitter auf. „Das hat zwei Richtungen", wird sie seitdem nicht müde zu betonen, „und das ist für mich der springende Punkt: Auch dem, der diese Hilfe zur Entwicklungshilfe leistet, wird dabei geholfen, sich zu entwickeln. Deshalb gefällt mir dieses

Wort auch besser als ‚Sozialarbeit'. Leider ist dieser Begriff schon besetzt. Unter Entwicklungshilfe hat man immer verstanden, dass da jemand kommt, der alles kann, und es denen beibringt, die nichts können. Die bildet man dann aus, und dann geht man wieder." Die Besonderheit der *Associação* fasst Ute so zusammen: „Wir sind keine Entwicklungshilfegesellschaft im klassischen Sinne. Wir sind eine brasilianische Organisation, ein Impuls aus der Gesellschaft heraus. Wir leisten Entwicklungshilfe in dem Sinne, dass wir Hilfe zur Entwicklung leisten. Hilfe zum Menschsein."

Diese Auffassung von Entwicklungszusammenarbeit und Sozialarbeit in Kombination, als ein von Gegenseitigkeit getragenes Prinzip des gemeinsamen Lernens, spiegelt sich in der Organisation, die Ute Craemer gemeinsam mit den Menschen von Monte Azul aufgebaut hat. Die *Associação Comunitária Monte Azul* hat sich eine Kultur des Miteinanders geschaffen, die die persönlichen Werte der Gründerin aufnimmt und abbildet. Wie in einem Hologramm finden sich ihre Überzeugungen in den großen und kleinen Kommunikationseinheiten der Organisation: Die Begegnung zwischen Menschen auf Augenhöhe, die Wertschätzung für den Einzelnen liegen dem Miteinander in Monte Azul zu Grunde und finden in den partizipativen Strukturen und der Mitarbeiterentwicklung ihre Form. Der unbedingte Glaube an das Potential und die Entwicklungsfähigkeit des Einzelnen drückt sich in den durchlässigen Strukturen der Organisation aus: Es wird versucht, keinen Unterschied zu machen zwischen Mitarbeitern mit oder ohne Hochschul- beziehungsweise Schulabschluss. Im zentralen Steuerungsorgan der *Associação*, der *Grupo de Metas*, sitzt zum Beispiel auch Lindalva, die im Jahr 1984 aus dem Nordosten nach Monte Azul zog. Sie ist in ihrem Leben nur ein Jahr lang zur Schule gegangen und hat bis heute Schwierigkeiten mit dem Schreiben. Ihr Sachverstand und ihre Kompetenz sind jedoch unangefochten; und so entscheidet sie gemeinsam mit den anderen zum großen Teil studierten Köpfen der Organisation über die langfristigen Entwicklungsziele und Strategien von Monte Azul.

Carlos Merege, der mit seinem Institut in den 90er Jahren eine umfangreiche Strategieberatung in der *Associação* durchführte, gerät angesichts der beobachteten flachen Hierarchien ins Schwärmen: „Eine derart demokratische und partizipative Form habe ich so noch nirgends sonst gesehen. Das Organigramm von Monte Azul ist revolutionär!"

Jeden Mitarbeiter in seiner Individualität ernst zu nehmen und zu fördern ist ein hohes Ideal. „Wir leben das, aber das heißt nicht, dass es in der Realität leicht wäre", schreibt Ute Craemer bereits 1989, in der Festschrift zum zehnjährigen Bestehen der *Associação*. „Gerade am Anfang, als wir die ersten Erzieherinnen ausgebildet haben, war das sogar sehr schwer. Wir arbeiten ja mit Menschen, die mit Gleichberechtigung gar nicht vertraut sind, im Gegenteil: Über Generationen hinweg waren sie in der Situation, gehorchen zu müssen: ‚*Sim senhora, sim senhor*'– ‚Jawohl, Herrin, jawohl, Herr.' Die Menschen hier sind seit ihrer Kindheit an hierarchische Systeme gewöhnt, in der Sklavenzeit ist ihnen das über Jahrhunderte hinweg in Fleisch und Blut übergegangen. Davon einmal abgesehen haben viele unserer Mitarbeiter, die aus der Favela kommen, nie eine Schule besucht, wo man lernt, die eigenen Gedanken klar zu formulieren. Unter solchen Umständen in einem Entscheidungsgremium mit diesen Menschen zu arbeiten, jeden einzelnen so zu respektieren, wie er ist, und hinter der Einfachheit und einem Anschein von Minderwertigkeit seine Fähigkeiten zu erkennen – dazu braucht man wirklich künstlerische Fähigkeiten!“

Diese künstlerischen Fähigkeiten zu fördern und zu schulen, wird in Monte Azul großgeschrieben. Kreativer Selbstausdruck in Form von gemeinsamem Malen, Theaterspielen, Musizieren ist aus dem Miteinander in der Organisation nicht wegzudenken. Susanne Rotermund, freie Künstlerin und Sozialtherapeutin, die seit 2003 in Monte Azul lebt und arbeitet, sagt dazu: „Kunst spricht den Kern des Menschen an. Wer sich künstlerisch betätigt, der erfährt die Freude, die es bedeutet, etwas in die Welt zu setzen. Das weckt Begeisterung und Motivation, den Drang, etwas selbst zu machen und zu erschaffen. Das Gefühl dafür: Da sind einzigartige Qualitäten in mir. Genau das braucht man, um etwas zu verwirklichen.“

Und um nicht auszubrennen. „Psychosoziale Gesundheit“ ist ein Thema, das derzeit weltweit an Bedeutung gewinnt, und dem unterstellt wird, die digitale Revolution als Leitmotiv für Innovation abzulösen – Monte Azul hat in diesem Bereich viel zu erzählen.

Dass von der Qualität der Beziehungen untereinander auch die Qualität der Arbeit abhängt, ist am Beispiel der *Associação* auch Carlos Luiz Merege aufgefallen. „Seit ich Monte Azul kenne, schicke ich alle meine Studenten dahin, damit sie sich das angucken“, sagt er. Die Art und Weise, wie in der *Associação* Prozesse in Gang gesetzt und Entscheidungen getroffen werden, hält Merege für bemerkenswert: „In Monte Azul wird die Stimme der einzelnen Person wirklich gehört. Das ist als Anspruch sehr verbreitet, in der Realität aber sehr selten.“ Im

Buch *Transformar é possível* („Veränderung ist möglich") machen Ute, Renate und andere die in Monte Azul entwickelten Methoden anderen sozialen Einrichtungen und interessierten Lesern zugänglich und teilen so ihren über Jahrzehnte hinweg gewachsenen und an der Praxis erprobten Erfahrungsschatz.

Low profile, high influence

Ute Craemers Führungsstil entzieht sich gängigen Beschreibungen. Es ist ein nicht-charismatischer Gestus, der statt der eigenen Person das Gegenüber ins Zentrum der Aufmerksamkeit stellt. Das kann wohl jeder bestätigen, der sich einmal mit Ute unterhalten hat: Ihre Energie ist ganz beim Gegenüber, aus wachen Augen kommt ihrem Gesprächspartner volle Aufmerksamkeit entgegen. Von Anfang an, ohne jeden Auftrag, hat Ute in Monte Azul Führungsaufgaben übernommen – aus einer dienenden, liebenden Haltung heraus. Peter Guttenhöfer, deutscher Waldorfpädagoge, drückt es so aus: „Wenn die Ute etwas will, dann tut sie das, was die Welt will. Sie stellt sich mit ihrem Wahrnehmen, Denken und Wollen in den Dienst der anderen." In der Sprache der Wirtschaft wird Utes Stil des Führens als *low profile, high influence* bezeichnet. Utes Gabe, Menschen zusammenzubringen und in ihnen den Wunsch zu wecken, ihr Potential zu nutzen um auf ein gemeinsames Ziel hinzuarbeiten, wirkt wie eine Art Zentrierungskraft – ohne dass sie sich selbst zum Zentrum machen würde.

Wieder klingelt es an der Tür. Leonardo ist gekommen, um die Mauern in Utes Garten zu streichen. Der Fünfzehnjährige mit dem Bürstenschnitt über den weichen Gesichtszügen ist nicht der Einzige, der zu Ute kommt, wenn er Geld braucht. „Für Geld muss man etwas tun – irgendeine Arbeit findet sich ja hier immer", sagt Ute. Und so streicht Leonardo einen Nachmittag lang Mauer um Mauer in leuchtendem Blau, um sich sein erstes Handy zu verdienen. Als er fertig ist, haben auch die Blumenbeete und die Palme ihren Teil Farbe abbekommen. Ute ist zufrieden.

Zwickmühle Finanzierung

An Lob und Anerkennung mangelt es der *Associação* nicht. Dennoch sieht sich die Organisation immer wieder mit Herausforderungen konfrontiert, die die Grundlagen ihrer Arbeit existenziell bedrohen. Zum Teil ergeben sich solche Schwierigkeiten aus Konstellationen, die zu einem früheren Zeitpunkt die Lösung eines Problems bedeuteten. Ein Beispiel dafür ist die Kooperation mit der Stadt São Paulo. In den 70er Jahren, als die Arbeit in der Favela noch in den Kinderschuhen steckte, sah sich die wachsende Megacity mit riesigen Migrantenströmen konfrontiert, für die es keinen Wohnraum und keine Versorgungsstrukturen gab. Die Arbeitsmigranten aus dem Nordosten kamen zwar dem wirtschaftlichen Aufschwung der Stadt zugute – aber wo sollten all die Kinder hin? Die Situation war, so erzählt Ute, während sie Tee nachschenkt, „ein einziges Chaos. Und das war nicht nur schlecht. So ein Chaos hat ja durchaus auch Vorteile. Da gibt es keine Strukturen, und man tut einfach etwas, wenn man will und kann und das durchhält. Die ganzen Regeln von heute gab es damals noch nicht. Wir konnten das alles erst mal einfach machen, ohne dass uns jemand dabei gestört hätte."

Monte Azul ist in eine Zwickmühle geraten. Das Wesen von Utes Arbeit und damit auch von Monte Azul liegt darin, Menschen zu mobilisieren und durch Begegnung persönliches Wachstum zu bewirken. Um finanziell überleben zu können, hat sich die *Associação* jedoch über die Jahre in einen Kontext eingespannt, in dem der Staat als Geldgeber die Sozialorganisation als Dienstleister ansieht. Behörden folgen naturgemäß einer grundlegend anderen Logik als Soziale Arbeit: Ihr Hauptaugenmerk liegt auf korrekt abzuwickelnder Bürokratie, auf Protokollen und einzuhaltenden Vorschriften. Valêria Carilho, langjährige Mitarbeiterin von Monte Azul und Geschäftsführerin seit 2011, benennt sehr klar, wie sehr die Vorschriften von außen vielfach das stören, was die *Associação* eigentlich will: „Das ist oft sehr lebensfeindlich. Die Basis unserer Arbeit sind die vertrauensvollen und liebevollen Beziehungen. Das passt einfach nicht zusammen. Wir stehen immer wieder vor der gleichen Frage: Wie können wir all diese Auflagen erfüllen, um Gelder zu bekommen – und gleichzeitig das organische, lebendige Miteinander pflegen, das unsere Arbeit trägt?"

Die Fürsorge des Staates nimmt in Gestalt einer Bürokratiekrake existenziell bedrohliche Formen an. Seit den frühen 80er Jahren kooperiert Monte Azul mit der Stadt São Paulo; heute finanziert sich die pädagogische Arbeit zu 90 Prozent durch öffentliche Gelder. Wo der Staat zahlt, macht er Vorgaben. Schon das Gesetz aus den 90er Jahren, in dem Hochschulabschlüsse für Erzieherinnen gefordert wurden, hätte der *Associação* das Genick brechen können. Die Organisation hat diese Herausforderung angenommen und bewältigt – dabei allerdings auch einige sehr gute Erzieherinnen verloren, die anderswo besser bezahlte Jobs annahmen. Heute ist es eine andere Vorschrift, die die Mitarbeiter als echte Bedrohung der Arbeit an der Basis erleben. Auch sie betrifft die Kindergärten.

Seit 2008 schreibt das Bildungsministerium die Anmeldung zum Kindergarten per Online-Verfahren vor. Dadurch gibt es kein Elternwahlrecht mehr; die Kinder werden nun ohne Rücksicht auf den Standort nach Reihenfolge der Anmeldung verschiedenen Einrichtungen zugeordnet. Das hat zur Folge, dass immer weniger Kinder aus der Favela Monte Azul die Kindergärten der *Associação* besuchen. „Dadurch verliert sich der Dorf-Charakter", fasst Renate das Problem zusammen. Zugleich geht etwas Elementares verloren – nämlich die Möglichkeit, über die Arbeit mit den Kindern die Gemeinschaft zu gestalten, mit den Müttern und Vätern zu arbeiten und sie für die Belange der Favela mit ins Boot zu holen. Das aber war über Jahrzehnte hinweg die Grundlage des *community building* in Monte Azul. Selbst die Kinder aus der Favela, die das Glück haben, die dortigen Kindergärten besuchen zu dürfen, können nicht mehr kontinuierlich betreut und begleitet werden: Der Staat nimmt die vorschulische Bildung mehr und mehr selbst in die Hand. Für die *Associação* bedeutet das, dass sie für die Altersgruppe zwischen vier und sechs keine Gelder mehr bekommt und die Kinder im Alter von vier Jahren aus der Geborgenheit der Tagesstätten in Monte Azul in die emotionale Kälte der staatlichen Einrichtungen entlassen muss. Erst mit sechs sind sie alt genug, in die *Escolinha* zu gehen. Die pädagogische Arbeit der ersten Jahre wird so unterbrochen, zum Schaden der Kinder. „Die sind unruhig und traurig, wenn sie dann wieder zu uns kommen", sagt Renate. Die Mitarbeiter von Monte Azul belassen es allerdings nicht dabei, politischen

Entwicklungen sorgenvoll zuzuschauen, sondern setzen sich auf politischer Ebene dafür ein, ihre Vorstellungen von guter Pädagogik weiter realisieren zu können.

Kein Geld hatte Monte Azul immer schon. „Dass wir so lange überlebt haben, ist eigentlich ein Wunder“ sagt Renate, die seit Ute Craemers Rückzug aus der operativen Arbeit eine führende Rolle in Monte Azul übernommen hat. „Es gab Zeiten“, erinnert sich Sybille Fezer, eine langjährige Mitarbeiterin der *Associação,* an die 90er Jahre, „da haben wir auf der Donnerstagsversammlung einen Hut in die Mitte gelegt und die Mitarbeiter haben von ihrem Gehalt zurückgespendet, was sie nur konnten.“

Wer heute durch Monte Azul läuft, dem leuchten im Zentrum der Favela eine frisch gestrichene Musikschule und ein strahlend buntes neues Kindergartengebäude entgegen. Dennoch: Die finanzielle Lage ist heute schwieriger denn je, gerade weil Monte Azul so groß geworden ist. „Da braucht die neu gegründete Waldorfschule in Horizonte Azul Geld, und das *Ambulatório* auch. Beide arbeiten völlig unabhängig voneinander – aber weil bei beiden ‚Monte Azul‘ draufsteht, wird das ganz schwierig, wenn die Gelder vergeben werden“, sagt Ute. Zum Jahresende 2012 musste die *Associação* 20 Mitarbeiter entlassen; die Schreinerei wurde verpachtet, weil sie sich nicht mehr trug.

Es fehlt an Geld, und das an allen Ecken und Enden. Aus den traditionellen Geberländern kommt in den letzten Jahren zusehends weniger Unterstützung. Seit Utes großen Vortragsreisen in den frühen 80er Jahren ist es ein vorrangig deutscher Spenderstamm, der Monte Azul zum Teil noch seit damals treu unterstützt. Brasilien ist jedoch heute kein armes Land mehr; und absurderweise wird für die Soziale Arbeit genau dieser Umstand zum Problem. Den Geldgebern leuchtet immer weniger ein, warum sie gerade ein Projekt im boomenden Brasilien unterstützen sollten. Seit die Finanzkrise 2009 auch nach Europa schwappte, hat sich dieser Effekt noch verstärkt.

Brückenbau in Zeiten des Booms

Brasilien ist im Kommen. Noch in den 80er Jahren hochverschuldet, hat es in den vergangenen Jahrzehnten einen rasanten Aufschwung hingelegt. Das Land ist heute gleich nach Großbritannien die siebtgrößte Wirtschaftsmacht der Welt. Brasilien schwingt sich zum Global Player auf und stellt sein neues Selbstbewusstsein auch zur Schau: Es ist Gastgeber der Fußballweltmeisterschaft 2014 und der Olympischen Spiele 2016, und erhebt Anspruch auf einen ständigen Sitz im UN-Sicherheitsrat. Stolz zählt das Land die Hälfte der Bevölkerung zur neuen Mittelschicht, und tatsächlich ist der Wohlstand im Land insgesamt gestiegen.

Die extreme Armut, der Kampf um die nackte Existenz, ist heute zum größten Teil überwunden. Spätestens seit dem Programm *Fome Zero* („Null-Hunger") der Regierung Lulas, das seit 2003 Lebensmittel und Essensmarken verteilt, muss zumindest offiziell in Brasilien niemand mehr an Unterernährung sterben; selbst in den Dürreregionen des Nordostens ist die Kindersterblichkeit deutlich zurückgegangen. Klugerweise hat die Regierung mit dem Programm *Bolsa Família* („Familienstipendium") den Zugang zu den Sozialleistungen an die Bedingung gekoppelt, dass Eltern ihre Kinder zur Schule und Gesundheitsvorsorge schicken. Das Programm ist umstritten, dennoch hat es gerade in ländlichen Gebieten viele Frauen aus der Abhängigkeit von ihren Ehemännern befreit – das Geld vom Staat wird nur an Mütter ausbezahlt.

Dieser Erfolg klingt jedoch für deutsche Ohren größer, als er ist. Die vielgepriesene neue Mitte der Gesellschaft lebt zum Teil in Favelas, weil sie sich Wohnungen auf offiziellem Stadtgebiet nicht leisten kann: Die Untergrenze eines brasilianischen Mittelschichteinkommens liegt bei umgerechnet 112 Euro pro Monat und Person. Lebensmittel sind dabei etwas teurer als in Deutschland, und das Preisniveau von São Paulo entspricht ungefähr dem von Frankfurt am Main. Das Gefälle im Lebensstandard der 20-Millionen-Megacity São Paulo ist auch heute noch charakteristisch für das des ganzen Landes: In Teilen des Zentrums und in sogenannten *condomínios* („gated communities", geschlossene und bewachte Luxus-Wohneinheiten) lebt man auf einem Niveau wie in der Münchner Innenstadt, in der Peripherie zum Teil wie im ärmsten Schwarzafrika.

Öffentliche Leistungen wie Krankenversorgung, Schulbildung und Nahverkehr sind in Brasilien nach wie vor von schlechter Qualität oder schlicht zu teuer. Nicht zuletzt gegen solche Unterlassungssünden richtet sich die Wut der Massen, die im Juni 2013 in den großen Städten des Landes protestierten.

Massenproteste in Brasilien

Im Juni 2013 gingen in São Paulo, Rio de Janeiro und anderen Städten des Landes Millionen von Menschen auf die Straßen, um für bessere öffentliche Leistungen zu demonstrieren. *Copa para quém?* („Weltmeisterschaft für wen?"), ist seitdem eine häufig gestellte Frage. Auslöser der Proteste war eine Fahrpreiserhöhung im öffentlichen Nahverkehr, der die nationale Empörung anfachte. Im Zuge der Fußballweltmeisterschaft 2014 und Olympia 2016 steckt die Regierung derzeit über acht Milliarden Reais an Steuergeldern in den Bau von Stadien und Infrastrukturprojekten. „Das stellt die nicht zufrieden, die bessere Schulen, Krankenhäuser und öffentlichen Nahverkehr wollen", fasst Paulo Lins, der Autor des Bestsellers „City of God" zusammen. Die Massen protestieren für dringend nötige Investitionen in staatliche Dienstleistungen, für die dem Land angeblich seit Jahren das Geld fehlt. Den Bürgern der Mittelschicht ist sehr klar, dass sie es nicht sein werden, die von den großen Fußballstadien profitieren werden – sondern die FIFA und ihre Vertragspartner, einige wenige Bauunternehmen, die Sicherheitsindustrie und die Polizei. Für die Mittel- und Unterschicht wird das Leben schlicht schwieriger und teuer: Mieten und Lebenshaltungskosten steigen rasant, informelle Einkommensquellen werden verboten.

Ein inhaltlich anders gelagerter Sturm der Empörung brach angesichts der Art und Weise los, wie das für die Stadien und Zufahrtswege nötige Bauland „besorgt" wird: Ganze Stadtviertel müssen den Großbauprojekten im Land weichen. Mehr als 170.000 Menschen werden in ganz Brasilien zwangsumgesiedelt, zum

Teil unter haarsträubenden Bedingungen und eindrucksvollem Militäraufgebot. Favelas werden unter Einsatz von Waffengewalt „befriedet", um im Ausland das Bild eines friedlichen und sicheren Brasiliens zu kultivieren.

Die verschiedenen Interessensgruppen der Proteste vom Juni 2013 eint seitdem die Wut und das Wissen um die Tatsache: Die Welt schaut derzeit auf Brasilien – ein guter Moment, um auf die soziale Schieflage im Land aufmerksam zu machen.

Im Ausland werden diese Proteste oft als Protest gegen die WM interpretiert. Das ist falsch – die Fußballliebe der Brasilianer ist so sprichwörtlich wie ungebrochen. Doch die Mittelschicht ist größer geworden und beginnt, gemeinsam mit den Bewohnern der Peripherie, sich zu wehren: gegen eine korrupte und interessensgesteuerte, zahlenmäßig aber weit unterlegene politische Klasse. Die Proteste von 2013 sind die ersten großen sozialen Proteste in der Geschichte Brasiliens seit der Demokratisierung.

Der Aufschwung in Brasilien kommt nach wie vor einer grotesk kleinen Elite zugute. Die fühlt sich, in ungebrochener kolonialer Tradition, als rechtmäßig privilegiert und keinesfalls in der Verantwortung für die soziale Lage im Land. Wer in Brasilien viel Geld hat, nimmt den weniger privilegierten Teil der Bevölkerung typischerweise als Bedrohung wahr und investiert sein Geld lieber in Überwachungskameras und privates Wachpersonal als in philanthropische Projekte. Von dieser Seite ist daher derzeit keine nennenswerte Unterstützung für soziale Projekte zu erwarten. Die Kluft in der

Gesellschaft ist so groß, dass es einen Dritten braucht, der sie überbrückt. Genau das ist es, was die *Associação Comunitária Monte Azul* tut. Annette Massmann, Geschäftsführerin der Zukunftsstiftung Entwicklung der GLS-Bank, fasst die Lage zusammen: „Brasilien wird nicht mehr als arm empfunden. Als Spender denkt man: Die sollen das selbst regeln. Aber wer soll auf das massive Problem der sozialen Schere in Brasilien aufmerksam machen, wenn nicht die Betroffenen selbst?"

Monte Azul heute

Für die Bewohner der Favela Monte Azul hat sich in den vergangenen 40 Jahren viel getan – nicht zuletzt durch die Arbeit der *Associação.* Die Lebensqualität der heute knapp 3.000 Favelabewohner ist enorm gestiegen. Der gesellschaftliche Fahrstuhleffekt hat voll eingesetzt, und das in rasanter Geschwindigkeit: Viele, die die Einrichtungen von Monte Azul durchlaufen haben, studieren heute an Universitäten, manche sogar im Ausland. Die Favela ist zu einem Ort mit Lebensqualität geworden; man hat hier, was man für den täglichen Bedarf braucht. Monte Azul wirkt heute wie ein geschütztes Dorf inmitten der brausenden Peripherie von São Paulo. Die Bewohner leben aufgrund ihrer lebenslangen Pachturkunden in relativer Sicherheit, während sie davon profitieren, dass die Mieten in der Favela deutlich niedriger sind als in den umliegenden offiziellen Stadtteilen. Auch die Kosten für Wasser und Strom sind hier minimal.

Trotzdem: Eine Favela bleibt eine Favela. Noch immer steht dieser Begriff für Gewalt und Kriminalität, für eine Brutstätte des Verbrechens – Metaphern wie „Krebs" oder

„Wunde" sind gängiger Sprachgebrauch in Bezug auf diese Wohngebiete. Wer hier wohnt, wird stigmatisiert, zum Beispiel am Arbeitsplatz. Bei Bewerbungen gibt, wer in einer Favela wohnt, seine Adresse oft lieber nicht an. Monte Azul ist auch heute keine Insel der Glückseligen: Die Favela liegt mitten in São Paulo und ist nicht gefeit gegen Drogenhandel und Gewalt, auch hier sind die Bewohner polizeilicher Willkür ausgesetzt. Oft leben sie in erdrückender Enge; man wohnt im wahrsten Sinne des Wortes Wand an Wand, und sehr oft an von Schimmel durchsetzter Wand. Privatsphäre, wie wir sie in Deutschland kennen, existiert für die Bewohner von Monte Azul bis heute nicht.

Neuer Wohlstand, neue Probleme

Die Probleme in der Favela Monte Azul ähneln heute eher denen, die auch in Mümmelmannsberg und Neukölln anzutreffen sind. Die Bewohner werden in den letzten Jahren mehr von Zivilisationskrankheiten als von Würmern geplagt: Übergewicht, Herz-Kreislauf-Erkrankungen und Diabetes sind auf dem Vormarsch. Wie in Deutschland ist das Modell Großfamilie passé, der berufliche Druck groß. Vereinzelung als Kehrseite der Individualisierung ist jetzt ein Thema. Die Bedürfnisse und Nöte sind unsichtbarer, subtiler als früher. Es ist, als sei die Armut nach innen gewandert. Dr. Michael Blaich, der das Therapiezentrum mit aufgebaut hat und seit 1979 in der Favela als Arzt tätig ist, sagt: „Das vorwiegende Problem sind heute Depressionen und Angsterkrankungen, oft in Kombination mit Alkohol- und anderem Drogenmissbrauch." Bei jedem zehnten Anwohner beobachtet er ein ernsthaftes Alkoholproblem. Michael Blaich sieht die Gründe für diese Entwicklung vor allem im enormen Stress, unter den die Menschen durch die Anforderungen eines neoliberalen und flexibilisierten Arbeitsmarktes geraten.

Wer nach einem harten Arbeitstag noch drei Stunden in überfüllten Bussen verbracht hat, weiß zu Hause oft nicht mehr mit sich anzufangen als sich vor den Fernseher zu setzen. Das ist in Monte Azul nicht anders als anderswo auf der Welt. In so gut wie jedem Häuschen der Favela flimmert ununterbrochen der Fernseher. Er war das erste Luxusgut, das hier Einzug hielt, sobald im Jahr 1980 der Anschluss an das Stromnetz erkämpft war. „Mir war damals schon klar: Jetzt kommen die Fernseher", erinnert sich Ute, „wie in Deutschland. Ob das überhaupt eine gute Idee ist...?"

Was sich in der Favela Monte Azul vollzieht, ist ein Wandel, der eine ganze Gesellschaft betrifft. Brasilien steht hier stellvertretend für andere Schwellenländer, die ähnlich rasante Entwicklungen durchmachen. Der Kulturschock, der den einzelnen Migranten trifft, wenn er vom Land in die Stadt zieht, trifft als Kollektiv auch die Gesellschaft. Diese ist im Begriff, innerhalb weniger Jahre eine industrielle und postindustrielle Entwicklung zu vollziehen, für die die Europäer ein Vielfaches mehr an Zeit hatten. Endlich gibt es genug zu essen – und die Brasilianer werden dick. Lebensmittel für den schmalen Geldbeutel sind süß, salzig, fettig. Von einem Tag auf den anderen sitzt in São Paulo eine Familie aus dem rückständigen Nordosten vor einem Fernseher mit fünfzig Programmen, auf Kreditkarte. Das Bewusstsein dafür, dass die Vielfalt der Konsummöglichkeiten ein gesundes Maßhalten erfordert, muss erst wachsen. Dieser Prozess braucht Zeit – und Unterstützung.

Paulo Ignacio, der über 18 Jahre hinweg für die Urbanisierungsarbeiten in Monte Azul verantwortlich war, fasst die veränderte Problemlage zusammen: „Die grundlegenden Bedürfnisse sind heute befriedigt und gelöst. Es geht jetzt viel mehr um die Interessen und Probleme des Einzelnen. Heute stürzen keine Häuser mehr ein, die Stützmauern sind gebaut. Die Häuser sind nicht mehr aus Holz und viel stabiler als früher. Die Kinder gehen in die Schule; die wirtschaftliche Situation hat sich verbessert. Das gemeinsame Interesse besteht nun vorrangig darin, dass alle das gleiche haben wollen: einen Fernseher, eine Mikrowelle, einen Kühlschrank. Es ist ein Punkt erreicht, ab dem es in erster Linie um Konsum geht, und das macht es viel, viel schwieriger, die Leute für eine gemeinsame Sache zu mobilisieren. *Mutirões* gibt es heute kaum noch. Partizipation ist eine der Grundlagen unserer Arbeit – allerdings ist das heute viel schwieriger als früher."

Nach vorne schauen

Die Sozialarbeit der *Associação* hat ein großes Ziel erreicht: Die Lebensbedingungen der Favelabewohner haben sich radikal verbessert. Damit ist allerdings die Ausgangslage eine andere geworden. Wenn die sich ändert, müssen auch die Methoden das tun. Es gilt, sich auf die veränderte Situation immer wieder neu einzustellen. Als ein Beispiel dafür nennt Ute, dass mittlerweile zwei Drittel der Menschen, die am pädagogischen Ausbildungsprogramm *Mainumby* der *Associação* teilnehmen, von außerhalb kommen. Der Kurs wird staatlich subventioniert und ist so für die Teilnehmer im Vergleich mit anderen Bildungsangeboten extrem günstig.

„Das ist etwas, was mich richtig aufregt", sagt Ute, „da müssen wir unbedingt etwas ändern. Die Teilnehmer fahren zum Teil mit tollen Autos hier vor, und wir backen ihnen noch Brot und stellen ihnen Essen hin. Und das alles für 90 Reais (im Februar 2014: circa 27 Euro) im Monat. Wir müssen lernen, nicht mehr alles für alle umsonst anzubieten, sondern nach den Möglichkeiten der unterschiedlichen sozialen Schichten zu unterscheiden."

In unserer globalisierten, hochkomplexen Welt hängt alles mit allem zusammen. Wo fängt man an, wo lässt sich ein Pack-Ende finden? Unsicherheit macht sich breit: Was will, was kann die *Associação* heute? Die Verpachtung der Schreinerei, Symbol des Aufbruchs in Monte Azul Anfang der 80er Jahre, war ein Akt, den viele Bewohner und Mitarbeiter als schmerzhaft, manche gar als Menetekel erlebt haben. „Es ist nicht mehr wie früher" – dieser Satz fällt oft in Monte Azul. Oft liegt Wehmut in den Stimmen derer, die solche Sätze sagen. Und Angst vor der Zukunft. Man braucht wohl viel Lebenserfahrung und Vertrauen, um es zu sehen wie Renate: „Monte Azul ist heute anders als damals. Es gibt Dinge, die sind heute einfach nicht mehr nötig."

Auch Ute Craemer ist Schwarzmalerei ebenso fremd wie Wehmut nach den alten Zeiten. Sie schaut nach vorn, wie sie es seit ihrer Kindheit tut. Über sich selbst sagt sie: „Ich habe noch nie an der Vergangenheit gehangen. Mich von Dingen zu verabschieden bedrückt mich nicht." Ute hat keine Bedenken in Bezug auf die Zukunft der *Associação.* Sie ist sich sicher: In irgendeiner Form wird es gut weitergehen.

Für die Gründerin stellt sich eher die Frage nach dem Wie dieser Zukunft. Die Pioniere sind in einem Alter, in dem andere Menschen in Rente gehen. Ein Generationenwechsel steht an und will gestaltet werden. Diese Herausforderung hat die Gründergeneration früh erkannt: Von Anfang an war es den Pionieren ein Anliegen, in die Persönlichkeitsentwicklung der Mitarbeiter zu investieren. Im Laufe der Jahre sind, unter großem Einsatz von Renate, diese Bemühungen als *Escola Oficina Social* etablierter Teil der Organisationskultur geworden. Diesbezüglich macht Ute sich keine Sorgen.

Eine echte Herausforderung sieht sie allerdings in der schieren Größe und Komplexität der *Associação* von heute: 30.000 plus 320.000, das kleine und das große Monte Azul – „Wir sind so riesig geworden", findet Ute, „das ist für Leute, die nachkommen, einfach nicht zumutbar. Wer das nicht selbst mit aufgebaut hat und mit dabei war, als diese Strukturen sich entwickelt haben, der kann das nur schwer verstehen und überblicken." Dieses Problem steht schon seit einigen Jahren im Raum. Die *Grupo de Metas*, das strategische Führungsorgan von Monte Azul, trägt sich mit der Idee, die *Associação* in eine Föderation umzuwandeln. Eine solche Organisationsform würde der Autonomie der einzelnen Standorte und Arbeitsbereiche unter einem großen Dach am ehesten Rechnung tragen. „Leider gestaltet sich das sehr schwierig", sagt Ute. „wegen all dieser unterschiedlichen Abkommen mit der Stadt."

Unter anderem sind es gravierende bürokratische Hürden, die einer föderativen Lösung bislang den Weg versperren. Das größte Problem ist der Status der Gemeinnützigkeit, der sich bei einer solchen Umstrukturierung nicht auf eine Föderationsform übertragen lassen würde. Die Gemeinnützigkeit spart der *Associação* ein Drittel der Kosten. 18 Jahre hat es gedauert, bis der dafür nötige Weg durch das kafkaesk anmutende Labyrinth der brasilianischen Bürokratie durchlaufen war. „Diesen unglaublichen Aufwand noch mal zu betreiben, das kann man niemandem zumuten."

Um die Verwaltungsfrage in den Griff zu bekommen, hat die *Associação* als ersten Schritt erstmals einen Posten des Geschäftsführers geschaffen. „Das sieht zwar eher nach Zentralisierung als nach Dezentralisierung aus", räumt Ute ein, „aber das ist es für uns nicht. Wir bleiben an dieser Frage dran." Sie bekräftigt, gerade in Hinblick auf den anstehenden Generationenwechsel: „Es ist wichtig, dass wir die Dinge jetzt klarer und bewusster formulieren."

Es klopft an die offenstehende Tür, und die kleine Luana steckt den weißblonden Kopf zur Tür herein. „Ute, magst du nachher mit uns essen?" Erfreut sagt Ute zu – sie sitzt am Wochenende gern mit der Nachbarsfamilie am Tisch. Die Nachbarn wiederum freuen sich, etwas für Ute tun zu können. Die Menschen in Monte Azul sorgen sich um Ute Craemer. Ob sie nicht einsam ist, ganz allein daheim? Ob sie auch genug zu essen hat? Dass Ute für sich selbst nicht kocht, ist kein Geheimnis. Eva, eine ehemalige Mitarbeiterin, klingt traurig, als sie sagt: „Ich frage mich, ob Ute jemals jemanden um einen Gefallen bittet. Ich wünschte, sie würde das tun."

Die Zeichen lesen

Ute Craemer ist es gewohnt, auf Wegen zu gehen, die sich erst dadurch auftun, dass sie betreten werden. Immer wieder war sie im Laufe ihres Lebens und Wirkens Vorreiterin. Ohne es darauf anzulegen hat sie wieder und wieder Dinge vorweggenommen, die später Selbstverständlichkeiten wurden: Ihr partizipativer und motivierender Ansatz der Sozialarbeit, um nur ein Beispiel zu nennen, ist heute Standard. Sie hätte diese Terminologie nie benutzt – sie handelte intuitiv und ließ sich von ihrer Überzeugung leiten. Im Gespräch mit Menschen, die mit Ute arbeiten, fällt häufig sinngemäß der Satz: „Die Ute hat einen siebten Sinn, die sieht das irgendwie." Sie selbst entgegnet da nur trocken: „Ich sehe gar nichts."

Was auffällt: Dass Ute in der Lage ist, weit voraus zu denken und sich die Welt völlig anders vorzustellen, als sie derzeit ist. Sie hat sich, auch im Alter, eine bemerkenswerte Jugendlichkeit bewahrt. Das äußert sich nicht nur in ihrem radikalen, stets auf die Zukunft gerichteten Denken. Es ist auch ein beinahe mädchenhafter Charme, der immer wieder aufblitzt, wenn sie spricht. Ute kann Sätze voller gelebter Erfahrungsweisheit von sich geben und dabei mit angezogenen Beinen auf einem Sessel sitzen und sich eine Haarsträhne um den Finger wickeln. Sie schaut mit wachem Geist in die Welt; ihr Interesse liegt dabei auf dem, was kommt. Und das, obwohl – oder gerade weil – sie ein großes Interesse an historischen Zusammenhängen hat, sei es in Bezug auf Länder und Kontinente, das menschliche Leben oder die Geschichte einer Organisation. Ihr Fokus liegt dabei stets auf dem Punkt, an dem die Vergangenheit in die Zukunft übergeht: „Man muss die Gegenwart genau beobachten, um etwas über die Zukunft zu erfahren", sagt Ute. „Das, was vor einem liegt, genau untersuchen und reflektieren. Dann ist man in der Lage, Tendenzen zu sehen, einen roten Faden. Wenn man sich auf das Wesentliche konzentriert, dann kann man die Entwicklung in diesem Wesentlichen auch ergreifen und benennen. Die Zukunft hängt von der sich wandelnden Realität ab. Und manchmal zeigt sie sich in Fragen oder Intuitionen. Die muss man sich gut angucken und ernstnehmen – dazu braucht es Geistesgegenwart. Wichtig ist, dass wir nicht bequem werden dabei, dass wir immer davon ausgehen, dass die Dinge sich verändern. Man darf nicht an Erkenntnissen hängen, die man früher mal gewonnen hat. Was früher mal Gültigkeit hatte, muss nicht für immer richtig sein."

Die Leitung von Monte Azul hat schon früh begonnen, die *Associação* als einen „Sozialen Organismus" zu begreifen, als eine Art soziale Wesenheit, die wie ein Individuum biografischen Gesetzmäßigkeiten unterliegt. In diesem Sinne bezieht die Gründerin aus ihrer anthroposophischen Perspektive auch die Situation der Menschheit als Ganzes in ihre Überlegungen mit ein: „So wie der einzelne Mensch sich entwickelt, entwickelt sich auch die Menschheit. Wir denken und fühlen heute anders als vor 15.000 Jahren. Wir sind heute an einem Punkt, wo es uns ähnlich geht wie dem Individuum in der Pubertät: Das hat etwas Wackeliges, Suchendes. Es geht heute mehr und mehr darum, Dinge bewusst zu tun, ohne den Halt durch Traditionen." Für Ute ergibt es durchaus Sinn, dass momentan für Monte Azul eine neue Phase anfängt. „Die *Associação* ist heute 35 Jahre alt. Wir haben es mit dem Übergang in eine zweite große Phase zu tun. Dass sich da Vieles verändern würde, war mir immer klar. Wir müssen sehen, wie wir das so angehen können, dass die zweite Phase auch so fruchtbringend wird wie die erste. Jetzt ist es eben erst einmal schwierig."

Dinge verschieben sich und bringen zum Teil grundlegend Neues. Zum Beispiel die Kindergärten: „Die sind nicht mehr der tragende Boden unserer Pädagogik, wie sie es mal waren. Das können wir zwar bedauern, aber wir können da nunmal gerade nicht viel machen." Ute weist auf neue Dinge hin, die im Entstehen sind: zum Beispiel die 2010 in Horizonte Azul gegründete *Escola Básica de Resiliência,* eine „Resilienz-Grundschule". Hier wird, nach einem innovativen waldorfpädagogischen Ansatz, ganz gezielt daran gearbeitet, die Resilienz der Kinder zu stärken.

„Stärkung von Resilienz" ist der Leitstern, unter dem die Arbeit in Monte Azul nach wie vor steht. Ute und die *Associação* waren längst da und machten ihre Arbeit, als in den 90er Jahren der passende Begriff dazu auftauchte. Wie lassen sich Kinder, die unter schlechten Bedingungen starten, so fördern, dass sie vertrauensvoll ins Leben gehen und sich zu kreativen, liebevollen Menschen entwickeln? Zu Menschen, die um ihr Potential wissen und es für die Gemeinschaft einsetzen? Die Antworten, die die Mitarbeiter von Monte Azul finden, sind so vielfältig wie die Probleme, auf die sie reagieren. Immer aber beziehen sie sich auf diese Frage nach der Resilienz. Dieses Konzept steht der Maxime einer öffentlichen Hand unter Sparzwang entgegen: „Bildung muss möglichst wenig kosten." Die hat schnell zur Konsequenz: „Wer nicht mitkommt, fliegt raus". Wer rausfliegt, sucht seine Perspektiven oft abseits der offiziellen Pfade – der Teufelskreis aus Drogen und Gewalt ist schnell betreten, aber schwer wieder zu verlassen.

Die Arbeit in Monte Azul ist daher nicht nur auf individueller, sondern auch auf kollektiver Ebene wirksam. Auch eine Gesellschaft muss Resilienzkräfte ausbilden, um mit

Krisen umgehen zu können. Favelas mit Polizeigewalt zu befrieden, wie es derzeit im Zuge der Vorbereitungen auf die Fußballweltmeisterschaft passiert, ist eine offensichtlich wenig nachhaltige Strategie. „Das ist wie ein allopathisches Mittel", sagt Ute. „So bekämpft man das Symptom und zwingt es dazu, sich zu verlagern." Die Resilienz-Arbeit in Monte Azul zielt hingegen darauf ab, den Organismus selbst zu stärken – den des Individuums wie den der Gesellschaft.

AUSBLICK

–

Gesellschaft stabilisieren, Leuchttürme fördern

Der brasilianische Staat verfügt über ausreichend Gelder, die er, statt sie in Fußballstadien zu stecken, auch in öffentliche Versorgung investieren könnte. Wozu braucht es heute noch Projekte wie Monte Azul, und welchen Grund gibt es, sie zu fördern?

Wenn wir als Europäer es in einer globalisierten Welt mit mündigen Partnern auf Augenhöhe zu tun haben wollen, dann ist es sinnvoll, Initiativen zu stärken, die dabei helfen, soziales Gleichgewicht herzustellen. Brasilien mag ökonomisch bereits ein gleichwertiger Tanzpartner auf dem Parkett der Weltwirtschaft sein – in Sachen Gleichberechtigung und Teilhabe hat das Land noch ein ordentliches Stück Weg vor sich. Initiativen der *Associação* wie die 2011 gegründete Musikschule in der Favela, oder das Zentrum für Mutter-Kind-Gesundheit und humanisierte Geburtshilfe, die *Casa Angela*, sind Meilensteine auf diesem Weg. Es ist nicht nur für die einzelne Mutter gut, wenn sie während der Schwangerschaft ganzheitlich betreut wird. Auch die Gesellschaft hat etwas davon, wenn sich in Geburtsvorbereitungskursen Mütter aus der Oberschicht und eine Teenager-Schwangere aus der Favela begegnen. Hier ist sie wieder – die dritte Instanz, die nötig ist, um den Riss zu überbrücken, der sich durch die brasilianische Gesellschaft zieht.

Die viel beschworene Kluft zwischen den Gesellschaftsschichten ist dabei kein exklusiv brasilianisches Phänomen. Am Beispiel der USA wird derzeit deutlich, wie ein Land, dem die Mitte der Gesellschaft verloren geht, Gefahr läuft, zu verfallen. Deutschland ist seit Jahren dabei, der eigenen sozialen Schere geduldig beim Aufgehen zuzuschauen.

Für Annette Massmann von der Zukunftsstiftung Entwicklung steht fest, wo die Prioritäten liegen: „Es geht darum, Leuchttürme zu fördern, von denen Strahlkraft ausgeht. Unabhängig von der finanziellen Situation des jeweiligen Landes."

Die besondere Qualität dieses Leuchtturms über die Gründergeneration hinaus zu erhalten und zu befördern ist Ute ein großes Anliegen. „Es gibt Dinge, für die kann man Projekte schreiben noch und nöcher, die werden nicht genehmigt", sagt sie, und spricht von der Kulturarbeit im *Centro Cultural,* aber auch von der Waldorfpädagogik, die als solche nicht vom Staat finanziert wird. Das bedeutet ein ständiges Ringen um die Qualität der Arbeit.

Bereits jetzt ist absehbar, dass die finanziellen Abkommen mit der Stadt São Paulo in den nächsten Jahren abnehmen werden. Monte Azul muss und will also für die Zukunft gerüstet sein. Mehr und mehr werden hier Alternativen entwickelt, die versuchen, ohne staatliche Unterstützung auszukommen. So zum Beispiel die Kindergartengruppe *Sonho de Luz* („Traum vom Licht"), die sich vollständig aus Spendenmitteln und Eigenmitteln der Eltern finanziert. Hier wird Waldorfpädagogik ohne Kompromisse gemacht: Zumindest einigen Kindern aus der Favela Monte Azul soll so der verfrühte Weg in die öffentliche Schule erspart werden. Für solche Projekte sind Gelder ohne Verwendungszweck nötig, die die *Associação* flexibel dort einsetzen kann, wo sie gerade gebraucht werden.

Ute hat auf diese Lage reagiert, indem sie im Jahr 2012 einen Stiftungsfonds eingerichtet hat, der Rückendeckung geben soll für alles, was über die Förderung durch die Stadt hinausgeht. Angelegt ist er unter dem Dach der Zukunftsstiftung. Annette Massman ist sich sicher: „Das ist das richtige Mittel, um den anthroposophischen Impuls in Monte Azul langfristig zu festigen und zu fördern."

Längst hat die *Associação Comunitária Monte Azul* den Status eines Zukunftslabors, wo der Traum von einer gerechteren Welt aktiv gestaltet und immer wieder umgebaut, neuen Verhältnissen angepasst wird. Monte Azul lebt die Kraft einer kreativen, tatkräftigen Zivilgesellschaft vor und verkörpert die Hoffnung auf eine menschlichere Welt. Vielleicht ist die Zeit vorbei, in der diese Welt vor allem im Mikrokosmos Favela gestaltet wird. Vielleicht gilt es in einer zunehmend vernetzten Weltgesellschaft, andere Wege zu finden, um zu wirken und zu gestalten? Monte Azul hat einen wertvollen Erfahrungsschatz an Akteure einer engagierten Zivilgesellschaft weiterzugeben.

An Ideen für die sich verändernde Welt fehlt es Ute Cramer nicht. „Wir sind am Überlegen, ob wir einen Kurs für die *babás* machen, für die Kindermädchen“, erzählt sie. Und spricht weiter von Kindern, die in *condomínios* aufwachsen, durch die noch nie der Geruch einer gekochten Mahlzeit gezogen ist, weil die Familien nur im Restaurant essen gehen. Von Müttern, die ihre Kinder nicht anfassen, weil sie das für unhygienisch halten, und von Kleinkindern, die noch nie mit Sand oder Matsch gespielt haben und sich den Kopf an der Wand blutig schlagen. „Dagegen ist in der Favela aufzuwachsen noch ein echtes Glück“, sagt Ute. „Die Idee mit dem Kurs für die Kindermädchen gefällt ihr. „An die Mütter dieser Kinder kommt man ja meist gar nicht ran. Aber die verbringen sowieso kaum Zeit mit ihrem Kind. Die *babás* schon. Eine gute *babá* kann da ganz viel retten beim Kind.“

Die Zeiten ändern sich. Die *Associação Comunitária Monte Azul* hat Übung darin, aus Veränderungen Wachstumsimpulse zu machen – und ist damit ein gutes Beispiel für eine Lernende Organisation im besten Sinne. Ute macht deutlich, dass es ihr nie darum ging, mit fertigen Konzepten loszuziehen und Probleme zu finden, die dazu passen. Sie legt Wert darauf, das Gegenteil zu tun: „Man kann ja nur mit dem arbeiten, was da ist. Wir gehen vom Gegebenen aus. Dieses Gegebene verändert sich aber stetig – das liegt im Wesen einer derart auf Transformation ausgelegten Arbeit wie der unseren. In Zeiten der Krise geht der Wandel schnell oder ist tiefgreifend. Es geht darum, ihn zu verstehen.“

Auf die Fragen zu lauschen und eine Antwort zu finden. Wie damals, als die Kinder vor Utes Tür standen.

Eure Kinder sind nicht eure Kinder.
Sie sind die Söhne und Töchter der
Sehnsucht des Lebens nach sich selbst.
Khalil Gibran

CHRONIK

der Associação Comunitária Monte Azul

1975 Beginn der Sozialarbeit in der Favela Monte Azul. Austausch zwischen Kindern aus der Favela und Schülern der Waldorfschule São Paulo

1978 Johannes Luchterhand aus München spendet 10.000 DM

1979 Offizielle Gründung der *Associação Comunitária Monte Azul Gründungsteam: Ute Craemer, Cido Candido da Silva, Renate Keller Ignacio, Paulo Ignacio, Aglaia Pusch, Iride da Bona*

Übernahme von Patenschaften durch die Kindernothilfe

Fertigstellung der *Escolinha*

Fertigstellung des ersten *Ambulatório*

Beginn von strukturierter Sozialarbeit:

Kindergärten für Kinder von drei bis sieben Jahre
Escolinha (Freizeitschule) für Kinder und Jugendliche von sieben bis 16 Jahren
Handwerkliche Angebote für Jugendliche (Schreinerei, Nähwerkstatt etc.)
Ausbildungskurse für angehende Erzieherinnen
Abendveranstaltungen und kulturelles Angebot
Gründung einer Leihbibliothek
Verkauf von Secondhand-Kleidung

1980	Die Favela Monte Azul hat ca. 2.500 Einwohner
	Aufbau eines treuen Spenderstamms durch Utes Vortragsreisen in Deutschland
1981	erster Brotbackofen in der Favela
	Lehrlinge der Schreinerei erledigen Auftragsarbeiten
seit 1981	*Folia de Reis* in Monte Azul, erste *Voluntários* aus Europa
1983	Anschluss der Favela an das städtische Stromnetz
	Ausweitung der Arbeit auf die benachbarte Favela Peinha, *Escolinha* und Slumsanierung
	Die *Associação* bekommt die *Chácara,* ein kleines Landgut im Stadtteil Horizonte Azul geschenkt
	erstes Abkommen mit der Stadt São Paulo: finanzielle Unterstützung der *Escolinha*
1983 – 1999	Angela Gehrke da Silva arbeitet als Hebamme in Monte Azul und umliegenden Stadtteilen. Humane Geburt ist eine Besonderheit
1984	Bau von drei Kindergärten in Monte Azul. Abkommen mit der Stadt São Paulo zur Unterstützung der Kindergärten
1985	Bau des heutigen *Ambulatório*
	Bäckerei
	Favelabewohner und Mitarbeiter demonstrieren für direkte Wahlen und damit gegen die Militärdiktatur
	Organisatorische Neuerung: *Grupo de Metas* als strategisches Führungsorgan
ab 1985	Bedrohung durch das *Programa do Desfavelamento* der Regierung (Programm zum Abriss der Favelas)

1986	Anschluss der Favela Monte Azul ans städtische Trinkwassernetz
	Fertigstellung der Schreinerei
	Kindergarten und Kinderkrippe in der Favela Peinha
seit 1986	Aufbau weiterer Ausbildungs-Werkstätten: Bäckerei, Nähstube, etc., Informatikkurse
1987	Ute bekommt für die Arbeit in Monte Azul das Bundesverdienstkreuz verliehen
1988	Erster Freiwilliger aus Japan *(Dasuke Onuki)*
1989	Erstes Mülltrennungsprojekt
	erster Kindergarten in Horizonte Azul
1991	Einweihung des *Centro Cultural*
	Vertrag mit der Stadt São Paulo: Zusammenarbeit mit dem Ziel „Urbanisierung der Favela"
1996	Neues Gesetz: Erzieherinnen brauchen einen Hochschulabschluss
	Anerkennung der Gemeinnützigkeit, die *Associação* muss nun keine Sozialabgaben für die Mitarbeiter mehr abführen
seit 1996	Einmal im Monat kommen alle Mitarbeiter der *Associação* zu einem „Integrationstag" zusammen
	Biodynamischer Landbau in Horizonte Azul
1997	Eröffnung des Geburtshauses *Casa Angela* (erstes Geburtshaus Brasiliens)
seit 2001	Die *Associação* ist Partner des staatlichen Familiengesundheitsprogramms (*Estratégia de Saúde da Família* = ESF) von São Paulo und bildet in diesem Zusammenhang multiprofessionelle Gesundheitsteams aus

seit 2001 Verstärktes politisches Engagement

Waldorferzieherausbildung Mainumby

Gründung der *Edições Monte Azul* – Publikationen zu pädagogischen, sozialen, anthropologischen Themen

2008 Zurückgekehrte Freiwillige gründen in Deutschland den Verein Monte Azul International e.V.

Die Stadt São Paulo führt ein Online-Verfahren für die Anmeldung in städtischen Kindergärten ein, auch Monte Azul ist betroffen

2010 Die erste Klasse der *Escola Básica de Resiliência* („Resilienzschule") startet in Horizonte Azul

2012 Start der Musikschule in der Favela Monte Azul

Verpachtung der Schreinerei an ehemalige Schüler

Gründung eines Stiftungsfonds unter dem Dach der „Zukunftsstiftung Entwicklungshilfe" der GLS-Bank

CURRICULUM VITAE

Ute Elsa Ludovike Craemer

2012	Colloquium Human Development am Goetheanum in Dornach, Schweiz, als Vorbereitung für ein World Social Initiative Forum (geplant für 2015)
2011	Mitgründung von ECOVIVA: Zusammenschluss von an der „ökonomischen Frage“ interessierten Menschen in Brasilien
seit 2006	Consulting für die Mahle-Stiftung Brasilien
2003	Buchreihe *Edições Monte Azul:* Publikationen zu sozialen und pädagogischen Themen
seit 2001	Vortragsreisen, Seminare, Kongresse und Theaterproduktionen in Lateinamerika, Europa, Tasmanien, Japan, Neuseeland und Südafrika
2001	Gründungsmitglied des *Conselho Parlamentar pela Cultura de Paz* („Friedensparlament São Paulo“)
2001	Gründung des *Fórum pela Humanização do Social* („Sozialforum“)
09/2000	Gründung der *Aliança Pela Infância do Brasil* („Allianz zum Schutz der Kindheit in Brasilien“)
12/1999 – 11/2000	Reisen, Studienaufenthalte und Konferenzen in Europa, Japan und Korea

1997	Ausgezeichnet mit dem *Prêmio Fraternidade da Legião da Boa Vontade* („Preis für Brüderlichkeit") und Teilnahme am State of World Forum, New York
seit 1996	Mitbegründung der *Escola Oficina Social Monte Azul* („Soziale Bildungswerkstatt Monte Azul"), eine in Monte Azul entwickelte Methode der Mitarbeiterentwicklung Verschiedene Beratungsaktivitäten für NGOs
seit 1993	Mitglied des Vorstands der Anthroposophischen Gesellschaft Brasilien
1988	Mitbegründung der Studiengruppe *Pindorama* in São Paulo, Brasilien
1987	Ausgezeichnet mit dem Bundesverdienstkreuz der Bundesrepublik Deutschland
seit 1982	Teilnahme an Konferenzen zu den Themen Waldorfpädagogik, Sozialarbeit etc., in Brasilien, Japan, Europa, USA, Korea und Neuseeland sowie Vortragsreisen, vor allem in Deutschland und in Japan
seit 1980	Publikationen (Auszug): *Auf Deutsch erschienen:* Favelakinder (Verlag Freies Geistesleben) Favela Monte Azul (Verlag Freies Geistesleben) *Auf Portugiesisch erschienen:* Crianças Entre Luz e Sombras („Kinder zwischen Licht und Schatten") A Questão Social („Die soziale Frage") O Girasol („Die Sonnenblume") Transformar é possível („Veränderung ist möglich"; mit Renate Keller Ignacio und anderen)
1979	Offizielle Gründung der *Associação Comunitária Monte Azul*
1975	Beginn der Sozialarbeit in der Favela Monte Azul

1975	Austausch zwischen Kindern aus der Favela und Schülern der Waldorfschule São Paulo
1971–1979	Klassenlehrerin und Sprachlehrerin an der Waldorfschule São Paulo
1969/70	Lehrerin für Deutsch und Englisch an der Waldorfschule Paris
1968	Ausbildung zur Waldorfpädagogin am Waldorflehrerseminar, Stuttgart
1965–1967	Entwicklungshelferin des Deutschen Entwicklungsdienstes (DED) in Londrina und Paraná, Brasilien
1963–1965	Übersetzerin in einem deutsch-französischen Jugendwerk und bei Ford
1958–1962	Studium: Russisch und Französisch, an den Universitäten Marburg, Heidelberg und Germersheim
	Reisen ins Ausland (Sowjetunion, Spanien, Frankreich, Italien, Irland)
1958	Abitur in Bremen
	Internationaler Friedensdienst, Begegnung mit dem Arbeiterpriester Christien Corre
1956	Rückkehr nach Deutschland
1941–1956	Kindheit und Jugend in Graz (Österreich), Belgrad (ehemaliges Jugoslawien), Alexandria (Ägypten) und Lahore (Pakistan)
25.02.1938	Geboren in Weimar Vater: Doktor Hermann Craemer *(Bauingenieur)* Mutter: Gudrun Craemer *(Schneiderin)*

QUELLEN

sortiert nach Themen

Favela / Slums

Coletivo. Eu sou Favela. Editions Anacoana. Clamecy, 2012.
Craemer, Ute. Favelakinder. Sozialarbeit am Rande der Gesellschaft. Ein brasilianisches Tagebuch. Verlag Freies Geistesleben, Stuttgart, 1981.
Craemer, Ute. Favela Monte Azul. Hoffnungen, Ziele Erfahrungen. Sozialarbeit in São Paulo. Verlag Freies Geistesleben, Stuttgart, 1987.
Davis, Mike. Planet der Slums. Assoziation A. Hamburg/Berlin, 2007.
de Jesus, Carolina Maria. Tagebuch der Armut. Reclam, Leipzig, 1966.
UN-Habitat. The Challenge of Slums. Global Report on Human Settlements 2003. Nairobi 2003.
Viva Favela. Nationale Kommunikationsplattform für Favelabewohner. *http://www.vivafavela.com.br*, zuletzt abgerufen am 22.02.2014
We can end Poverty. 2015 Millenium Development Goals. United Nations, New York, 2013.

Bauen / Urbanisierung / Entwicklung der Favela

ARCH +. Zeitschrift für Architektur und Städtebau, 190. Ausgabe: Stadtarchitektur São Paulo. Arch + Aachen, 2008.
Knust, Sebastian. Monte Azul 31+. Diplomarbeit. Fakultät für Architektur und Städtebau. Universität Stuttgart, 2011.
Sozialer Wohnungsbau São Paulo: *http://www.habisp.inf.br/theke/documentos/publicacoes/urbanizacao_favelas/*, zuletzt abgerufen am 18.03.2014.
Education at a Glance 2013. OECD Indicators. OECD Publishing. *http://www.oecd-ilibrary.org/docserver/download/9613031e.pdf?expires=1398673911&id=id&accname=guest&checksum=6B9E618ED85590120767FB93CCB910C6*, zuletzt abgerufen am 22.04.2014.

Bildung

Adick, Christel [Hrsg.]. Bildungsentwicklungen und Schulsysteme in Afrika, Asien, Lateinamerika und der Karibik. Waxmann Verlag, Münster, 2013.
Europäische Kommission: Bildungsausgaben in % des BIP bzw. der öffentlichen Gesamtausgaben. *http://appsso.eurostat.ec.europa.eu/nui/show.do?dataset=educ_figdp&lang=de,* zuletzt abgerufen am 27. 05. 2014.
Statistisches Bundesamt, Bildungsfinanzbericht 2013. *https://www.destatis.de/DE/Publikationen/Thematisch/BildungForschungKultur/BildungKulturFinanzen/Bildungsfinanzbericht.html,* zuletzt abgerufen am 27.05.2014.
UNESCO. EFA Global Monitoring Report 2013/14. Teaching and Learning: Achieving Quality for All. Paris, 2014.
Werner, Emmy und Smith, Ruth. Vulnerable but Invincible. A longitudinal Study of resilient Children and Youth. McGraw Hill, New York, 1982.

Kultur / Centro Cultural / Folia de Reis

Andrade, Oswald de. Anthropophagisches Manifest. Aus Lettre 11 (1990), S. 40f. Ursprünglich erschienen in: Revista de Antropofagia 1, São Paulo, Mai 1928.
Dimenstein, Gilberto. Artikel vom 22.10.2006 in der Folha de São Paulo. Tudo azul. *http://www1.folha.uol.com.br/fsp/cotidian/ff2210200625.htm,* zuletzt abgerufen am 26.04.2014.
Ergebnisse der Arbeitsgruppe Pindorama: *http://www.pindorama.art.br/index.shtml,* zuletzt abgerufen am 22.06.2014.

Gewalt in São Paulo und Brasilien

Caldeira, Teresa Pires do Rio. Cidade de muros: Crime, segregação e cidadania em São Paulo. Editora 34 Ltda./Edusp, São Paulo, 2003.
Cardia, Nancy. Urban Violence in São Paulo. Comparative Urban Studies Occasional Papers Series, 33. Washington, D.C., 2000.
Pauschinger, Dennis. Innere Sicherheit, Gewalt und Kriminalität in São Paulo. Ein organisationssoziologischer Blick auf das Primeiro Comando da Capital und die Schattenseiten der brasilianischen Demokratie. Diplomarbeit. Institut für Soziologie, Universität Hamburg, 2011.
Rolnik, Raquel. Territorial Exclusion and Violence: The Case of São Paulo, Brazil. In Comparative Urban Studies Occasional Papers Series. Number 26. Woodrow Wilson International Center for Scholars. Washington, D.C., 1999.

Vieira, Oscar Vilhena. Estado de Direito, seus limites e a criminalidade. In: Cadernos Adenauer: A violência do cotidiano, Volume II, No 1, 75-92. Centro de Estudos, São Paulo, 2001.
Waiselfisz, Julio Jacobo. Mapa da Violência 2013. Mortes Matadas por Armas de Fogo. Instituto Sangari. Centro Brasileiro de Estudos Latino-Americanos (CEBELA). *http://www.mapadaviolencia.org.br/mapa2013_armas.php*, zuletzt abgerufen am 12.04.2014.
Waiselfisz, Julio Jacobo. Mapa da Violência 2013 – Os jovens do Brasil. Instituts Sangari. *http://www.mapadaviolencia.org.br/pdf2013/MapaViolencia2013_armas.pdf*, zuletzt abgerufen am 12.4.2014.
Prisons in Latin America. A journey into hell. The economist vom 22.09.2012.*http://www.economist.com/node/21563288*, zuletzt abgerufen am 10.04.2014.
zur FEBEM: *http://www.revistaforum.com.br/blog/2012/06/de-febem-a-fundacao-casa/* zuletzt abgerufen am 18.3.2014.

Anthroposophie

http://www.anthromedia.net/de/themen/anthroposophie/was-ist-anthroposophie/ zuletzt abgerufen am 10.4.2014.
http://de.wikipedia.org/wiki/Anthroposophie, zuletzt abgerufen am 10.04.2014.
http://www.waldorfschule.de, zuletzt abgerufen am 27.05.2014.

São Paulo damals und heute

Feltran, Gabriel de Santis. Vinte anos depois: A Construção democrática brasileira vista da Periferia de São Paulo. Lua Nova, São Paulo, 2007.
Gini-Index: *http://data.worldbank.org/indicator/NY.GNP.PCAP.CD*, zuletzt abgerufen am 15.04.2014.
Human Development Index: *http://www.bpb.de/themen/26G2CN,0,0,Human_Development_Index_%28HDI%29.html*, zuletzt abgerufen am 15.04.2014.
United Nations Development Programme: *https://data.undp.org/dataset/Table-3-Inequality-adjusted-Human-Development-Inde/9jnv-7hyp*, zuletzt abgerufen am 15.04.2014.
Mapa da Exclusão/Inclusão social: *http://www9.prefeitura.sp.gov.br/sempla/mm/index.php?texto=corpo&tema_cod=5*, zuletzt abgerufen am 10.06.2014.

Brasilien damals und heute

Arnau, Frank. Der verchromte Urwald. Licht und Schatten über Brasilien. Umschau Verlag, Frankfurt am Main, 1968.

Bueno, Eduardo. Brasil: Uma Historia. Leya, São Paulo, 2010.

Busch, Alexander. Wirtschaftsmacht Brasilien. Der grüne Riese erwacht. Bundeszentrale für politische Bildung. Bonn, 2010.

Video zu Zwangsräumungen im Zuge der Fußballweltmeisterschaft 2014: *whowinsthismatch: https://www.youtube.com/watch?v=aAX0zSfrJK4*, zuletzt abgerufen am 25.04.2014.

Ebenso: *http://www.ettern.ippur.ufrj.br/ultimas-noticias/196/mega-eventos-mega-negocios-mega-protestos*, zuletzt abgerufen am 20.04.2014.

Kosten der Stadien: *http://www.antp.org.br/website/noticias/show.asp?npgCode=3350EEB4-15D8-433E-98AC-B33FCBBB4670*, zuletzt abgerufen am 09.04.2014.

Menschenrechtsverletzungen im Zuge der Fußballweltmeisterschaft 2014. Dossiê da Articulação nacional dos Comitêes populares da Copa. Megaeventos e Violações de Direitos Humanos no Brasil, 2a edição, auf *www.portalpopulardacopa.org.br/index.php?option=com_k2&view=item&task=download&id=28*, zuletzt abgerufen am 09.04.2014.

Andere

Almanaque Abril 2012. Editora Abril, São Paulo, 2012.

Büschel, Hubertus. Geschichte der Entwicklungspolitik. Version1.0 in: Docupedia Zeitgeschichte. *http://docupedia.de/zg/Geschichte_der_Entwicklungspolitik*, zuletzt abgerufen am 14.06.2014.

Cardoso Jr., José Celso. Desafios ao Desenvolvimento Brasileiro. Contribuições do conselho de orientação do Ipea. Ipea. Brasília, 2009.

Fezer, Sybille. Lernende Organisation – Ein Prozess in der Associação Comunitária Monte Azul. Diplomarbeit im Fach Sozialpädagogik. Berufsakademie Heidenheim, 2001.

Preise und Löhne. Ein Kaufkraftvergleich rund um die Welt. UBS: CIO Wealth Management Research. Zürich 2012. *https://www.ubs.com/global/de/wealth_management/wealth_management_research/prices_earnings.html*, zuletzt abgerufen am 20.02.2014.

Robertson, Robert. Glokalisierung, Homogenität und Heterogenität in Raum und Zeit. In: Ulrich Beck, Ulrich (Hrg). Perspektiven der Weltgesellschaft. Suhrkamp, Frankfurt am Main, 1998.

UN Habitat. State of the World‘s Cities 2012/2013. World Urban Forum Edition. Nairobi, 2012.

Lebenserwartung in Brasilien:
http://www.ibge.gov.br/home/estatistica/populacao/tabuadevida/evolucao_da_mortalidade.shtm, zuletzt abgerufen am 10.04.2014 und: *http://www.cartacapital.com.br/sociedade/expectativa-de-vida-no-brasil-aumenta-11-24-anos-entre-1980-e-2010-4437.html,* zuletzt abgerufen am 10.4.2014.

Daten, Karten, Grafiken zu allen Ländern und größeren Agglomerationen auf der Erde: *http://www.citypopulation.de/index_d.html,* zuletzt abgerufen am 24.06.2014.

Literatur aus Monte Azul

Craemer, Ute; Keller Ignacio, Renate u.a. Transformar é possível. A Associação Comunitária Monte Azul entre Desafios e Conquistas. Verlag Fundação Peirópolis. São Paulo, 2008. (auf Deutsch bisher unveröffentlicht)
Folia. Estrela Guia da Paz. Ute Craemer. Edicões Monte Azul, São Paulo, 2008. (auf Deutsch bisher unveröffentlicht)
Festschrift zum zehnjährigen Jubiläum: Monte Azul – 10 anos. (unveröffentlicht)
Gehrke da Silva, Angela. Als Hebamme in Brasilien. Verlag Urachhaus, Stuttgart, 2003.

und viele andere unveröffentlichte Jahresberichte, Rundschreiben, Vorträge et cetera, unter anderem:

Livro Japão 20 anos
Projeto Mito Guaraní
Um ano da viagem da Ute
Ute faz anos!
Vivências, violências, reflexões

NACHWORT UND DANK

Eigentlich wollte ich nur ein Buch über Ute Craemers Leben lesen. Im Frühjahr 2010 verbrachte ich einige Monate als Freiwillige in Monte Azul. Wie so viele andere vor und nach mir war ich tief beeindruckt. Was ich in Monte Azul sah, schien eine Antwort zu sein auf eine Frage, die ich mit mir herumtrage, seit ich denken kann: In dieser Welt läuft so Vieles so furchtbar schief – wie lässt sich dem begegnen? Wie geht das, sich von der Überkomplexität der Zusammenhänge nicht lähmen zu lassen, sondern ins Handeln zu kommen? Ich hatte in verschiedensten sozialen Initiativen und Projekten zur Entwicklungszusammenarbeit mitgearbeitet, die immer irgendwie zu kurz zu greifen schienen.

Die Arbeit in Monte Azul hat etwas Kostbares zu geben: Sie macht Mut. Mir persönlich hat es Mut gemacht zu sehen, dass man ganz klein, ganz „banal" anfangen kann – und damit Großes bewirken. Es hat mir Mut gemacht zu sehen, dass es für tiefgreifende Veränderung keine spektakulären und medienwirksamen Revolutionen braucht. In Monte Azul werden ganz selbstverständlich Dinge zusammengebracht, die für mich bis dahin Gegensatzpaare waren: der Einzelne und das große Ganze, praktisches Tun und konzeptuelles Denken, Pragmatismus und Spiritualität.

Ich wollte wissen, wie das geht – wie man in einer ursprünglich so lebensfeindlichen Umgebung etwas so Großes, Lebendiges, Mutiges zustande bringt. Wie man wirklich Welt verändert, Spuren hinterlässt im Leben der Menschen und im Antlitz einer Stadt. Während meiner Monate in Monte Azul durfte ich in dem kleinen Volu-Häuschen in Ute Craemers Garten wohnen. Dort lernte ich Ute kennen. Als nahbare, humorvolle, überraschend uncharismatische Frau. Eines Tages fragte ich sie, ob es denn eine Biografie von ihr gäbe – die würde ich gern mal lesen. „Nein", sagte sie: „Alle wollen immer, dass ich eine schreibe, aber ich habe keine Lust."

Die Idee war schnell geboren – und wie immer sagte Ute zu einer Idee erst einmal „ja“. Ihr gefiel der Gedanke, einmal mit hartnäckigen Gerüchten aufräumen zu können. (Im Buch war es einfach nicht unterzubringen – aber: Ute kann kochen! Zumindest beteuert sie das.) Vermutlich hoffte sie leise, dass ich schnell aufgeben und sie mich und meine Fragen bald wieder los sein würde. Tatsächlich fand ich erst zwei Jahre später die Zeit und den Mumm, mich dieser Aufgabe zu widmen.

Ein von Begeisterung, Verzweiflung und chronischem Geldmangel geprägter Prozess nahm seinen Lauf. Unterstützt von der Software AG Stiftung und der Acacia -Stiftung konnte ich zwei mehrwöchige Reisen nach Monte Azul unternehmen. Die erste machte ich in der Annahme, nun viele Stunden Gespräch mit Ute vor mir zu haben – meine Protagonistin sollte jedoch erst bei meinem zweiten Rechercheaufenthalt wirklich Zeit für mich haben. Stattdessen schickte sie mich Geschichten einsammeln. Ich sprach mit Mitarbeitern, Bewohnern der Favela, Freunden, Weggefährten, Ehemaligen, Kritikern, Beobachtern. So lernte ich die Gründerin und die Arbeit der Organisation aus den unterschiedlichsten Blickwinkeln kennen. Ich begegnete Menschen, die diesen Ort und seine Geschichte geprägt haben und weiterhin gestalten, und die mir ihren Blick auf Ute und Monte Azul schenkten – und ihren Teil der Geschichte. Ich gewöhnte mir an, Taschentücher dabeizuhaben: Nie habe ich so viele Menschen in so kurzer Folge vor Rührung weinen sehen.

Wieder in Deutschland fand ich mich unter einer Lawine von Material begraben. Hunderte von Interviews hatte ich mitgebracht. Hunderte von Perspektiven auf ein und dieselbe Geschichte. Hunderte von Menschen, deren Leben Ute maßgeblich geprägt und verändert hat, saßen mit an meinem Schreibtisch und schauten mir über die Schulter.

Welche Geschichte sollte ich erzählen?

Die Aufgabe, die ich mir selbst gestellt hatte, schien mir plötzlich eine Anmaßung zu sein. Ein Leben in eine Form zu gießen, es zwischen zwei Buchdeckel zu bringen und somit festzuschreiben in genau den Sätzen, die ich dafür wähle. Kann ich Ute und all den Menschen, von denen ich erzähle, gerecht werden? Das Ringen um diese Fragen war vom Schreibprozess nicht zu trennen. Ich beruhigte mich mit der immer gleichen Antwort: Wenn ich es nicht tue, wird diese Geschichte unerzählt bleiben. Ute selbst wird sie nie aufschreiben, dazu denkt sie viel zu sehr nach vorn. Und das ist auch gut so. Mit vielen Vermutungen und ersten Entwürfen im Gepäck reiste ich ein zweites Mal in Sachen Biografie nach São Paulo. Dieses Mal hatte Ute Zeit.

Zwei Jahre später ist dieses Buch nun fertig.

Die Arbeit an dieser Geschichte war eine Gesprächs-, aber auch eine Sammel- und Archivarbeit. Ohne die in der *Associação* gepflegte Dokumentationskultur, ohne all die Erzählungen, Jahresberichte, Niederschriften und Notizen, auf die ich nach und nach stieß, hätte ich dieses Buch nicht schreiben können. Renates phänomenales Gedächtnis war eine wahre Schatzkammer, die ich immer wieder räubern durfte.

Dieses Buch ist nur eine von vielen Geschichten, die man über Monte Azul und Ute Craemers Leben erzählen kann. Ich habe nachgebohrt und weggelassen, ausgewählt und pointiert – immer mit dem Ziel, in der Vielfalt das Typische aufzuspüren und herauszuarbeiten. An einigen wenigen Stellen habe ich, im Sinne einer gut nachvollziehbaren und schlüssigen Geschichte, die Dramaturgie über die reale Chronologie gestellt. Viele Namen sind in diesem Buch geändert worden, um Beteiligte zu schützen. An einigen Stellen habe ich unterschiedliche Quellen zu „typischen" Protagonisten zusammengezogen, um die Anzahl der Personen für den Leser überschaubar zu halten. Dennoch: Jedes Zitat ist echt, jede Szene habe ich entweder schriftlich dokumentiert vorgefunden oder mir von mehreren Menschen, die dabei waren, nacherzählen lassen.

Die wahren Experten dieser Geschichte sind andere: diejenigen, die das, was ich zu beschreiben versuche, selbst getan und erlebt haben. Ich stand vor der Aufgabe, aus hunderten von Geschichten eine zu machen. Eine, die sich erzählen lässt, und die hoffentlich gelesen werden wird. Denn das ist mein Anliegen mit diesem Buch: Die Botschaft von Monte Azul gut lesbar und laut hörbar in die Welt zu tragen. Den Mut weiterzutragen, den Monte Azul macht: Mut zu leben und Mut zu handeln. Mut, auf die Fragen der Welt zu lauschen und nach Antworten zu suchen. Im Kleinen wie im Großen, einzeln und in Gemeinschaft.

Wie Monte Azul selbst war dieses Buch vor allem eines: eine Gemeinschaftsarbeit. Ohne die Unterstützung und den Rückenwind einer ganzen Bande an Wohltätern hätte ich diesen Berg nicht versetzen können.

Endlich kann ich mich bedanken.

Bei Hanne, die von der ersten bis zur letzten Minute an dieses Projekt geglaubt hat. Dein ausdauernd geduldiges Ohr und dein guter Rat waren Gold wert, immer wieder.

Bei Christiane und dem Team von projektwerk, deren Büro ich ein Jahr lang mitbenutzen durfte. Ohne euch und die Kaffeekuh wäre ich in meiner Küche verzweifelt.

Bei Familie Riedel, mit der ich eine herrlich schreibfreie Woche in Ubatuba verbringen durfte.

Bei Eva – die Tage auf der Ranch haben den Durchbruch gebracht.
Bei Dennis, für zahllose Gespräche, Krisensitzungen, Fachwissen und Geistesblitze.

Beim Verein Monte Azul International e.V.: für eure Begeisterung, eure Fragen, eure moralische und finanzielle Unterstützung. Und nicht zuletzt für die Crowdfunding-Kampagne!

Bei meinen Eltern – für euer Vertrauen in mich, für unerschütterliches Weiterlesen, Flyer-Verteilen und finanzielle Unterstützung in der Not.

Bei Michael – du hast mich das Kämpfen gelehrt.

Jan, Anja, Alexander – ohne euch hätte ich nicht den Mut gefunden, wirklich loszulegen.

Carmen, Rümpel, Rotte – ohne euch hätte ich nicht durchgehalten.

Frau Filifjonka, Vera und Familie Langer – ohne euch hätte ich die letzten Kurven nicht gekriegt. Danke fürs Mutmachen, für Geborgenheit und dumme Sprüche.

Meinen Freunden und meiner Familie danke ich dafür, dass ihr mich in all den Monaten ertragen habt, in denen ich von nichts anderem mehr sprechen konnte.

Ich danke Anna, Isabel und Irene, Ronald, Ursula, Renate, Edda und noch einmal meiner Mutter für zahllose Gespräche, Reflexionsschleifen, Perspektiven und Rückmeldungen zum Text. Ohne euch wäre dieses Buch ärmer.

Für ideelle und finanzielle Unterstützung danke ich:

noch einmal der Software AG Stiftung und der Acacia Stiftung, und außerdem der Zukunftsstiftung Entwicklung der GLS-Bank, der Hausser Stiftung und der Stiftung Evidenz.

Ebenso Hartwig und Aleksandra Zillmer, Walter Trautwein und allen Spendern der Crowdfunding-Kampagne.

Ich danke Sonja Laubach-Hintermeier, einer Verlegerin mit Vision, und dem hochengagierten Team des Scoventa Verlags für den ebenso mutigen wie gewaltigen Kraftakt, den es bedeutet hat, dieses Buch – trotz allem – in die Welt zu bringen.

Für inhaltlich richtungsweisende Gespräche und Diskussionen auf der Metaebene, sowie für zur Verfügung gestelltes Material danke ich: Luitgard Anthony, Solange Castilho, Lia Diskin, Henner Ehringhaus, Christine Gruwez, Sybille Fezer, Peter Guttenhöfer, Paulo Ignacio, Paulo Kayo, Renate Keller Ignacio, Sebastian Knust, Annette Massmann, Jan Mergelsberg, Carlos Meregue, Michael Moesch, Dennis Pauschinger, Gudrun Pavel, Vania Ribeiro, Edda Riedel, Bernd Ruf, Rudolf Völker und Elisabeth Wirsching.

Und, am Ende dieses Buches, aber absolut zentral:

Ich danke all denen, von denen dieses Buch handelt. Die mit mir Erinnerungen geteilt und Überlegungen angestellt haben, die mich zum Essen eingeladen und mit mir *cafézinho* getrunken haben – und mir ihre Zeit und ihre Geschichten geschenkt haben. Nur wenige von euch kommen namentlich in diesem Buch vor. Und doch war jedes einzelne Gespräch wichtig und fruchtbar und hat dazu beigetragen, dass es unter den hundert möglichen diese Geschichte war, die sich erzählt hat. Ich habe viel von und durch euch gelernt und hoffe, sie auch in eurem Sinne aufgeschrieben zu haben. In Monte Azul spricht man sich mit Vornamen an, deshalb geht mein Dank an:

Aino, Aglaia, Amaurí, Aline, Alice, Anke, Ayrton, Bê, Carminha und Familie, Cido, Cinzia, Daisy, Dasuke, Divino, Elizete, Eva, Eva C., Fatima, Gesa, Giovana, Ivete, João, Leda, Lindalva, Manfred, Maria, Mario, Marisa, Marlí, Matthias, Michael Blaich, Nilton, Oliver, Patricia, Paulo, Raquel, Rebekka, Reinaldo, Regina, Rosana, Rubens, Susanne und Familie, Sybille, Tadeo, Tereza, Theresa, Tonilda, Valêria, Vania, Zéca.

Und an viele andere Kinder und Erwachsene, die mir durch Blicke, Witze, Gespräche, Situationskomik, gemeinsame Busfahrten, Mahlzeiten und Feiern zu verstehen gegeben haben, was Monte Azul ist.

Und natürlich danke ich Ute, von der ich etwas Großes lernen durfte: Das Unmögliche ist möglich. Mit *Coragem e Confiança* – Mut und Vertrauen.

Hamburg, im Juni 2014

Dunja Batarilo

Die *Associação Comunitária Monte Azul* hat viel erreicht – aber auch noch viel vor. Nach wie vor ist sie auf Spendengelder angewiesen.

Informationen über alle aktuellen Tätigkeitsfelder von Monte Azul finden Sie in deutscher Sprache auf: *www.monteazul.de*

Spendenkonto:

Empfänger: Zukunftsstiftung Entwicklungshilfe
Bank: GLS Bank Bochum
BLZ: 430 609 67
Konto-Nr.: 123 300 10
IBAN: DE 05 430 609 67 0012 330 010
BIC: GENODEM1GLS
Verwendungszweck: „Monte Azul F308"